www.ingramcontent.com/pod-product-compliance
Lightning Source LLC
LaVergne TN
LVHW041615070526
838199LV00052B/3150
9788196814519

برصغیر میں اردو کی سیاست

اشعر نجمی

Bright Books

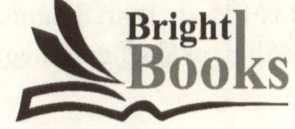

© Ashar Najmi

Barre Saghir Mein Urdu Ki Siyasat
by Ashar Najmi
Bright Books, Thane, India
1st Edition : October 2024
ISBN: 978-81-968145-1-9

اس کتاب کا کوئی بھی حصہ مصنف یا ناشر کی پیشگی اجازت کے بغیر کسی بھی وضع یا جلد میں
کلّی یا جزوی، منتخب یا مکرر اشاعت یا بہ صورت فوٹو کاپی، ریکارڈنگ، الیکٹرانک، میکینیکل
یا ویب سائٹ پر اَپ لوڈنگ کے لیے استعمال نہ کیا جائے۔ نیز اس کتاب پر کسی بھی
قسم کے تنازعہ کو نمٹانے کا اختیار صرف ممبئی کی عدلیہ کو ہوگا۔

Bright Books
Mira Road East, Dist. Thane, India
nidabattiwala@gmail.com

فہرست

اردو ہندی رسم الخط (مہاتما گاندھی کے نام خط)	محمد مجیب / سحر انصاری	05
آزادی کے بعد اردو کے مسائل اور ادارے	رالف رسل / ارجمند آرا	11
معاصر اردو زبان و ادب اور مسلم اساس پرستی	اطہر فاروقی	41
اردو مخالف رجحانات و تحریکات	مرزا خلیل احمد بیگ	61
برصغیر کی اردو سیاست	محمد کاظم	75
اردو کا سوال: باسی بھات میں خدا کا ساجھا	نامور سنگھ / رغبت شمیم / اطہر فاروقی	82
کچھ اردو رسم الخط کے بارے میں	شمس الرحمٰن فاروقی	91
معاصر ہندوستان میں اردو دانشور	اطہر فاروقی	107

اردو ہندی رسم الخط

(پروفیسر مجیب کا خط مہاتما گاندھی کے نام)

محمد مجیب

ترجمہ؛ سحر انصاری

یوں تو اردو ہندی کا جھگڑا برسوں سے چلا آ رہا تھا لیکن اس میں شدت اس وقت پیدا ہوئی جب گاندھی جی نے بھارتیہ ساہتیہ پریشد ناگپور کے جلسے (1936) میں برصغیر کی مجوزہ قومی زبان کو 'ہندوستانی' کے بجائے ہندی، ہندوستانی کا نام دیا گیا۔ اور وضاحت طلب کرنے پر کہا: ''ہندی ہندوستانی سے مراد ہندی ہے۔''

اردو کے متعلق فرمایا: ''یہ مسلمانوں کی مذہبی زبان ہے، قرآنی حروف میں لکھی جاتی ہے، اور مسلمان ہی اس کو زندہ رکھنے کی ذمہ داری لے سکتے ہیں۔''

مولوی عبدالحق نے اس جلسے کی تفصیلی روئداد اپنے تبصرے کے ساتھ رسالہ 'اردو' (اپریل 1936) میں شائع کی اور علامہ نیاز فتح پوری نے جولائی 1936 کے 'نگار' میں پرزور اداریہ لکھا۔ جامعہ ملیہ دہلی کے پروفیسر محمد مجیب اور بعض دوسرے اشتراکی ادیب مثلاً ڈاکٹر اشرف اور ڈاکٹر علیم اگرچہ کانگریس کے حامیوں میں تھے لیکن زبان کے مسئلے پر انھیں بھی گاندھی جی سے اختلاف کرنا پڑا۔ ڈاکٹر اشرف نے گاندھی جی کی لسانی پالیسی کے خلاف تحریک پیش کی اور ڈاکٹر علیم نے 'نیا ادب' میں زوردار اداریہ لکھا۔

پروفیسر محمد مجیب نے گاندھی جی کو انگریزی میں طویل خط لکھا جسے پنڈت نہرو نے پریشد کے اجلاس 1936 میں پڑھ کر سنایا۔ لیکن گاندھی جی نے کوئی توجہ نہ دی البتہ مئی 1936 کے 'ہریجن' میں اس خط

کے جواب میں ایک مضمون لکھا اور بین السطور میں پروفیسر مجیب کا خط بھی نقل کر دیا۔ یہ خط گاندھی جی کی تصنیف 'آور لینگویج پرابلم' (Our Language Problem) میں شامل ہے اور ہندی اردو تنازعہ کے سلسلے میں بہت اہم ہے۔ میں شکر گزار ہوں کہ میری گزارش پر سحر انصاری صاحب نے اسے اردو میں منتقل کرنے کی زحمت فرمائی۔

(فرمان فتح پوری، 'نگار' شمارہ:10-12، 1979)

کاش میرے لیے یہ ممکن ہوتا کہ یہ خط ارسال کرنے کے بجائے میں خود ناگپور آ سکتا۔ ساہتیہ پریشد کے اجلاسوں میں شرکت کی شدید خواہش مجھے یوں بھی تھی کہ مجھے پریشد کی پالیسی کے بعض اجزا سے اختلاف ہے اور بیشتر امور سے مجھے شدید صدمہ پہنچا ہے۔ اور اس ملک میں آپ کے سوا کوئی اتنا وسیع القلب نہیں کہ اپنے انتہائی مخالفین کو بھی نیک نیتی کا حامل سمجھے۔

میں آپ کی خدمت میں جو کچھ عرض کر رہا ہوں، وہ ہر ایسے شخص کو بے سر و پا اور بے محل معلوم ہوگا جو معاملات کو محض اپنی مرضی سے طے کرنے کا عادی ہو۔ لیکن آپ ایک ایسے مسلک پر عمل پیرا ہیں جو حامیوں اور مخالفوں میں امتیاز نہیں کرتا۔ چنانچہ دوستانہ پزیرائی کے اسی یقین نے مجھے آپ کے در پر دستک دینے کی جرأت عطا کی ہے۔ اگر یہ کوئی حل طلب سیاسی مسئلہ ہوتا تو مجھے اپنا مقام معلوم تھا، لیکن موجودہ مسئلہ بنیادی طور پر ثقافتی اور ادبی ہے، نیز اختلاف کی بنا پر میں اپنا اخلاقی فرض سمجھتا ہوں کہ آپ سے رجوع کروں۔ دوسرے خواہ کچھ ہی محسوس کریں تاہم میرا خیال ہے کہ آج کسی مخلص خادم قوم کے لیے سب سے بڑا عذاب ان مقاصد اور لائحہ عمل سے بے تعلقی ہے جو اسے عزیز رہے ہوں۔ جب تک میں آپ کے سامنے اپنے دل کا بوجھ ہلکا نہیں کر لیتا اور اگر آپ کی رضامندی نہیں تو کم از کم آپ کی ہمدردی حاصل نہیں کر لیتا، اس وقت تک مجھے سکون نہیں مل سکے گا۔

میں بالکل شروع سے اپنی بات کا آغاز کروں گا۔ گزشتہ کئی سال سے کانگریس ایک مشترکہ سیاسی مقصد کے لازمی جزو کے طور پر ایک مشترکہ زبان کی حمایت کر رہی ہے۔ ادبی نقطۂ نگاہ سے عوامی مقررین اس باب میں متعدد فروگزاشتوں کے مرتکب ہو رہے ہیں۔ لیکن مجھے معلوم ہے کہ اردو کے ادبی حلقوں میں اس نے سادگی اور بے تکلفی کا ایسا معیار پیدا کر دیا ہے جو اس سے قبل مفقود تھا۔ حتی کہ مولانا سید سلیمان ندوی جیسے ادیب جن کی ساری زندگی عربی کتب کے مطالعے اور ناقابل تحریف اصطلاحات کے حامل موضوعات کو برتنے میں گزری ہے، پورے خلوص کے ساتھ اپنی زبان کو آسان کرنے اور ہندوستانی سے قریب لانے کی کوشش کر رہے ہیں کیونکہ ایک مشترکہ ہندوستانی زبان کا تصور انھیں بے حد عزیز ہے۔

کانگریسی حلقوں میں اس مشترکہ زبان کو 'ہندوستانی' کہا جاتا ہے حالانکہ کانگریس نے اس نام کے سلسلے میں اردو اور ہندی بولنے والوں کے مابین کوئی قطعی مفاہمت پیدا نہیں کی ہے۔ لیکن جیسا کہ آپ جانتے ہیں نام

اپنے تلازمات کی بنا پر بے پایاں سیاسی وسماجی اہمیت کے حامل ہوتے ہیں۔ چنانچہ اپنی مشترکہ زبان کا نام تجویز کرنا ایک اہم مسئلہ ہے۔

اب تک اردو ہی ایک ایسی زبان رہی ہے جو کسی ایک صوبے یا مذہبی فرقے تک محدود نہیں، سارے ہندوستان کے مسلمان یہ زبان بولتے ہیں اور شمال میں اس زبان کے بولنے والے ہندوؤں کی تعداد مسلمانوں کی تعداد سے زیادہ رہی ہے۔ اگر ہماری مشترکہ زبان کو اردو نہیں کہا جاسکتا تو کم ازکم اس کا ایک ایسا نام ضرور ہونا چاہیے جس سے مسلمانوں کا یہ مخصوص منصب مترشح ہوسکے کہ انھوں نے ایک ایسی زبان کے ارتقا میں حصہ لیا ہے جو کم وبیش ایک مشترکہ زبان کی حیثیت رکھتی ہے۔

'ہندوستانی' سے یہ مقصد حل ہوسکتا ہے، 'ہندی' سے نہیں۔ ماضی میں مسلمانوں نے یہ زبان (ہندی) پڑھی ہے، اور اگر زیادہ نہیں تو اپنے ہندو بھائیوں ہی کے برابر انھوں نے بھی اسے ادبی زبان کے مرتبے تک پہنچانے میں حصہ لیا ہے۔ لیکن اس کے کچھ مذہبی اور ثقافتی تلازمات بھی ہیں جن سے مسلمان من حیث المجموع خود کو وابستہ نہیں کر سکتے۔ علاوہ ازیں، اب یہ اپنا ایک الگ ذخیرۂ الفاظ وضع کر رہی ہے، اور یہ ان افراد کے لیے عمومی طور پر نا قابل فہم ہے جو صرف اردو جانتے ہیں۔

اردو اور ہندوستانی کے بجائے اگر ہندی اور ہندوستانی کے مابین خلط مبحث پیدا کرنے کا ایک واضح رجحان نہ پایا گیا ہوتا تو اس امر پر زور دینے کی چنداں ضرورت پیش نہ آتی۔ گزشتہ سال اندور میں آپ کی تقریر نے یہ قطعی تاثر دیا کہ آپ دونوں کو یکساں سمجھتے ہیں اور 'ہنس' کے پہلے شمارے کے لیے اپنے پیش نامے میں آپ نے دونوں کو ایک ہی قرار دیا ہے۔

مجھے پورا یقین ہے کہ ہندی سے آپ کی مراد بنیادی طور پر عام لوگوں کی زبان ہے۔ ایک ایسی زبان جو وہ بولتے ہیں اور جو ان کی تعلیم کے بہترین ذریعے کے طور پر کام آسکتی ہے۔ لیکن متعدد ایسے افراد کے لیے جو اس کی ترویج واشاعت کے سلسلے میں کوشاں ہیں، 'ہندی' ایسی کوئی زبان نہیں ہے۔ چنانچہ جب وہ ہندی کو ہندوستانی کا متبادل بنا کر پیش کرتے ہیں تو وہ دراصل ایک ذخیرۂ الفاظ ایک ذوق اور سیاسی و مذہبی وابستگیوں کو متعارف کرتے ہیں۔ میں اسی رجحان کے خلاف آپ سے اپیل کر رہا ہوں کیونکہ محسوس یہ ہوتا ہے کہ بھارتیہ ساہتیہ پریشد بھی اس کا شکار ہوگئی ہے۔

میں پریشد کی تشکیل پر خوش ہونے والوں میں سے ایک تھا، کیونکہ مجھے یقین تھا کہ یہ ایک مشترکہ زبان کے لیے ٹھوس بنیاد فراہم کرے گی۔ میں نے 'ہنس' کی اشاعت کا بھی خیر مقدم کیا ہے۔ میں پریشد کی دیگر سرگرمیوں کے بارے میں کچھ نہیں کہہ سکتا۔ لیکن اگر 'ہنس' کے شمارے اس کے رویے اور حکمت عملی کی ذراسی بھی غمازی کرتے ہیں تو اس سے بڑی مایوسی ہوئی ہے۔ منشی پریم چند صاحب اس وقت شاید ہماری سب سے بڑی ادبی شخصیت ہیں، وہ ان کمیاب شخصیتوں میں سے ہیں جن کے لیے ادب ذاتی اظہار رائے کا ذریعہ بھی ہے اور خدمت

خلق کا بھی۔ وہ اردو اور ہندی پر یکساں عبور رکھتے ہیں اور ان میں ہندو مسلم تہذیب کے بہترین ادبی و سماجی روایات کا امتزاج ملتا ہے، 'ہنس' کو وہی زبان استعمال کرنی چاہیے تھی جو وہ خود لکھتے ہیں اور اسی روایت کا نقیب بننا چاہیے تھا جس کی وہ خود نمائندگی کرتے ہیں۔ لیکن ایسا نہیں کیا گیا اور یہی میرا سارا کرب ہے۔

'ہنس' واضح طور پر ایک فرقہ پرست رسالے کا تاثر دیتا ہے۔ دوسرے ہندی رسائل کے مقابلے میں یہ زیادہ سنسکرت آمیز ہندی استعمال کرتا ہے۔ یہ ایک ایسی زبان ہے جسے کسی طرح بھی ہندوستانی نہیں کہا جا سکتا۔ اس کے نقطۂ نظر یا انتخاب مضامین سے ہرگز یہ تاثر قائم نہیں ہوتا کہ ہندوستانی قوم مختلف معاشرتوں کا مجموعہ ہے یا یہ کہ ایک کے سوا کوئی اور ثقافت بھی ہندوستان میں پائی جاتی ہے۔ اس سے اتحاد کی نہیں بلکہ سامراجیت کی بو آتی ہے۔

ایک چھوٹی سی مثال سے میرا موقف واضح ہو جائے گا، ساہتیہ پریشد کو 'بھارتیہ' کہا گیا ہے، نہ کہ ہندوستانی۔

ایسا کیوں ہے؟

اگر بھارت کا کوئی مطلب ہے تو صرف یہ کہ یہ آریوں کا ہندوستان ہے جس کی زندگی میں نہ صرف مسلمانوں اور ان کی خدمات کو بلکہ صدیوں کے ارتقا اور تغیر کو بھی کوئی مقام حاصل نہیں۔ کیا اس سے علیحدگی پسندی اور رجعت پسندی کا اظہار نہیں ہوتا ہے؟ پھر ہمیں جو گشتی مراسلے ہندی میں بھیجے گئے ہیں، ان میں بات چیت کی زبان کے دو یا تین سے زیادہ الفاظ نہیں ہیں۔ عام ہندی کے [नीचे लिखे हुए] (نیچے لکھے ہوئے) کی جگہ [निम्न लिखित] (نِمن لکھت) جیسے خالص سنسکرت الفاظ استعمال کیے گئے ہیں۔ چنانچہ ناگری رسم الخط سے اچھی طرح واقف ہونے کے باوجود میرے لیے بھی یہ ناقابل فہم ہیں۔

یہ امر بالکل واضح ہے کہ فنی اصطلاحات کے لحاظ سے سنسکرت اور عربی دونوں زبانیں بھرپور ہیں لیکن ایک عام ہندوستانی زبان ان میں سے کسی ایک پر بھی مکمل انحصار نہیں کر سکتی کیونکہ اگر عربی ایک بدیسی زبان ہے تو سنسکرت بھی کبھی عام بول چال کی زبان نہیں رہی ہے۔ بول چال کی ہندی کا مطالعہ کرنے سے اندازہ ہوگا کہ اس میں شامل شدہ تمام سنسکرت الفاظ زمانہ گزرنے کے ساتھ ساتھ خاصے تبدیل ہو گئے ہیں۔ اس کی وجہ یہ ہے کہ نہ صرف مسلمان بلکہ ہندوستان کے عام لوگ آسانی سے ان کا تلفظ ادا نہیں کر سکتے۔ یہاں تک کہ [ग्राम] (گرام) اور [वर्ष] (ورش) جیسے مختصر الفاظ بھی [गाँव] (گاؤں) اور [बरस] (برس) ہو گئے ہیں۔

ہندی کے بیشتر حامیوں نے یہ سارے حقائق نظر انداز کر دیے ہیں اور یہ اور کئی دوسرے الفاظ کے اصل سنسکرت متبادل شامل کر دیے ہیں۔ میں یہ نہیں کہہ سکتا کہ آیا یہ سب کچھ ادعائے فضیلت کا نتیجہ ہے یا ناواقفیت کا یا تعصب کا؟ کیونکہ سنسکرت کے بول چال کے تو سارے الفاظ اردو میں شامل ہی ہیں۔ البتہ یہ بات ضرور واضح ہے کہ ان دوستوں کا براہ راست تعلق زندہ اور بولی جانے والی زبان کی ترویج و اشاعت سے نہیں بلکہ ہندوستانی زندگی کو آریائی طرز پر ڈھالنے سے ہے۔ اگر ہمارے ہندو بھائی اپنے اندر اصلاح یا رجعت کی کوشش کر رہے ہیں

تومسلمانوں کواس سے قطعاً کوئی تعلق نہیں لیکن مشترک دیانت داری کا تقاضا ہے کہ اس قسم کی تحریکوں کولسانی مسئلہ سے سختی کے ساتھ دور رکھا جائے۔

عقیل صاحب کے ایک خط کے جواب میں شری کے۔ ایم۔ منشی نے کہا ہے کہ:

"گجرات، مہاراشٹر، بنگال اور کیرالا کے لوگوں نے ایسی ادبی روایات استوار کی ہیں جن میں خالص اردو عناصر تقریباً مفقود ہیں۔ اگر ہم ہندی کی طرف متوجہ ہوئے تو فطری طور پر ہم سنسکرتی ہندی کی طرف متوجہ ہوں گے۔"

سب سے پہلے تو میں پورے وثوق سے کہہ سکتا ہوں کہ گجراتی، مرہٹی اور بنگالی، ان ساری زبانوں میں فارسی کے الفاظ کی خاصی تعداد موجود ہے۔ نیز یہ تسلیم کرنے کے لیے تیار نہیں کہ ایک دوسرے سے اور مسلمانوں سے قریب آنے کے لیے گجرات اور بنگال کے ہندوؤں کو سنسکرت آمیز زبان اختیار کرنی چاہیے۔ علاوہ ازیں ہمیں خالص اردو عناصر سے نہیں بلکہ شمالی ہند کی زندہ زبان اور محاوروں سے سروکار ہے۔ اگر اس زندہ زبان اور محاورے کو ایک مشترکہ زبان کی بنیاد بنایا جائے تو مسلمان موثر طور پر تعاون کر سکتے ہیں۔ سنسکرت کی سمت مراجعت کا مطلب یہ ہے کہ ہندی، بنگالی اور گجراتی کے سلسلے میں مسلمانوں کی گزشتہ خدمات کو نظر انداز کر دیا جائے۔ ان حالات میں ہم سے تعاون کے لیے کہنا ایسا ہی ہے جیسے ہم سے کہا جائے کہ خودکشی کے لیے رضامند ہو جاؤ۔

یہ امر کہ ہندی اردو کا سوال عنقریب ایک فرقہ وارانہ رنگ اختیار کر سکتا ہے، اس تقریر سے ظاہر ہے جو مسٹر پرشوتم داس ٹنڈن نے اس ماہ کے پہلے ہفتے میں بنارس میں ہندی میوزیم کی افتتاحی تقریب میں کی ہے۔ انھوں نے اعلان کیا ہے کہ چینی کے بعد ہندی دوسری زبان ہے جو ایشیا کے طول وعرض میں بولی جاتی ہے۔ بالفاظ دیگر اس کا یہ مطلب ہے کہ ایک مشترکہ زبان کا مسئلہ حل ہو گیا۔ اور وہ ہندی ہو گی۔ کیونکہ ہندوستانیوں کی اکثریت ہندی بولتی ہے۔ جو لوگ ہندوستانی کا نعرہ بلند کریں انھیں اکثریت دبا دے گی۔ لہٰذا ان کا کوئی مسئلہ نہیں ہے، لیکن سروں کا گننا اور سروں کا توڑنا کوئی مداوا نہیں ہے۔ مسٹر ٹنڈن کا حقیقی مفہوم خواہ کچھ ہی ہو لیکن مجھے یوں محسوس ہوتا ہے Cummunal award کی طرح کی ایک اور شرمناک صورت حال کے لیے زمین ہموار کی جا رہی ہے۔

اب آپ کا وقار اور آپ کی شخصیت کا عطا کردہ اعتماد ہی ہمیں بچا سکتا ہے۔ میں ذیل میں چند ایسے نکات پیش کر رہا ہوں جو میری ناچیز رائے میں اعتدال پسندانہ ہیں اور ایک مشترکہ زبان کے لیے صحت مند اساس مہیا کر سکتے ہیں۔ اگر آپ نہ صرف اپنے نقطۂ نظر سے بلکہ ایک مقصد کی بجا آوری کے نقطۂ نظر سے ان پر غور کریں اور انھیں کسی قابل سمجھیں تو آپ انھیں دوسروں تک بھی پہنچا دیجیے۔ میرے ذہن میں یہ خیال آ رہا ہے کہ یہ عوام کے سامنے آپ کے کسی اعلان کی بنیاد بن سکتے ہیں۔

نکات یہ ہیں کہ:

1۔ ہماری مشترکہ زبان کو 'ہندی' نہیں بلکہ 'ہندوستانی' کہا جائے گا۔

2۔ ہندوستانی کا کسی بھی فرقے کی مذہبی روایات سے کوئی خاص تعلق نہیں ہوگا۔

3۔ 'بدیسی' یا 'دیسی' کے معیار پر کسی لفظ کو نہیں پرکھا جائے گا بلکہ استعمال کو سند مانا جائے گا۔

4۔ اردو کے ہندو ادیبوں اور ہندی کے مسلمان ادیبوں نے جو الفاظ استعمال کیے ہیں، ان سب کو رائج سمجھا جائے گا۔ بلاشبہ، اردو اور ہندی پر الگ الگ زبانوں کی حیثیت سے اس کا اطلاق نہیں ہوگا۔

5۔ فنی اصطلاحوں بالخصوص سیاسی اصطلاحات کے انتخاب میں صرف سنسکرت ہی کو ترجیح نہیں دی جائے گی بلکہ اردو، ہندی اور سنسکرت کی اصطلاحوں سے فطری انتخاب کا زیادہ سے زیادہ موقع دیا جائے گا۔

6۔ دیوناگری اور عربی ہر دو رسم الخط مستعمل اور سرکاری سمجھے جائیں گے۔ ان تمام اداروں میں جن کی پالیسی ہندوستانی کے سرکاری فروغ دہندگان مرتب کریں گے، ہر دو رسم الخط کے سیکھنے کی سہولتیں مہیا کی جائیں گی۔

کچھ ایسے دوست بھی ہوں گے جنھیں یہ تجاویز مسلم مطالبات قسم کی چیز معلوم ہوں گے۔ لیکن مجھے معلوم ہے کہ آپ کی اور پریشد کی جانب سے اس قسم کی کسی یقین دہانی کے بغیر، ایک مشترکہ زبان کے سلسلے میں مسلمانوں کی ادبی جدوجہد کا سوال ہی پیدا نہیں ہوتا۔ اسی لیے میں نے یہ تجاویز آپ کی خدمت میں پیش کی ہیں۔

میں جانتا ہوں کہ اگر یہ حد سے متجاوز ہیں تو آپ مجھے معاف کر دیں گے اور اگر یہ نامناسب ہیں تب بھی آپ کی اہانت کا باعث نہیں بنیں گی۔ جہاں تک میرا تعلق ہے میں صرف اپنا فرض ادا کرنا اور آپ سے ایک درخواست کر کے آپ کے فیصلے کے ضمن میں اپنی بے پایاں عقیدت اور آپ کے گہرے احساس انصاف و تحمل پر اپنے اعتماد کا اظہار کرنا چاہتا تھا۔

[بشکریہ 'تعمیر نیوز ڈاٹ کوم'، 27 اپریل 2021]

آزادی کے بعد اردو کے مسائل اور اردو ادارے

رالف رسل

ترجمہ: ارجمند آرا

رالف رسل کا زیر نظر مضمون کی اولین اشاعت Economic and Political Weekly (2-9 January 1999) میں ہوئی، بعد میں یہ مضمون رسل کی کتاب *How Not to Write the History of Urdu Literature* میں شامل ہوا جو آکسفرڈ یونیورسٹی پریس نے 1999 میں شائع ہوئی۔ اس مضمون کا اردو ترجمہ علی گڈھ کے سہ ماہی مجلّے 'ادیب'، شمارہ 4-1، جنوری تا دسمبر 1998 میں شائع ہوا جسے بعد میں سہ ماہی 'ادب ساز' (شمارہ 9-8) میں شامل اشاعت کیا گیا۔ اس مضمون سے ہماری ملاقات 'ادب ساز' میں ہی ہوئی لیکن بعد میں، میں نے اس مضمون کی مترجم ارجمند آرا سے رابطہ کیا، انھوں نے مجھے جو ٹیکسٹ فائل بھیجی، اس میں مضمون کا عنوان مختلف تھا لیکن ان کی اجازت سے میں نے اس کا عنوان وہی برقرار رکھا جو 'ادب ساز' کے متعلقہ شمارے میں تھا۔ اس مضمون میں اردو رسم الخط کے بارے میں رالف رسل نے جو مخلصانہ تجاویز پیش کی ہیں، وہ پہلے بھی تقریباً ایسے ہی دلائل کے ذریعہ پیش کی جاتی رہی ہیں۔ اسی تناظر میں ہم نے بہتر سمجھا کہ آئندہ صفحات میں رسم الخط کے حوالے سے شمس الرحمٰن فاروقی کا بھی شامل کرلیا جائے تاکہ قارئین دونوں زاویوں سے واقف ہو پائیں۔

مولانا ابوالکلام آزاد ریسرچ اینڈ ایجوکیشنل فاؤنڈیشن، سکندرآباد، ضلع بلندشہر (یوپی) انڈیا کے ایک سیمینار میں پہلی بار شرکت کی دعوت دیتے ہوئے منتظمین کی طرف سے یہ درخواست کی گئی تھی کہ میں زبان، ادب اور تعلیم کے مسائل کے موضوع پر اپنا مقالہ تحریر کروں۔ میں نے اس دعوت نامے کو اس ذہنی تاثّر کے ساتھ قبول کیا

11 برصغیر میں اردو کی سیاست

کہ میں غیر اردوداں حضرات کے لیے اردو ادب کے موضوع پر اپنا مقالہ تحریر کروں گا۔ کچھ روز کے بعد مجھے یہ اطلاع دی گئی کہ سیمینار کے عنوان سے لفظ 'ادب' اس لیے خارج کر دیا گیا ہے کیوں کہ سیمینار کے منتظمین اپنی توجہ صرف اردو زبان و تعلیم کے مسائل پر مرکوز کرنا چاہتے ہیں لیکن مجھے یہ آزادی ضرور دی گئی کہ اگر میری خواہش اور دلچسپی غیر اردوداں حضرات کے لیے اردو ادب کے موضوع پر مقالہ لکھنے میں ہے تو وہ منتظمین کے لیے قابل قبول ہوگا۔ میں نے مگر منتظمین کی خواہش کا احترام کرتے ہوئے مقالے کے بیشتر حصے کو آزادی کے بعد ہندستان میں اردو زبان کے سیاسی و سماجی مسائل اور اردو تعلیم کے ناگفتہ بہ حالات کی تفصیل جیسے اہم موضوع تک محدود و مرکوز رکھا ہے اور اردو کی عمومی صورت حال پر بھی اپنے تجربے کے مطابق روشنی ڈالی ہے البتہ مقالے کے صرف آخری حصے میں اردو ادب کے بارے میں چند عمومی معروضات پیش کیے ہیں۔

راقم الحروف کی اپنے بارے میں یہ دیانتدارانہ رائے ہے اور اس میں روایتی انکساری کا قطعی کوئی دخل نہیں کہ وہ 1947 کے بعد اردو کے مکمل منظرنامے کا بھرپور جائزہ لینے کا اہل نہیں ہے۔ لندن یونیورسٹی کے اسکول آف اورینٹل اینڈ افریکن اسٹڈیز (SOAS) میں اردو لیکچرر کی حیثیت سے تقرری کے بعد مجھے تین مختلف مواقع پر ایک ایک سال کی مکمل تعلیمی رخصت پر ہندستان میں رہنے اور اردو کے حالات کا قریب سے جائزہ لینے کا اتفاق ہوا۔ ہندستان کے سفر کے لیے میں نے آخری تعلیمی رخصت 1965 میں لی تھی جسے اب ایک مدت گزر چکی ہے تاہم اپنے اس سفر کے دوران مجھے ہندستان کی اردو دنیا میں رونما ہونے والے واقعات اور تبدیلیوں کا قریب سے مشاہدہ کرنے کا موقع ملا۔

1949 تا 1965:

میری پہلی تعلیمی رخصت 1949 سے 1950 تک کے عرصے کو محیط تھی اور میں نے اس برس کا بیشتر حصہ علی گڑھ میں گزارا۔ یہ وہ دور تھا جب ڈاکٹر ذاکر حسین علی گڑھ مسلم یونیورسٹی کے شیخ الجامعہ تھے۔ اس دور میں اردو جن حالات سے دوچار تھی، آپ لوگ ان سے ضرور واقف ہوں گے۔ صوبائی حکومتیں خصوصاً اتر پردیش اور کسی حد تک بہار کے علاقے میں، جنھیں آپ اردو کا قبلہ کہہ سکتے ہیں، اردو کو برباد کرنے کی ہر ممکن کوششیں کر رہی تھیں اور تب سے آج تک اس صورت حال میں کوئی بڑی تبدیلی واقع نہیں ہوئی۔ ماضی قریب میں اردو زبان کا منظرنامہ کچھ ضرور بدلا جس کا تجزیہ میں آئندہ صفحات میں کروں گا۔ آزادی کے بعد کے ابتدائی برسوں میں اردوداں حلقے کے وہ لوگ جو اردو زبان کی ممکن حد تک حفاظت کرنا چاہتے تھے، اس کی ترقی کے خواہاں تھے اور ساتھ ہی اردو مخالف پالیسیوں کی مخالفت پر بھی کمربستہ رہنا چاہتے تھے، وہ بھی اپنی تمام تر نیک نیتی کے باوجود اپنی خواہشات کی تکمیل یعنی اردو کی ترقی اور حکومت کی اردو مخالف پالیسیوں کے عدم نفاذ کے لیے خود کچھ کرنے کے بجائے حکومت کے ذریعے ہی اپنے مقاصد کا حصول چاہتے تھے جو باہم متضاد اور ناممکن باتیں تھیں۔ مثال کے طور

پر، ہر شخص جانتا ہے کہ نہرو جو خود اردو داں تھے اور مرکزی حکومت کے سربراہ کے طور پر اردو کی ترویج و ترقی کے لیے کچھ کرنے کی خواہش بھی رکھتے تھے مگر اس وقت مرکزی حکومت اس حیثیت میں نہیں تھی کہ وہ اتر پردیش کی حکومت کو اس کی اردو کش پالیسیوں سے روک سکتی یا اردو کی ترویج کے لیے کچھ اقدام ہی کرنے پر رضامند کر پاتی۔ صوبائی حکومتوں کے روبرو بے بس ہونے کے باوجود مرکزی حکومت زیادہ سے زیادہ یہ کر سکتی تھی کہ اردو کے مویدین کے ذریعے چلائی جانے والی انجمنوں کو مالی امداد اور حمایت فراہم کرے مگر اس کے لیے اردو تحریک کے قائدین کا مخلص ہونا ضروری تھا۔

1965 کے بعد:

1965 کے بعد اردو کے سلسلے میں جو کچھ وقوع پذیر ہوا، اس کے متعلق میری معلومات کا بہت کچھ انحصار خصوصاً اس مواد پر ہے جو مجھے مولانا ابوالکلام آزاد ریسرچ اینڈ ایجوکیشنل فاؤنڈیشن کے ارباب بست و کشاد کی طرف سے فراہم کرایا گیا۔ اس مواد کا بیشتر حصہ ہندوپاکستان میں شائع ہونے والی ان انگریزی تحریروں پر مشتمل ہے جو 1988 اور اس کے بعد کے دور میں شائع ہوئیں۔ ماضی قریب میں اطہر فاروقی کے تحقیقی مقالے کی ایک عکسی نقل، جو انھوں نے پی ایچ ڈی کی ڈگری کے لیے 'آزادی کے بعد ہندستان میں اردو کا سیاسی وسماجی مطالعہ' کے عنوان سے جواہر لال نہرو یونیورسٹی، نئی دلی میں داخل کیا تھا مجھے 1996 میں استفادے کے لیے موصول ہوگئی تھی۔ میں نے اپنے دوست سوم آنند کے ایک مضمون جسے براڈفورڈ سے شائع ہونے والے اردو ہفت روزہ 'راوی' نے چھاپا تھا، سے بھی استفادہ کیا ہے۔ مولانا ابوالکلام آزاد ریسرچ اینڈ ایجوکیشنل فاؤنڈیشن کے ذریعے فراہم کیے گئے مواد میں کچھ مضامین کو میں نے نسبتاً اہم پایا، اس لیے آئندہ سطور میں میں ان مضامین حوالہ جات بھی پیش کردوں گا۔

اردو کے لیے انفرادی اور اجتماعی کوششیں:

ظاہر ہے کہ 1947 کے بعد ہندستان میں اردو کے حالات کا تجزیہ کرتے ہوئے میں سرکاری اور نیم سرکاری اداروں کی حکمت عملی کے بارے میں ضرور گفتگو کروں گا لیکن اس سے قبل میں اردو بولنے والے لوگوں اور ان کے تشکیل کردہ رضاکار اداروں کے طریق کار پر گفتگو کرنا ضروری سمجھتا ہوں۔ آزادی کے بعد ہندستان میں اردو جن خطرات سے دوچار تھی، ان میں اردو کے رضاکار اداروں اور انجمنوں کا کیا رول رہا، اس کا تجزیہ کرنا ازبس ضروری ہے۔

اردو کی ترویج کے لیے جو موثر اقدام اردو داں حضرات کی طرف سے کیے جا سکتے ہیں ان میں پہلا

طریقہ جس پر وہ عمل پیرا ہو سکتے ہیں، یہ ہے کہ وہ اپنے بچوں کو اردو پڑھنا اور لکھنا سکھانے کی ضمانت لیں۔ اگر اسکولوں کی طرف سے اردو کی تعلیم کا کوئی انتظام نہیں ہے تو یہ والدین کی ذمے داری ہے کہ وہ یہ انتظام کریں، لیکن مشاہدہ یہ ہے کہ بیش تر اردو والے ایسا نہیں کرتے۔ میرا ذاتی تجربہ یہ ہے کہ اردو بولنے والے ان لوگوں تک نے بھی جن کی اپنی زندگیاں عموماً اردو کے لیے وقف تھیں اور ان کے بچے اردو میں دلچسپی بھی لیتے تھے، اپنے بچوں کو اردو پڑھنا اور لکھنا نہیں سکھایا۔ ان لوگوں کے لیے اردو صرف گھر کے اندر بولی جانے والی زبان تھی یا ہے۔ ایسے بہت سے لوگ بھی اردو شاعری کا ذوق رکھتے ہیں اور مشاعروں میں جانا پسند کرتے ہیں جو اردو سے بالکل ناواقف ہوتے ہیں۔ یادش بخیر، ایک مرتبہ میں اپنے ایک دوست (مرحوم) حبیب الرحمان سے ملاقات کی غرض سے گیا۔ وہ ماسکو میں رہتے تھے جہاں ان کی ایک نوجوان خاتون رشتے دار آئی ہوئی تھیں۔ میں نے دیکھا کہ وہ اپنی پسند کے اشعار دیوناگری لپی میں درج کر رہی تھیں۔ ایک اور موقعے پر میں عصمت چغتائی سے ملا۔ انھوں نے مجھے بتایا کہ ان کی بیٹی کو اردو نہیں آتی۔ سوال یہ پیدا ہوتا ہے کہ ایسا کیوں ہے؟ والدین یہ انتظام کیوں نہیں کرتے کہ ان کے بچے اردو پڑھنا لکھنا سیکھیں۔ میری اپنی رائے یہ ہے کہ چاہے کتنی بھی مشکلات کیوں نہ درپیش ہوں، یہ محبانِ اردو کی اولین ذمے داری ہے کہ وہ اپنے بچوں کے لیے اردو کی تعلیم کے حصول کا انتظام خود ہی کریں۔ وہ ایسا کر سکتے تھے اور ان کو ایسا کرنا چاہیے تھا لیکن اگر میرا اندازہ غلط نہیں ہے تو انھوں نے ایسا نہیں کیا ہے۔

اردو والوں کو یہ بات واضح طور پر معلوم ہونی چاہیے کہ اردو کے تحفظ کے لائحۂ عمل کا بنیادی نکتہ یہ ہے کہ اردو میں مہارت رکھنے والے لوگوں کی تعداد میں اضافہ ہو۔ اردو میں مہارت رکھنے سے میری مراد یہ نہیں کہ وہ اردو بولنے پر غیر معمولی عبور رکھتے ہوں بلکہ ضروری یہ ہے کہ وہ اس اردو سے واقف ہوں جو تحریری شکل میں موجود ہے اور جس کے مطالعے سے اردو ادب کا ذوق بیدار ہو سکتا ہے۔ میری مراد واضح طور پر یہ ہے کہ اردو جاننے کا مطلب اردو رسم خط سے واقفیت ہے۔ مجھے نہیں معلوم کہ آئندہ سطور میں جن حالات کا ذکر کروں گا، ان کے لیے ہندستان میں اس وقت کس حد تک فضا سازگار ہے۔ میں سب سے پہلے اس نکتے پر زور دینا چاہتا ہوں کہ اگر کسی شخص کو اردو میں مہارت رکھنے والے لوگوں کی تعداد کے اضافے میں دلچسپی ہے تو وہ بغیر کسی بیرونی مدد کے انفرادی طور پر اس مقصد کے حصول کے لیے عملاً کچھ نہ کچھ ضرور کر سکتا ہے۔ اس کے لیے اسے جس جذبے کی سب سے زیادہ ضرورت ہے، وہ ہے اس کام کو کرنے کی خواہش کا جذبہ، رضاکارانہ طور پر کچھ وقت صرف کرنے کا جذبہ اور اپنے طور پر کچھ وسائل مہیا کرنے کا جذبہ۔ اس سیاق وسباق میں برطانیہ جیسے ممالک میں آکر آباد ہونے والی بہت سی لسانی وتہذیبی اقوام کے طرز عمل سے سبق حاصل کیا جا سکتا ہے۔ مثال کے طور پر برطانیہ میں سکونت اختیار کرنے والے گجراتی، پنجابی، ایرانی اردو داں، پولش زبان بولنے والے اور دوسرے لوگ بھی تقریباً ایسے ہی حالات سے دوچار ہیں جن سے ہندستان میں اردو داں حضرات کے بچے گزر رہے ہیں۔ برطانیہ میں جو لوگ اپنے بچوں کو اپنی موروثی زبان کی اس سے بہتر تعلیم دینا چاہتے ہیں جو برطانیہ میں اسکولوں اور تعلیمی نظام میں رائج ہے،

اس کے لیے وہ رضا کارانہ طور پر کام کرتے ہیں یعنی وہ خود ہی جز وقتی کلاسوں کا انتظام کرتے ہیں، کمرے کرایے پر لیتے ہیں یا گھروں میں ہی نسبتاً بڑے کمروں میں انتظام کر کے اپنے بچوں کو اپنی موروثی زبان کی کچھ نہ کچھ تعلیم دیتے ہیں۔ میرے خیال میں اس کی بظاہر کوئی وجہ نہیں ہے کہ ہندستان میں اردوداں حضرات بھی اپنے بچوں کو رضا کارانہ طور پر تعلیم دینے کے لیے جز وقتی طریق تعلیم پر عمل پیرانہ ہوں۔

بڑے اداروں کا رول:

معاصر ہندستان میں اردو زبان کے مسائل سے متعلق متعدد معاملات ایسے ہیں جن میں فردِ واحد یا چھوٹے چھوٹے رضا کار اداروں کے لیے کوئی پیش رفت ممکن نہیں اور یہی امر مجھے صوبائی یا کل ہند سطح پر اردو کے فروغ کے لیے قائم کیے گئے اداروں کے بارے میں لکھنے اور ان کی کارکردگی کا مکمل تجزیہ کرنے کی طرف متوجہ کرتا ہے۔

میں یہ محسوس کرتا ہوں کہ اردو کے ان بڑے اداروں کی کارکردگی کے منصفانہ محاسبے کے لیے ہمارے پاس ان اداروں سے متعلق تمام تفصیلات کا موجود ہونا ضروری ہے۔ اسی سبب اور اسی نوعیت کی معلومات مہیا کرنے کی غرض سے میں نے 4 جون 1996 کو انجمن ترقی اردو (ہند) اور ترقی اردو بیورو کو خطوط تحریر کیے۔ ترقی اردو بیورو کو لکھے گئے خط میں مندرجہ ذیل اقتباس بھی شامل ہے:

''کیا آپ مجھے گجرال کمیشن رپورٹ اور اس کے بعد قائم ہونے والی سردار جعفری کمیٹی کی رپورٹ کی نقول روانہ کر سکتے ہیں؟''

(ان رپورٹوں کے بارے میں تفصیلی طور پر میں آگے لکھوں گا۔)

''کیا آپ ترقی اردو بیورو سے متعلق مجھے ایسا مواد روانہ فرما سکتے ہیں جن سے مندرجۂ ذیل سوالات کا جواب مل سکے؟

1. کیا میرا یہ خیال درست ہے کہ ترقی اردو بیورو مکمل طور پر سرکاری امداد پر منحصر ادارہ ہے؟
2. اس ادارے کا آئین اور باضابطہ اغراض و مقاصد کیا ہیں؟
3. ادارے کے ارباب اختیار کون لوگ ہیں اور ان کا انتخاب کس طرح عمل میں آتا ہے؟
4. کیا ادارے کی کارروائیوں کی روداد پابندی سے شائع ہوتی ہے، اگر ہاں تو کتنے دن میں اور اگر نہیں تو کیا اس روداد کی غیر رسمی تفصیلات موجود ہیں؟

میں بے حد ممنون ہوں گا اگر آپ اس خط کا جواب جلد از جلد دینے اور متعلقہ تمام مواد ہوائی ڈاک سے روانہ فرمانے کی زحمت گوارہ کریں۔ میں یقیناً اس مد میں ہونے والے آپ کے تمام مصارف (مع ڈاک خرچ

وغیرہ) ادا کروں گا۔"

جب مجھے ان خطوط کا دونوں اداروں میں سے کسی بھی ادارے کی طرف سے کوئی جواب نہیں ملا تو میں نے جامعہ ملیہ اسلامیہ کے سابق رئیس جامعہ جناب سید مظفر حسین برنی سے رابطہ قائم کیا۔ برنی صاحب نے ازراہِ مہربانی نہ صرف فوراً جواب دینے کی زحمت کی بلکہ مجھے گجرال کمیشن اور سردار جعفری کمیٹی کی رپورٹوں کی کاپیاں بھی روانہ فرمائیں اور مطلع کیا کہ انھوں نے انجمن ترقی اردو (ہند) کے جنرل سکریٹری ڈاکٹر خلیق انجم اور ترقی اردو بیورو کی ڈائریکٹر فہمیدہ بیگم سے رابطہ قائم کیا تھا اور ان دونوں عہدیداران نے مجھے خط لکھنے کا وعدہ کیا ہے (خلیق انجم صاحب نے جلد ہی خط لکھنے کا وعدہ آج تک پورا نہیں کیا) لیکن اسی دوران مظفر حسین برنی صاحب نے دونوں اداروں یعنی انجمن ترقی اردو (ہند) اور ترقی اردو بیورو کے بارے میں کچھ اور معلومات فراہم کیں۔ انجمن کے بارے میں وہ لکھتے ہیں:

"یہ (انجمن ترقی اردو، ہند) مکمل طور پر سرکاری امداد یافتہ ادارہ تو نہیں ہے، البتہ دہلی انتظامیہ کی طرف سے اس کو ڈیڑھ لاکھ روپیہ سالانہ گرانٹ ضرور ملتی ہے۔ انجمن کی کئی منزلہ عمارت اردو گھر کے کرایے سے ہونے والی آمدنی انجمن کے اخراجات کے لیے وافر ہے۔ اس کی مجلسِ عاملہ میں چالیس رکن ہیں جن کا انتخاب ہر پانچ سال کے بعد عمل میں آتا ہے۔ میرے لیے یہ بات یقین سے کہنا مشکل ہے کہ انجمن کے اراکین پابندی سے حکومت کو اس کی کارکردگی کی رپورٹ پیش کرتے ہیں۔"

ترقی اردو بیورو کے بارے میں وہ لکھتے ہیں:

"یہ مکمل طور پر سرکاری امداد یافتہ ادارہ ہے۔ یہاں بھی حکومت کو دی جانے والی رپورٹ میں پابندی قائم نہیں رہ پاتی۔ مگر فی الحال بیورو اپنی زندگی کی آخری سانسیں لے رہا ہے۔"

چند دنوں بعد برنی صاحب نے مجھے ان دونوں اداروں کی شائع شدہ رپورٹیں بھی روانہ فرمائیں۔ ایک رپورٹ انجمن کے ہفت روزہ ترجمان 'ہماری زبان' کے خصوصی شمارے (یکم اکتوبر 1977) میں شائع ہوئی تھی اور دوسری بیورو کے ذریعے جاری کردہ پمفلٹ کے دو شماروں (خبرنامہ جنوری تا جولائی 1983) اور جون 1990) کی شکل میں تھی۔

اس مقالے کے ضابطۂ تحریر میں آنے تک (دسمبر 1998) مجھے ان دونوں اداروں میں سے کسی کی بھی طرف سے اب تک کوئی خط موصول نہیں ہوا ہے۔ اس تمام مواد کے، جو ان دونوں اداروں سے متعلق اب تک مجھے موصول ہوا ہے، تفصیلی مطالعے کے پیشِ نظر مجھے یہ کہنے میں کوئی تکلف نہیں کہ بالخصوص انجمن ترقی اردو (ہند) کا رویہ اردو کی بقا اور ترویج کے لیے ہر سطح پر مایوس کن ہی رہا ہے۔ انجمن سے میرا رابطہ 50-1949 کے درمیان اور 65-1964 اور اس کے بعد کے برسوں میں بھی کچھ نہ کچھ ضرور رہا ہے۔ اس مرتبہ بھی اس مضمون کو تحریر کرنے کے سلسلے میں ان کے تعاون کا جو تجربہ مجھے ہوا، اسے کسی بھی طرح خوش گوار تجربہ نہیں کہا جا سکتا۔

کچھ دنوں پہلے 'انڈین ریویو آف بکس' (جلد 5 شمارہ 1، 15 ستمبر تا 15 نومبر 1995) میں میرا ایک مضمون شائع ہوا تھا میرا خیال ہے کہ میرا یہ مضمون آپ میں سے بیشتر حضرات کی نظر سے نہیں گزرا ہوگا، اس لیے میں اس میں سے ایک طویل اقتباس پیش کرنے کی اجازت چاہوں گا:

''ان تمام برسوں میں تصویر کا سب سے زیادہ پریشان کن پہلو (کسی سخت لفظ کا استعمال میں دانستہ طور پر نہیں کر رہا ہوں) ان لوگوں کی بے عملی اور عدم متحرک ہے جو خود کو اردو بولنے والوں کی جماعت کا رہنما تصور کرتے ہیں۔ یہ بات 1949 ہی میں، جب میں ان میں سے کئی حضرات سے پہلی مرتبہ ملا تھا، مجھ پر روشن ہوگئی تھی... میں موضوع سے نہیں ہٹوں گا (اور صرف یہ کہنے پر اکتفا کروں گا، جو مجھے ضرور کہنا بھی چاہیے کہ ان لوگوں کو اردو سے کوئی محبت نہیں تھی)... اردو کی ترقی اور فلاح کے لیے قائم کیے گئے اداروں کو مرکزی حکومت کی جانب سے ابتدا میں کافی وسائل فراہم کیے گئے تھے لیکن ان اداروں کا طرز عمل کسی طرح بھی متاثر کن نہیں تھا۔ 50-1949 میں میرا ان لوگوں سے کئی مرتبہ تبادلۂ خیال ہوا جو سرکاری امداد سے چلنے والے اردو اداروں مثلاً انجمن ترقیِ اردو کی مجلسِ منظّمہ میں فروکش تھے۔ اس وقت بھی میں نے ان سے یہ بات عرض کی تھی کہ وہ ان اداروں کے ذریعے اردو کی بقا اور ترویج کے لیے نہ صرف مبسوط لائحہ عمل مرتب کریں بلکہ اس کے اطلاق کے لیے سنجیدگی سے کوشش بھی کی جائیں۔ میں نے ان کی توجہ اس اہم بات کی طرف بھی مبذول کرائی تھی کہ اردو میں اہم اور عظیم ترین کلاسیکی متون کی اشاعتیں موجود نہیں ہیں۔ اوکسفرڈ کلاسیکی متون (Oxford Classical Texts) کی مثال پیش کرتے ہوئے میں نے یہ بھی بتایا تھا کہ اس سیریز کے تحت لاطینی اور یونانی زبانوں کے عظیم وقدیم مصنفین کی تصنیفات کو شائع کیا گیا ہے۔ ان متون کو مرتب کرنے کا مقصد ممکن حد تک صحت کے ساتھ ان متون کو شائع کرنا تھا۔ میں نے انجمن کے ارباب اختیار سے یہ بھی عرض کیا تھا کہ اگر وہ کچھ اور نہیں صرف قدیم متون کی صحت کے ساتھ اشاعت کی طرف بھی توجہ دیں تو یہ اپنے آپ میں بڑا وقیع کام ہوگا مگر بیس برس بعد بھی اس سلسلے میں انجمن کا واحد کارنامہ دیوان غالب (اردو) مرتبہ امتیاز علی عرشی تک محدود تھا۔ انجمن نے مبینہ طور پر ایسے کچھ اور منصوبے شروع تو کیے مگر وہ نہ تو آگے بڑھ سکے اور نہ ہی ان میں سے کوئی اولوالعزم منصوبہ اپنے اختتام کو پہنچ سکا۔ ان منصوبوں کے سلسلے میں جو کام ہونا چاہیے تھا۔ وہ شروع ہی نہیں کیا گیا۔

مجھے پروفیسر آل احمد سرور کے ساتھ 1965 میں ہونے والی گفتگو آج بھی بخوبی یاد ہے جس میں، میں نے بہ اصرار اپنی اس خواہش کا اظہار کیا تھا کہ غالب کی تمام تحریروں کے مستند متون تیار کرنے کا کام فوراً شروع کر دیا جائے تاکہ غالب صدی (1969) تک ان کو شائع کیا جا سکے۔ اس سلسلے میں جو کچھ شائع ہوا وہ غالب کے خطوط کی ایک جلد تھی، جو 1930 میں شائع شدہ خطوط غالب کی ذلّت آمیز اشاعت مکرّر سے زیادہ کچھ نہ تھی۔

''اسی صحبت میں پروفیسر سرور نے مجھے بتایا تھا کہ انھوں نے میکش اکبرآبادی سے فرہنگِ نظیر اکبرآبادی تیار کرنے کو کہا تھا اور یہ کام مکمل ہو کر ان تک پہنچ چکا ہے۔ میں نے ان سے کہا کہ پھر اسے فوراً کیوں نہ شائع کر دیا

جائے کیوں کہ اس کا استعمال ایک ایسے مکمل اردو-اردو لغت کے طور پر کیا جاسکتا ہے جس کی اشاعت کا منصوبہ آپ کافی دن سے بنا رہے ہیں۔ پروفیسر سرور نے میری اس تجویز کو مسترد کردیا اور 30 برس کے بعد بھی اردو والوں کے پاس نہ تو کوئی مکمل اردو-اردو لغت موجود ہے اور نہ ہی کوئی فرہنگ۔ کچھ عرصے بعد مجھے معلوم ہوا کہ میکش اکبرآبادی کی مرتب کردہ فرہنگ ہی ضائع ہوگئی۔ اس قسم کی مجرمانہ بے توجہی کی متعدد مثالیں انجمن ترقی اردو کے طریقِ کار سے پیش کی جاسکتی ہیں مگر میرا خیال ہے کہ وہ سب عبرت انگیز مثالیں بھی صرف نمونے ہی کا کام کریں گی۔''

اطہر فاروقی کو دیے گئے اپنے ایک انٹرویو میں (اخبارِ نو، 2 تا 8 دسمبر 1988) رشید حسن خاں اسی نوعیت کے کچھ اور واقعات کا ذکر کرتے ہوئے کہتے ہیں:

''بورڈ (بیورو) نے بہت پہلے منصوبہ بنایا تھا کہ اردو کا مکمل لغت چار پانچ جلدوں میں مرتب کرایا جائے گا۔ اس کے لیے ہندستان کے نہایت مشہور لوگوں کا انتخاب کرکے انھیں ایک ایک جلد بانٹ دی گئی۔ برسوں تک ان لوگوں کو باقاعدہ معاوضہ ادا کیا جاتا رہا۔ ان کو ایک ایک معاون بھی دیا گیا۔ برسوں کے بعد معلوم ہوا کہ لغت مکمل نہیں ہوا۔ جب حساب طلبی کا وقت آیا تو ان سب مخدومین اور محترمین نے، جو مشہور بلکہ اشتہاری ادیب تھے، کام ویسا کا ویسا ہی واپس کردیا۔ اس کے بعد وہ کام ڈاکٹر مسعود حسین خاں صاحب کے سپرد کیا گیا۔ میں نے ان سے ایک بار کام کی کیفیت پوچھی تو کہنے لگے ارے کیا کہتے ہو، بوریوں میں بھری ہوئی کچھ چیزیں آئی تھیں جن کو صحیح طور پر رکھنا مشکل تھا اور نہایت درجۂ ناقص طور پر اس کام کو کیا گیا تھا۔ غضب یہ ہے کہ سال ڈیڑھ سال کے بعد وہ کام بھی ختم ہوگیا۔ اب وہ کام بھی نہیں ہو رہا ہے... ایک مختصر لغت ابھی ضرور چھپا ہے میں نے اس کو اسی طرح پڑھا جیسے میں اور کتابیں پڑھتا ہوں۔ مجھے تو اس کا ایک صفحہ ایسا نہیں ملا جس پر ایک یا دو تین مختلف قسم کی غلطیاں نہ ہوں۔''

رشید حسن خاں کی اس گفتگو سے اندازہ ہوتا ہے کہ اردو-انگریزی (یا انگریزی-اردو) لغت کے منصوبے کا بھی وہی حشر ہوا جو فرہنگِ نظیر اکبرآبادی کا ہوا تھا۔

اپنے مذکورہ انٹرویو میں رشید حسن خاں نے ایک اور اسکینڈل کے بارے میں معلومات فراہم کی ہیں جس کے بارے میں مجھے معمولی نوعیت کی اطلاعات تھیں۔ وہ کہتے ہیں:

''یونیورسٹی گرانٹس کمیشن نے یہ منصوبہ بنایا تھا کہ چار ضخیم جلدوں میں اردو ادب کی تاریخ مرتب کی جائے جس کے لیے علی گڑھ مسلم یونیورسٹی کو بڑی رقم دی گئی۔ یونیورسٹی نے شروع میں بہت اچھا منصوبہ بنایا۔ کاغذ پر جو تفصیلات سامنے آئیں، وہ اتنی اچھی تھیں کہ ہم سب کو یقین ہوگیا کہ اب یہ جو تاریخ ادب اردو لکھی جائے گی وہ واقعی اعلیٰ درجے کی ہوگی۔ اردو کے 9 بہت مشہور اور ذی وقعت اہل علم کو اس میں شامل کیا گیا۔ پہلی جلد کے مقالات کے لیے 1200 سے 1700 تک زمانہ طے کیا گیا۔ اس کی پہلی جلد جب چھپ کر آئی اور میں نے اس کو پڑھا تو آپ اندازہ نہیں کرسکتے ہیں کہ میری حیرت کا کیا عالم تھا۔ اس تاریخ ادبِ اردو کے کسی حوالے کو اعتماد کے

ساتھ نقل کیا ہی نہیں جاسکتا... جتنے اقتباسات دیے گئے، ان میں سے بیشتر کی عبارت قابل اعتماد نہیں۔ میں نے اسی زمانے میں اس پر ایک مفصّل تبصرہ لکھا تھا۔ اس تبصرے نے بہت شہرت پائی۔ یہ تبصرہ پہلی بار رسالہ 'تحریک' میں شائع ہوا تھا جو بعد میں اس رسالے سے کئی جگہ نقل کیا گیا۔ بہت چرچے رہے۔ اس کا اثر یہ ہوا کہ وہ پہلی جلد باضابطہ بازار سے اٹھالی گئی اور یونیورسٹی میں لے جاکر اس کا ڈھیر لگا دیا گیا۔ کہا یہ گیا کہ اب اس کو تصحیح کے بعد بازار میں بھیجا جائے گا۔ آج تک نہ تو اس کی پہلی جلد کی تصحیح ہوئی اور نہ باقی جلدیں شائع ہو سکیں۔

جس زمانے کا یہ قصہ ہے، اس کے آس پاس ہی 1969 میں ترقی اردو بیورو کا قیام عمل میں آیا۔ میرا تاثر یہ تھا کہ اردو لغت کا منصوبہ بھی انجمن نے شروع کیا تھا مگر رشید حسن خاں کے انٹرویو سے تفصیلات معلوم ہوئیں کہ اصل میں یہ منصوبہ ترقی اردو بیورو کا تھا (جسے وہ بورڈ کہتے ہیں) بیورو کے کارہائے نمایاں سے میری واقفیت کچھ زیادہ نہیں ہے مگر پروفیسر عتیق احمد صدیقی نے اپنے ایک مضمون 'اسٹیٹس آف اردو ان انڈیا' (دی نیشن لاہور، 4 اکتوبر 1994) کے ذریعے اس کی کارکردگی سے متعلق تفصیلات فراہم کی ہیں:

"ترقی اردو بیورو جس کا قیام مرکزی حکومت ہند کے ذریعے عمل میں آیا تھا، اب تک تقریباً 700 بے مقصد کتابیں شائع کر چکا ہے جن میں اکثریت تراجم کی ہے۔ اسی طرح ساہتیہ اکادمی اور نیشنل بک ٹرسٹ بھی (یہ دونوں ہی سرکاری ادارے ہیں) کثیر تعداد میں بے مصرف اردو کتب شائع کر چکے ہیں۔"

اسی مضمون میں آگے چل کر وہ مختلف صوبوں میں قائم شدہ اردو اکادمیوں پر نکتہ چینی کرتے ہوئے لکھتے ہیں:

"بہت سے صوبوں میں، مثلاً یوپی، بہار، مغربی بنگال، ہریانہ، مہاراشٹر، آندھرا پردیش اور اڑیسہ وغیرہ کی صوبائی حکومتوں نے اردو اکادمیاں قائم کی ہیں یہ اکادمیاں بھی اردو کی نام نہاد خدمت میں مثلاً کتابوں کی اشاعت، مصنفین کو کتب کی اشاعت کے لیے مالی مدد فراہم کرنا، مصنفین اور طلبہ کو وظائف وغیرہ دینے میں مصروف ہیں۔"

ممکن ہے کہ صدیقی صاحب کی اس رائے کے بارے میں یہ نتیجہ اخذ کرلیا جائے کہ انھوں نے ایک سخت موقف اختیار کیا ہے اور شائع ہونے والی تمام کتب بے مقصد اور مصنفین کو ان سرکاری اداروں کی طرف سے دی جانے والی امداد مکمل طور پر بے مصرف نہیں ہو سکتی۔ بہر حال میرا اپنا خیال یہ ہے کہ پروفیسر صدیقی کی رائے میں کافی وزن ہے اور اس زمانے میں اپنے ذاتی تجربے کے ذریعے میں نے ان اداروں اور اردو کے حالات کے بارے میں جو رائے قائم کی تھی وہ آج کے حالات پر بھی منطبق ہوتی ہے۔

دی نیشن، لاہور ہی کے 8 جولائی 1994 کے شمارے میں شمس الرحمٰن فاروقی کا ایک انٹرویو شائع ہوا ہے۔ یونیورسٹیوں کے شعبہ ہائے اردو کے بارے میں وہ کہتے ہیں:

"... یونی ورسٹیوں کے اردو شعبوں کے اساتذہ نے اپنی نوکری بچانے کے لیے جو مفاد پرستانہ لائحۂ

عمل مرتب کیا، اس نے اردو کی بنیادوں کو اکھاڑ پھینکا۔ اردو کو بچانے میں ان اساتذہ کی کوئی دلچسپی نہیں تھی۔ اردو اساتذہ نے اپنے نئے ترتیب شدہ لائحۂ عمل کے مطابق یونیورسٹی کے ارباب اقتدار کو اس بات پر راضی کر لیا کہ جن طالبِ علموں نے کسی بھی سطح پر اردو کا مطالعہ نہیں کیا ہے یا جو اچھے طالبِ علم نہیں ہیں، اگر وہ ایک اختیاری مضمون کے طور پر بی اے میں اردو کو اختیار کرنا چاہیں یا اردو ادب میں ایم اے کرنے کے خواہش مند ہوں تو انھیں داخلے کی اجازت دی جائے۔ صرف اپنی نوکری کے تحفظ کے لیے ذاتی مفادات کے تابع بالخصوص یونیورسٹیوں کے اردو اساتذہ کا یہ قدم اردو کے لیے بے حد ضرر رساں ثابت ہوا۔ ان کے اس قدم کے نتیجے میں یونیورسٹیوں کے اردو طالبِ علموں میں اکثریت جاہلوں کی ہوگئی ہے۔ بی اے میں اردو کو بہ حیثیت مضمون اختیار کرنے والے یا اردو ادب میں ایم اے کرنے والے طلبہ میں اکثریت ان کی تھی جن کی علمی صلاحیت بہت کم تھی اور دوسرے طریقوں کے ذریعے انھیں یونیورسٹی میں کبھی داخلہ نہیں مل سکتا تھا۔ یہ اس صدی کے چھٹے دہے کی بات ہے جب یونیورسٹیوں کے اردو شعبوں میں ان جاہل طالب علموں کی بھرتی بطور استاد شروع ہوئی۔ پھر ان اساتذہ کے جاہل شاگردوں کی کھیپیں تیار ہونا شروع ہوئیں اور جاہل در جاہل کا یہ سلسلہ اب خدا جانے کب رکے۔''

ان آرا کا تجزیہ کرنے کے بعد مختصراً اتنا ہی کہا جا سکتا ہے کہ اردو کے قائدین نہ صرف یہ کہ اردو کے لیے ایسا کچھ بھی کرنے میں ناکام رہے جو وہ اپنی پیش قدمی سے کر سکتے تھے بلکہ وہ اپنے ان وعدوں کو بھی وفا نہ کر سکے جن کے لیے وہ اپنی اُجرت بھی وصول کرتے رہے ہیں۔ اس پر طرہ یہ کہ انھوں نے ایسے اقدام بھی کیے جو بقول شمس الرحمٰن فاروقی ''اردو کے لیے بے حد ضرر رساں ثابت ہوئے۔'' ان ہی کارناموں کے سبب اردو کے ان پرچم بردار قائدین کے لیے رشید حسن خاں کے یہ سخت الفاظ درست معلوم ہوتے ہیں کہ ''یہ لوگ بل ہوسی اور بے ضمیری کے جال میں گرفتار ہو چکے ہیں۔ ان کے یہاں ایمان داری کا تصور تو تقریباً مر چکا ہے... اس حد تک دنیادار، اس حد تک جاہ طلب اور گھٹیا گروپ بازی میں گرفتار لوگ ہیں...''

یہاں ضمناً میں یہ بات بھی عرض کرنا چاہوں گا کہ یہ افسوس ناک امر ہے کہ رشید حسن خاں نے ان سارے معروف لوگوں کے نام ظاہر نہیں کیے جن کے لیے انھوں نے ان سخت الفاظ کا (لیکن پوری طرح درست) استعمال کیا ہے۔ یہ لوگ گمنامی کی ڈھال کے مستحق ہرگز نہیں ہیں اور نہ ہی قرائنی تفصیلات سے ان شخصیات کی شناخت کوئی مشکل امر ہے لیکن میرا خیال یہ ہے کہ ان لوگوں کو پوری طرح بے نقاب کرنے کی ضرورت ہے۔

اب ہمیں کسی قدر تفصیل میں جا کر ان اقدام کا جائزہ لینا ہوگا جو مرکزی حکومت تقریباً گذشتہ دو دہوں سے کرتی رہی ہے۔

1970 اور اس کے بعد:

سوم آنند کے مضمون سے مجھے ہندستان میں مرکزی اور صوبائی حکومتوں کے رشتوں اور ان کی اردو پالیسیوں کے مابین اختلافات سے متعلق یہ معلوم ہوا کہ یہ پالیسیاں ان گذشتہ پالیسیوں سے مختلف نہیں تھیں جن کا مشاہدہ میں ایک عرصہ پہلے کر چکا تھا۔ ہندستان کی مرکزی حکومت اندرا گاندھی کے دور سے ہی اپنی کسی نہ کسی پالیسی کے تحت اردو کی بقاوترقی کے لیے کچھ نہ کچھ اقدام کرتی رہی ہے۔ ان اقدام کے بارے میں تفصیل میں جانے کی سردست کوئی ضرورت نہیں۔ میرے خیال میں آپ تمام حضرات کے علم میں یہ بات ضرور ہوگی کہ مرکزی حکومت نے ایسی تمام پالیسیاں وضع کیں جن سے یہ تاثر عام ہوا کہ حکومت اردو کی بقاوفروغ کی خواہاں ہے۔ یہ پالیسیاں اس لیے نہیں وضع کی گئی تھیں کہ حکومت کو اردو یا اس کے فروغ سے واقعتاً کسی قسم کی دلچسپی تھی بلکہ حقیقت یہ ہے کہ ان پالیسیوں کے وضع کا مقصد سیاسی مفادات کا حصول تھا۔ سوم آنند ہی کے مضمون سے مجھے یہ بھی علم ہوا کہ اندرا گاندھی نے اپنے دورِ اقتدار میں 1972 کے آس پاس اندر کمار گجرال کی صدارت میں ایک کمیٹی تشکیل دی تھی جس کا کام اردو کی ترویج کے امکانات کا جائزہ لینا تھا۔ ڈھائی سو صفحات پر مشتمل یہ رپورٹ 1975 میں 187 سفارشات کے ساتھ پیش کی گئی۔

سوم آنند کے مطابق یہ رپورٹ ''سرد خانے میں چلی گئی'' جس کا سب سے بڑا سبب جگ جیون رام کی شدید اردو مخالفت تھا اور مادام اندرا گاندھی اس دور کے سیاسی حالات میں جگ جیون رام کی مخالفت مول لینا نہیں چاہتی تھیں۔

بہرحال، مناسب وقت آنے پر گجرال کمیٹی رپورٹ پارلیمنٹ میں پیش کی گئی اور پھر مختلف، کافی فصل سے، دو کمیٹیاں اس امر کا جائزہ لینے کے لیے قائم کی گئیں کہ گجرال کمیٹی کی کون سی سفارشات کا نفاذ عملاً ممکن ہے۔ پہلی سب کمیٹی 1979 میں آل احمد سرور کی صدارت میں بنی جس کا کام گجرال کمیٹی کی سفارشات کا جائزہ لینا تھا (اس کمیٹی نے اپنا کام 1983 میں مکمل کر لیا) دوسری کمیٹی علی سردار جعفری کی صدارت میں فروری 1990 میں تشکیل دی گئی جس نے غیر معمولی مستعدی کا ثبوت دیتے ہوئے ستمبر 1990 میں حکومت کو اپنی رپورٹ پیش کر دی۔ جعفری کمیٹی نے یہ تصدیق کی کہ گجرال کمیٹی کی پچانوے فیصد سفارشات کو عملی جامہ پہنایا ہی نہیں گیا ہے۔ 1989 میں حکومت بہار اور اس کے بعد حکومت اتر پردیش نے کاغذ پر ہی سہی اردو کو اپنے اپنے صوبوں کی دفتری کام کاج کی زبان (official language) کے طور پر قبول کر لیا۔ دلچسپ بات یہ ہے کہ گجرال کمیٹی کی سفارشات میں یہ سفارش شامل ہی نہیں کی گئی تھی۔

یہاں میں اس امر پر حیرت کا اظہار کرنا چاہتا ہوں کہ مولانا ابوالکلام آزاد ریسرچ اینڈ ایجوکیشنل فاؤنڈیشن کی طرف سے مجھے ابتداً جو شائع شدہ مواد فراہم کیا گیا تھا، اس میں گجرال کمیٹی، سرور کمیٹی یا جعفری کمیٹی کا کوئی حوالہ سرے سے موجود ہی نہیں تھا (البتہ اطہر فاروقی کے پی ایچ ڈی کے مقالے میں گجرال کمیٹی کا تعارف اور اس کی سفارشات کی ایک طویل تلخیص شامل ہے مگر چوں کہ اطہر فاروقی کا مقالہ مجھے دیر سے موصول ہوا، اس

لیے، ابتدا میں اس بات پر حیرت کرتا رہا کہ گجرال کمیٹی سے متعلق مواد کس لیے روانہ نہیں کیا گیا)۔

خود مختار اداروں اور انجمنوں کا رول:

مجھے بخوبی اندازہ ہے کہ انجمن ترقی اردو (ہند) اور ترقی اردو بیورو جیسے اداروں کی بے عملی کے سبب پیدا شدہ بے اطمینانی اور مایوسی عام طور پر لوگوں کو ایسے اداروں سے پوری طرح مایوس کر دیتی ہے اور نتیجتاً ایسی انجمنیں وجود میں آنے لگتی ہیں جو کسی بھی طرح کی سرکاری امداد یا تعاون قبول کرنے سے انکار کر کے خود کو حکومت کے احسان اور پالیسی دونوں سے اپنے آپ کو آزاد کر لیتی ہیں۔ ہندستان میں اردو کے موجودہ حالات میں یہ بے اطمینانی بے حد مبارک ہے کیوں کہ حقیقتاً ایسی خود مختار انجمنوں کی آج بے حد ضرورت ہے۔ مجھے یہ جان کر خوش گوار تعجب ہوا کہ مولانا ابوالکلام آزاد ریسرچ اینڈ ایجوکیشنل فاؤنڈیشن، سکندرآباد ضلع بلند شہر (یوپی) ایک ایسا ہی خود مختار ادارہ ہے جو حکومت کی امداد تو دور، حکومت سے کسی طرح کا تعلق رکھنے والے اہلِ قلم تک سے کسی طرح کا کوئی واسطہ رکھنا پسند نہیں کرتی۔ ابتداً مجھے مولانا ابوالکلام آزاد ریسرچ اینڈ ایجوکیشنل فاؤنڈیشن کے اس رویے کے بارے میں کوئی خبر نہ تھی۔ سب سے زیادہ تعجب خیز بات تو یہ ہے کہ فاؤنڈیشن کی طرف سے دعوت نامہ ملنے کے کئی مہینے کے بعد ہی میں اس حقیقت سے واقف ہو سکا۔ فاؤنڈیشن کے بارے میں میرے استفسار پر اس کے نائب صدر امان اللہ خالد نے اپنے 14 مئی 1996 کے خط کے ذریعے مجھے پہلی بار یہ اطلاع بہم پہنچائی۔ یہاں میں یہ ضروری سمجھتا ہوں کہ اس خط کے حوالے سے کچھ ضروری باتوں کا اندراج اس مقالے میں کروں۔ وہ لکھتے ہیں:

''مولانا ابوالکلام آزاد ریسرچ اینڈ ایجوکیشنل فاؤنڈیشن کا رجسٹریشن 1989 میں کرایا گیا۔ فاؤنڈیشن کے مربی سکندرآباد کے وہ تمام حضرات ہیں جو تقسیم کے بعد اردو پر پڑنے والے پیمبری وقت میں ستائش و صلے کی ہر تمنا سے بے نیاز ہو کر بہت خاموشی کے ساتھ بادِ مخالف کے تیز جھونکوں میں اردو کی شمع روشن کیے رہے... (سکندرآباد اتر پردیش کے ضلع بلند شہر کا ایک قصبہ ہے جس کی کل آبادی کا تقریباً 45 فیصد حصہ مسلمانوں پر مشتمل ہے۔... مولانا ابوالکلام آزاد ریسرچ اینڈ ایجوکیشنل فاؤنڈیشن کی مجلسِ عاملہ میں ایسے سات حضرات شامل ہیں... ہماری روزِ اول سے یہی کوشش ہے کہ حکومت سے کسی طرح کی کوئی مدد قبول نہ کی جائے تاکہ براہ راست یا بالواسطہ حکومت کی پالیسیاں ہمارے کام پر اثر انداز نہ ہو سکیں۔ اس طرح کے نظریات کے ساتھ کسی ادارے کو ہندستان میں چلانا آج بھی بہت مشکل ہے اور ایسی تمام مشکلیں ہم برداشت کر رہے ہیں۔''

12 اگست 1996 کے ایک اور خط کے ذریعے وہ اس سلسلے میں مزید اطلاعات بہم پہنچاتے ہوئے لکھتے ہیں:

''فاؤنڈیشن کے اراکین نے ابتدا ہی سے یہ طے کیا تھا کہ فاؤنڈیشن کا کوئی رکن حکومت کی ملازمت

قبول نہیں کرے گا۔ وہ کسی سرکاری یا غیر سرکاری کمیٹی کا رکن نہیں بنے گا اور حکومت ہند سے خود کو براہ راست یا بالواسطہ وابستہ نہیں کرے گا۔ وہ حکومت ہند سے کسی طرح کی کوئی مالی امداد، وظیفہ اور انعام بھی قبول نہیں کرے گا۔ وہ اس بات کی بھی حتیٰ الامکان کوشش کرے گا کہ ایسے کسی سیمینار یا مشاعرے میں حصہ نہ لے جس کا کسی بھی طرح حکومت سے کوئی تعلق ہو۔ وہ حکومت سے جزوی طور پر امداد یافتہ اردو رسائل میں اپنی تخلیقات کی اشاعت سے ممکن حد تک گریز کرے گا۔ خوشی کا مقام ہے کہ آج تک فاؤنڈیشن کے تمام اراکین اس غیر تحریری کمٹمنٹ پر عمل پیرا ہیں۔''

اول الذکر کے ذریعے خط کے ذریعے مجھے یہ اطلاع ملی تھی:

''فاؤنڈیشن کے مقاصد کے تحت سکندر آباد میں گذشتہ دس سال سے دو اردو میڈیم جونیر ہائی اسکول چل رہے ہیں۔ فاؤنڈیشن کے ان دو اسکولوں کے علاوہ اتر پردیش میں صرف علی گڑھ مسلم یونی ورسٹی کے دو جونیر ہائی اسکول اور ہیں۔''

ایک تیسرے خط کے ذریعے مجھے مندرجہ ذیل معلومات فراہم کرائی گئی۔

''علی گڑھ مسلم یونیورسٹی کے دونوں اردو میڈیم اسکولوں میں انگریزی ذریعۂ تعلیم بھی موجود ہے اور بیشتر والدین اپنے بچوں کو انگریزی ذریعۂ تعلیم ہی میں بھیجتے ہیں۔ اردو ذریعۂ تعلیم نچلے طبقے کے وہ بچے اختیار کرتے ہیں جن کے لیے کسی بھی طرح انگریزی ذریعۂ تعلیم کا بوجھ برداشت کرنا ممکن نہیں ہوتا، ہر چند کہ مسلم یونیورسٹی کے دونوں اسکولوں میں انگریزی ذریعۂ تعلیم کا معیار بہت پست ہے۔ مختصر یہ کہ مسلم یونیورسٹی کے ان دو اسکولوں میں بھی اردو ذریعۂ تعلیم کی سانسیں اُکھڑ رہی ہیں اور آئندہ چند سال میں یہ نام نہاد اردو ذریعۂ تعلیم ان اسکولوں سے بھی ختم ہو جائے گا۔''

14 مئی 1996 کے خط میں آگے لکھا تھا:

''فاؤنڈیشن اب تک دو اہم موضوعات پر سیمینار منعقد کر چکی ہے... ایک 'اردو ذریعۂ تعلیم کے مسائل' اور دوسرا 'ہندستانی مسلمان اور پریس' کے موضوعات پر۔ ان میں پیش کیے گئے مقالات دنیا بھر کے مقتدر اخبارات و رسائل میں شائع ہوئے۔

''مولانا آزاد فاؤنڈیشن کے تمام فنڈ مقامی باشندوں سے بہ قدرِ ضرورت چندے کی شکل میں حاصل کیے جاتے ہیں۔''

میں اپنے اس خیال کا اظہار کر چکا ہوں کہ سرکاری انعام یافتہ انجمنوں کے خلاف ہندستان کے اردو والوں کی بے اطمینانی اور بے یقینی قطعاً جائز ہے اور اردو کے حقوق کے لیے صرف اپنے زورِ بازو کے بل پر جدّ و جہد اور خود مختار اداروں کا قیام ایک خوش آئند قدم ہوگا لیکن اس سے یہ مراد نہیں لینا چاہیے کہ اردو والے سرکاری امداد یافتہ اداروں کے معاملات میں کوئی دلچسپی ہی نہ لیں۔ اردو کی ترویج کے لیے قائم کی گئی انجمنیں،

ادارے، اکادمیاں اور بیورو وغیرہ اگر اطمینان بخش کام نہیں کر رہے ہیں تو ان پر منظم طریقے سے کھلے عام تنقید کی جانی چاہیے، اور اس سے بھی زیادہ اہم بات یہ ہے کہ ان سرکاری اداروں کے منظور شدہ پروگراموں کو عملی جامہ پہنائے جانے کے لیے وسیع پیمانے پر مسلسل جدوجہد کرنا چاہیے۔ کہنے کا مقصد یہ ہے کہ مولانا ابوالکلام آزاد ریسرچ اینڈ ایجوکیشنل فاؤنڈیشن جیسی انجمنوں کو اردو کی ترویج و ترقی کے لیے مربوط پروگراموں کے تحت منظم طور پر سرگرمِ عمل ہونا چاہیے اور اپنی پالیسیوں اور پروگراموں کی اشاعت کرنا چاہیے۔

مولانا ابوالکلام آزاد ریسرچ اینڈ ایجوکیشنل فاؤنڈیشن کی طرف سے سیمینار کے دعوت نامے کے ساتھ جو شائع شدہ مواد مجھے موصول ہوا تھا، اس میں لاہور سے شائع ہونے والے انگریزی روزنامے 'دی نیشن' کے 25 دسمبر 1992 کے شمارے میں احمد رشید شروانی کا ایک مضمون 'ہندی مسلمانوں کی تعلیمی پسماندگی' بھی شامل تھا۔ اس مضمون کے ان آخری دو پیراگرافوں سے حوالہ پیش کروں گا جن کا تعلق مندرجۂ بالا بحث اور مولانا ابوالکلام آزاد ریسرچ اینڈ ایجوکیشنل فاؤنڈیشن جیسے خودمختار اداروں کے رول سے ہے۔ شروانی صاحب لکھتے ہیں:

''آخر میں، میں صرف یہ کہوں گا کہ بنیادی طور پر یہ حکومتِ ہند کی ذمے داری کہ وہ اس کا انتظام کرے کہ مسلمان بچے بہتر تعلیم حاصل کر سکیں۔ کیا مسلمان 'بھارت ماتا' کے بچے نہیں ہیں؟ بھارت ماتا کے یہ کروڑوں بچے اگر تعلیم کے میدان میں پسماندہ ہیں تو یہ صرف حکومت کی خطا ہے۔

''... لیکن اس کا مطلب یہ بھی نہیں کہ ہم مسلمان ہاتھ پر ہاتھ رکھ کر بیٹھ جائیں اور صرف اس کا انتظار کرتے رہیں کہ حکومت کب اپنا فرض ادا کرتی ہے۔ ہمارے بچوں کا مستقبل چونکہ ان کی تعلیم پر منحصر ہے، اس لیے ہمیں حکومت کے رویہ اور کارکردگی سے بے نیاز ہو کر اپنے بچوں کی تعلیم کے لیے ممکنہ حد تک مسلسل سعی کرتے رہنا چاہیے۔''

مجھے ان دونوں باتوں میں سے کسی سے بھی اختلاف نہیں ہے لیکن ان اقتباسات کو پڑھنے کے بعد جو شے میری توجہ فوراً اپنی طرف مبذول کرتی ہے وہ یہ ہے کہ اگر یہ مان بھی لیا جائے کہ بنیادی طور پر مسلم بچوں کی تعلیمی سطح کو بہتر بنانا حکومت کی ذمے داری ہے تب بھی یہ واضح نہیں ہوتا کہ مصنف کا اس سیاق و سباق میں منشا کیا ہے اور مسلم بچوں کی تعلیمی سطح بلند کرنے کے لیے وہ حکومت سے کن اقدام کی توقع کرتے ہیں۔ شروانی صاحب نے پورے مضمون میں ایسی کوئی بھی ٹھوس تجویز پیش نہیں کی ہے جس سے یہ اندازہ کیا جا سکے کہ حکومت کو اس نتیجے پر پہنچنے کے لیے کیا اقدام کرنے چاہئیں اور کون سی حکمت عملی بروئے کار لانا چاہیے۔ کوئی بھی قاری مسلم تعلیمی پسماندگی پر اس اہم اور طویل مضمون کے بارے میں یہی خیال کرے گا کہ فاضل مصنف کے ذہن میں مسلم بچوں کا تعلیمی معیار بلند کرنے کے لیے دو سطحوں پر واضح تجاویز ہوں گی ... ایک یہ کہ حکومت کی حکمت عملی کیا ہو، اور دوسری یہ کہ اس حکمت عملی کے نفاذ کے لیے اردو بولنے والا طبقہ حکومت پر کس طرح دباؤ ڈالے۔ شروانی صاحب آخری اقتباس میں لکھتے ہیں کہ ''اس کا مطلب یہ نہیں کہ ہم مسلمان ہاتھ پر ہاتھ رکھ کر بیٹھ جائیں اور صرف اس کا

انتظار کرتے رہیں کہ حکومت کب اپنا فرض ادا کرتی ہے۔'' یہ بات بالکل درست ہے لیکن اس بیان سے بھی ایسا کوئی اشارہ نہیں ملتا کہ اب تک اردو کے رہنماؤں نے کیا کچھ کیا ہے یا اپنے بچوں کو تعلیم دینے کی غرض سے ان کو کیا رویہ اختیار کرنا چاہیے۔ مصنف کا خیال ہے کہ ''ہمیں اپنے بچوں کی بہتر تعلیم کے لیے ممکن حد تک مسلسل سعی کرتے رہنا چاہیے۔'' یہ بات بھی صحیح ہے لیکن یہ کیسے پتہ چلے کہ اب تک آپ کیا کرتے رہے ہیں اور کیا کیا کچھ کرنا آپ کے دائرہ اختیار میں ہے؟ یا یہ کہ اردو کے قائدین کے ذریعے آپ کیا حاصل کرنا چاہتے ہیں؟ ان تمام امور پر مصنف خاموش ہیں۔ حقیقت یہ ہے کہ یہی وہ نکات ہیں جن پر زیادہ واضح اور مدلل فکر کی ضرورت ہے۔

اردو کے قائدین کی خامیاں اور کمزوریاں:

اردو کے قائدین کے رویے پر میں یہ کہنے کے لیے مجبور ہوں کہ میرے ذاتی مشاہدے کی حد تک اردو کے قائدین اردو کے لیے خود کچھ کرنے کے بجائے ہمیشہ ہی صرف اور صرف دوسرے لوگوں کو ہی کچھ کرنے کی ترغیب دیتے رہتے ہیں۔ ان کے اِس رویے کے لیے ان کا وہ تاریخی پس منظر ذمّے دار ہے جس میں وہ سینکڑوں سال تک ہندستان میں برسر اقتدار اشراف کے طور پر گزر اوقات کرتے رہے ہیں۔ شمس الرحمٰن فاروقی جو خود بھی اتر پردیش کے اشرافیہ طبقے سے تعلق رکھتے ہیں، اطہر فاروقی کو دیے گئے اپنے انٹرویو میں ('دی نیشن' لاہور، 8 جنوری 1994) ایک غیر معمولی بات (جسے خوش آئند بھی کہا جاسکتا ہے) کی طرف اشارہ کرتے ہیں کہ:

''اتر پردیش کے مسلمان احساسِ برتری کا شکار رہے ہیں جسے میں حقیقتاً ایک احمقانہ بات تصور کرتا ہوں۔''

مجھ جیسے بیرونی آدمی کے لیے شمس الرحمٰن فاروقی کا یہ بیان چونکا دینے والی بات ہے۔ اتر پردیش کے مسلمانوں کی یہ صفت اس رویے میں بھی ظاہر ہے جس کی طرف میں نے اپنی ایک تحریر میں اشارہ بھی کیا ہے (بلکہ طنز کے ساتھ اشارہ کیا ہے) کہ:

''یوپی کا شریف زادہ خود ایسا کوئی کام نہیں کرتا جس کو وہ دوسرے لوگوں سے حکم صادر فرما کر یا پھر خوشامد اور چاپلوسی سے کرا سکتا ہے۔''

قارئین حضرات مجھے اس صاف گوئی کے لیے معاف فرمائیں کہ میں ایک ایسی تجویز پر اظہارِ رائے کر رہا ہوں جس کی حمایت اطہر فاروقی اور سوم آنند دونوں نے کی ہے۔ اس تجویز کے مطابق ہندستان میں اردو تعلیم کو مذہبی تعلیم کے بنیادی اداروں مثلاً دینی مدارس وغیرہ جو ابتداً صرف اسلامی تعلیم کے لیے قائم کیے گئے تھے، کا لازمی حصہ بنا دیا جانا چاہیے۔ میرے خیال میں اس تجویز میں کوئی دم نہیں ہے۔ اس کی کئی وجوہ ہیں۔ اول تو یہ کہ جو کام آپ کو خود کرنا چاہیے وہ آپ دوسروں سے کیوں کرانا چاہتے ہیں؟ آپ کو خود ہی اردو تعلیم کا نظم کرنا ہوگا اور اس کے

لیے سیکولر تعلیم کے اداروں کا انتخاب کیے بغیر بات نہیں بن سکے گی۔ دوم یہ کہ کہیں بھی ایسے شواہد موجود نہیں ہیں جب دینی تعلیمی اداروں نے اردو تعلیم دینے میں یا اردو زبان و ادب کو کسی بھی سطح پر اپنے نصابِ تعلیم میں شامل کرنے میں دلچسپی لی ہو۔ دینی مدارس آزادی سے قبل سے لے کر آج تک مسلسل اپنا کام انجام دیتے رہے ہیں لیکن جہاں تک مجھے علم ہے، ان میں سے کسی نے بھی اپنے طلبہ کو تعارفی سطح تک کا اردو ادب پڑھانے میں کبھی کسی قسم کی دلچسپی کا اظہار نہیں کیا ہے۔ صحیح بات یہ ہے کہ اردو زبان کی تعلیم اور اس کے ادب کا فروغ دینی مدارس کے ایجنڈے میں شامل نہیں ہے۔ دینی مدارس تو صرف اور صرف مذہبی سوالات سے جڑے ہوئے ہیں۔ مجھے اس پر کوئی اعتراض نہیں۔ اگر دینی مدارس صرف مذہب کے لیے فکرمند اور کوشاں ہیں تو یہ ان کا حق ہے۔ اگر آپ ان کو اردو پڑھانے کے لیے یا اردو کی صرف اتنی ہی تعلیم دینے کے لیے بھی رضامند کر سکیں جس سے دینی مدارس کا طالبِ علم اردو ادب کا نہ صرف مطالعہ کر سکے بلکہ اسے دادِ تحسین بھی دے سکے، تو آپ اس کے لیے ہر ممکن کوشش کریں اور جہاں کہیں آپ ان مدارس کو ایسا کرنے کے لیے راضی کر لیں وہاں اس کام کی تکمیل کے لیے ان کو ہر طرح سے مدد بھی دیں۔ لیکن میرا قیاس یہی ہے کہ مدارس کسی بھی سطح پر اس کام کے لیے تیار نہیں ہوں گے اور میں ایک مرتبہ پھر عرض کروں گا کہ اردو کے قائدین تو اپنے حصے کا بوجھ دوسروں کے شانے پر ڈالنے کے لیے تیار بیٹھے ہیں۔ یہ کام انھیں خود کرنا چاہیے تھا لیکن افسوس، صد افسوس کہ وہ ایسا نہیں کر رہے ہیں۔ وہ کبھی دینی مدارس سے توقعات وابستہ کرتے ہیں تو کبھی کسی اور طرح آسمانوں سے مدد کی امید رکھتے ہیں۔

میرا مشاہدہ یہ ہے کہ اشرف علی تھانوی کے زمانے سے (تقریباً سو برس پہلے سے جب انھوں نے 'بہشتی زیور' لکھی) اب تک دینی مدرسوں یا ان کے منتظمین کے رویوں میں کچھ خاص تبدیلی نہیں آئی ہے۔ 'بہشتی زیور' کے دسویں باب میں ایک فہرست ان کتابوں پر مشتمل ہے جن کا مطالعہ اشرف علی تھانوی صاحب نے خواتین کے لیے ممنوع قرار دیا ہے۔ یہاں سیاق و سباق مسلم خواتین کا ہے اور قابلِ غور بات یہ ہے کہ ہم خواتین کو وہ سب کچھ پڑھنے کے قابل کیوں نہیں بنانا چاہتے ہیں جو کچھ مرد پڑھ سکتا ہے۔ 'بہشتی زیور' میں دی گئی اس فہرست میں تھانوی صاحب 'دیوان اور غزلوں' کی کتب پر بھی پابندی عائد کرتے ہیں۔ بہ الفاظ دیگر وہ درحقیقت پوری اردو شاعری، اور اردو شاعری کا یقیناً سب سے زیادہ اہم حصہ جس میں اندر سبھا، بدرِ منیر کا قصہ یعنی مثنویٔ میر حسن، داستان امیر حمزہ، گل بکاؤلی اور اسی قسم کا دوسرا ادب بھی شامل ہے، خواتین کے لیے ممنوع قرار دیتے ہیں، اسی لیے، مذہبی تعلیم کے لیے خود کو وقف کرنے والے مذہبی تعلیم کے ان اداروں سے طلبہ کو اردو ادب کے بہترین سرمایے کی تعلیم دینے کی امید رکھنا تو میرے خیال میں آج بھی خیالی پلاؤ ہی ہے۔

کس حکمت عملی کی ضرورت ہے:

اب میں اس نکتے کی طرف رجوع کرتا ہوں کہ اردو کے قائدین کیا کریں۔ مجھے اس بات پر کوئی اعتراض نہیں کہ وہ اس بات کو اٹھائیں کہ حکومت ہند یا صوبائی حکومتوں وغیرہ کو فلاں فلاں کام کرنے چاہئیں، وہ ایسا کرنے کے لیے حکومتوں پر دباؤ بھی ڈالیں۔ مجھے اس میں بھی کوئی قباحت نظر نہیں آتی کہ وہ یہ کہیں کہ دینی مدارس کے منتظمین کو اس بات پر راضی کرنے کی کوشش کی جانی چاہیے کہ وہ دینی مدارس میں طلبہ کو اردو پڑھائیں... مجھے ان سب میں سے کسی بھی بات پر کوئی اعتراض نہیں لیکن اس سب سے قطع نظر میں جس بات پر زور دینا چاہتا ہوں وہ یہ ہے کہ اردو کے قائدین اپنی بیش تر توجّہ اس پر صرف کریں کہ انھیں خود کیا کرنا چاہیے، یہ دیکھے بغیر کہ دوسرے لوگ کچھ کر رہے ہیں یا نہیں کر رہے ہیں اور اسی لیے میں نے احمد رشید شروانی کے اس بیان کا حوالہ دیا ہے۔

اب میں چند اہم نِکات کی طرف توجہ مبذول کرانا چاہوں گا جن کی طرف، میرے خیال میں، اردو کے سارے حامیوں اور قائدین کی توجہ بہت پہلے مرکوز ہو جانا چاہیے تھی اور کم از کم اب تو انھیں اس سلسلے میں مستعد ہو جانا چاہیے مگر حقیقت یہی ہے کہ عمل کی ہر منزل پر اردو قائدین صرف لفاظی کرتے رہے۔

سوم آنند کے مضمون (اشاعت 1992) کا ایک حصہ ہندستان میں اردو کے امکانات پر غور کرنے والے لوگوں کے لیے ایک بے حد اہم پہلو کو نمایاں کرتا ہے۔ سوم آنند کہتے ہیں کہ حالاں کہ حکومت کی طرف سے اردو کو کافی مالی مراعات دی جاتی رہی ہیں لیکن اردو بولنے والے طبقے کے حالات کچھ ایسے ناگفتہ بہ ہیں کہ وہ ان مالی مراعات کا صحیح استعمال کبھی نہیں کر سکا۔ سوم آنند نے اپنے مضمون کے ایک اقتباس میں اس بات کو بڑے مناسب طریقے سے پیش کیا ہے۔ میں اسی اقتباس کو کچھ کاٹ چھانٹ کر پیش کر رہا ہوں۔ سوم آنند کا کہنا ہے کہ حکومت ہند اردو اخبارات کی مدد کے لیے کافی کوشاں رہتی ہے مگر اردو اخبارات اپنے حالات کے سبب ان مراعات سے کچھ بھی فائدہ اٹھانے کی حالت میں نہیں ہیں... یہاں یونائٹڈ نیوز آف انڈیا (یو این آئی) نام کی ایک بڑی خبر رساں ایجنسی ہے۔ اس ادارے نے حکومت ہند کے کہنے سے اردو اخبارات کے لیے اردو ٹیلی پرنٹر سروِس شروع کرنے کا فیصلہ کیا جس کے لیے حکومت ہند نے 'یو ای آئی' کو کئی لاکھ روپے کی سالانہ گرانٹ بھی دی لیکن اردو پریس مواقع سے فائدہ اٹھانے کی حالت میں نہیں ہے۔ کہا جاتا ہے کہ اس اسکیم کو کامیاب بنانے کے لیے 'یو این آئی' نے چالیس اردو اخباروں کو اپنی خدمات پیش کیں لیکن اردو اخبارات آج تک اس سہولت کا فائدہ نہیں اٹھا پائے ہیں...

...اس قسم کی دشواریاں کم نہیں ہیں۔ مثلاً ایسی سہولیات کے صحیح استعمال کے لیے اچھے مترجمین کی ضرورت ہوتی ہے جو اردو میں سرے سے موجود ہی نہیں ہیں۔ حقیقت یہ ہے کہ اردوداں طبقے کی نئی نسل ایسے دور میں پیدا ہوئی ہے جب اردو کی تعلیم کا رواج ہی نہیں رہا ہے۔ ایسے میں آپ نوجوان طبقے سے یہ امید کیوں کرتے ہیں کہ وہ اچھی اردو جانتا ہوگا؟ اس پر طرّہ یہ کہ شمالی ہند کے نام نہاد ہندی علاقے میں انگریزی تعلیم کا معیار بھی بے حد خراب ہوا ہے۔ نتیجہ یہ ہے کہ اردو اخباروں میں کام کرنے والے مترجمین نہ تو اچھی انگریزی جانتے ہیں اور نہ

اچھی اردو ہی انھیں آتی ہے۔
دریں اثنا حکومتِ اتر پردیش اردو کے تعلق سے اپنی قدیم اردو کش پالیسی پر قائم ہے۔ اس سلسلے میں سوم آنند لکھتے ہیں:
''اسی سبب سے مرکزی حکومت کسی نہ کسی حد تک مجبور ہے۔ اردو کو کس طرح جان بوجھ کر اتر پردیش میں ختم کیا گیا، میں اس کی ایک مثال پیش کرتا ہوں۔ تقریباً بیس برس پہلے مرکزی حکومت نے اتر پردیش حکومت کو اپنے یہاں پرائمری اسکولوں کے لیے سات ہزار اردو اساتذہ کی تقرری کا مشورہ دیا... اور یہ بھی کہا کہ ان اساتذہ کی تقرری اور تنخواہ کے اخراجات مرکزی حکومت برداشت کرے گی۔ اسی کے مطابق صوبے کے شعبۂ تعلیم نے ان اساتذہ کی تقرری تو کر دی لیکن ان اساتذہ کے اسکولوں میں اردو پڑھانے کے لیے کوئی وقت متعین نہیں کیا گیا اور ان سے کہہ دیا گیا کہ جو بچہ بھی اردو پڑھنا چاہے وہ اسکول کے وقت سے الگ وقت دے کر اردو پڑھے؛ اور اردو کے لیے مقرر کیے گئے ان اساتذہ کو دوسرے مضامین پڑھانے کا حکم دے دیا گیا۔''
سوم آنند کے مضمون سے یہ طویل اقتباس نقل کرنے کی ضرورت اس لیے پیش آئی کیوں کہ میرا خیال یہ ہے کہ آپ میں سے بیشتر حضرات کی نظر سے یہ مضمون نہیں گزرا ہوگا۔
راقم الحروف کے نام اپنے 2 اگست 1996 کے خط میں امان اللہ خالد نے اردو اساتذہ کی تقرری سے متعلق جو حقائق پیش کیے ہیں، وہ سوم آنند کے ذریعے پیش کیے گئے حقائق سے مختلف ہیں۔ اور میرا خیال ہے کہ خالد صاحب کی بات ہی درست ہے۔ خالد صاحب کا کہنا ہے کہ ''اصل واقعہ یہ ہے کہ اندرا گاندھی کی ذاتی کوشش سے اتر پردیش میں کچھ اساتذہ بھرتی ضرور کیے گئے تھے مگر ان کی تنخواہیں صوبائی حکومت کا محکمۂ تعلیم دیتا ہے اور مرکز کو ان سے کچھ لینا دینا نہیں۔''
سوم آنند کا بیان ہے کہ یوپی میں انگریزی اور اردو جاننے والے لوگوں کی تعداد بہت کم ہے۔ اس بیان کی روشنی میں مجھے حیرت اس بات پر تھی کہ ان سات ہزار اردو اساتذہ کو اگر واقعی اردو تدریس کا موقع دیا جاتا تو ان میں سے واقعتاً کتنے لوگ اردو پڑھانے کے قابل نکلتے۔ مجھے اپنے اس تجسس کا جواب اطہر فاروقی کے مضمون "Urdu Education In Four Representative States" جو 'اکنامک اینڈ پالیٹیکل ویکلی' کے یکم اپریل 1994 کے شمارے میں شائع ہوا ہے، مل گیا۔ وہ لکھتے ہیں:
''اتر پردیش میں کچھ مقامات پر پرائمری سطح کے اردو ذریعۂ تعلیم کے بلدیاتی اسکول چلائے جاتے ہیں جن کے لیے اساتذہ کی تقرری بھی کی گئی تھی... مگر اردو ذریعۂ تعلیم کے ان نام نہاد بلندیاتی اسکولوں میں بھی اردو کی حیثیت بس ایک اختیاری مضمون کی ہوتی ہے۔ اردو اساتذہ کہلانے والے ان حضرات میں سے بیشتر لوگ اردو ذریعۂ تعلیم کے مفہوم سے بھی واقف نہیں ہیں یوں اتر پردیش میں اردو تعلیم کا مطلب ہے صرف ایک مضمون کے طور پر اردو کی تعلیم۔ اس ضمن میں سب سے زیادہ افسوس ناک پہلو یہ ہے کہ یوپی میں بیشتر نام نہاد اردو اساتذہ

پرائمری درجات کی اردو کتابیں بھی نہیں پڑھ سکتے۔ یہ بھی دیکھا گیا ہے کہ یوپی کے یہ اردو اساتذہ درس وتدریس کے بجائے اپنے ذاتی کاروبار مثلاً کھیتی باڑی اور مویشی پروری وغیرہ کے کاموں میں مصروف رہتے ہیں اور مہینے میں ایک آدھ بار اسکول کا بھی چکر لگا آتے ہیں... اس وقت (جب ان اساتذہ کا تقرر کیا گیا) حالات یہ تھے کہ جو بھی ہائی اسکول پاس مسلمان مل گیا، اسی کو اردو استاد کے طور پر بھرتی کر لیا گیا۔ بعد میں انھی لوگوں کو برائے نام درسی تربیت دے کر ان کو بلدیاتی اسکولوں میں متعین کر دیا گیا۔ ان اساتذہ کو یہ سہولت بھی مہیا کرائی گئی کہ وہ اردو کا کوئی اوینٹل امتحان پاس کر لیں۔ یہ کیسی ستم ظریفی ہے کہ اس وقت اتنی بڑی مسلم آبادی میں اردو کے ساتھ ہائی اسکول پاس مسلم نوجوان کا ملنا ناممکن تھا۔ اس اسکیم کے تحت بھرتی کیے گئے اساتذہ میں آج بھی بڑی تعداد ایسے لوگوں کی ہے جو اردو زبان کے حروفِ تہجّی کی بھی شناخت نہیں کر سکتے۔''

اردو کی اس صورتِ حال سے مجھے یہ بھی اندازہ ہوتا ہے کہ اردو داں لوگوں کے درمیان ایسے طبقات اور بھی ہیں (ان عظیم شخصیتوں کے علاوہ جن کو رشید حسن خاں نے لتاڑا ہے) جن کی صلاحیتیں مشکوک ہیں اور ان کو بھی ہدفِ تنقید بنایا جا سکتا ہے۔ اردو میں ایسا ہی ایک طبقہ کاتب حضرات کا ہے۔ جواہر لال نہرو یونیورسٹی میں اردو کے سابق استاد ڈاکٹر اشفاق محمد خاں کا خیال ہے کہ کاتب حضرات کے کارنامے اردو مصنفین کو بے حد مایوس اور عملی سطح پر پریشان کر دیتے ہیں۔ اپنی کتاب 'مذہب، مسلمان اور سیکولرزم' (1994) کے پیش لفظ میں صفحہ نمبر 9 پر وہ لکھتے ہیں:

''اس مرتبہ کاتب حضرات نے مجھے بے حد ستایا۔ ستائے جانے کی ایک طویل داستان ہے جسے بیان کرنے کا یہ محل نہیں ہے، البتہ اتنا ضرور کہوں گا کہ آج تک کتابت کی تربیت کے جتنے مراکز قائم ہو چکے ہیں اور ہر سال ان میں سے جتنی تعداد میں کاتب حضرات تربیت پا کر کتابت کے بازار میں داخل ہوتے ہیں اسی قدر مصنف، مولف، مرتب حضرات ہمارے لائق کاتبین کی کرامات سے بے حد بیزار اور ستم رسیدہ نظر آتے ہیں۔''

جیسا کہ میں نے پہلے بھی عرض کیا ہے کہ اردو کی ترویج کے لیے ہمیں ہر سطح پر اردو پر دسترس رکھنے والے لوگوں کی تعداد بڑھانے کی بے حد ضرورت ہے۔ اوپر بیان کیے گئے حقائق واضح طور پر میرے اس بیان کی تصدیق کرتے ہیں۔ اس مقصد کے حصول کے لیے بچوں اور بالغوں دونوں کے لیے اردو کلاسیں بے حد ضروری ہیں ورنہ اردو اساتذہ سے لے کر اردو کے ڈی ٹی پی (کمپیوٹر) آپریٹروں تک ہر سطح پر ہمارا سابقہ نااہل لوگوں سے پڑے گا۔ اب میں کچھ دوسری باتوں کی طرف رجوع کرتا ہوں۔

دیوناگری میں اردو:

اردو کی تمام انجمنوں کو، خواہ وہ سرکاری امداد یافتہ ہوں خواہ رضا کار ادارے، اس حقیقت کے نتائج پر

غور کرنا ہوگا کہ بہت سے اردو بولنے والے لوگ اردو تو جانتے ہیں لیکن وہ اردو رسم خط سے واقف نہیں ہوتے۔ وہ لوگ اردو ادب پڑھنے کے تو خواہش مند ہوتے ہیں لیکن وہ اردو ادب کا مطالعہ اسی وقت کر سکتے ہیں جب وہ دیوناگری لپی میں موجود ہو۔ میری رائے میں اردو کے موجودہ تناظر میں سرکاری امداد یافتہ اداروں اور انجمنوں کی یہ ذمے داری ہے کہ وہ اردو کے اہم اور مقبولِ عام مصنفین کی کتابیں دیوناگری لپی میں شائع کریں۔ دوسرے لوگوں کی طرف سے پیش رفت کا انتظار ان اداروں کو نہیں کرنا چاہیے۔ اگر یہ ادارے اردو کی ترویج کے واقعی خواہاں ہیں تو پھر انھیں ان محبانِ اردو کی ضرورتوں کو پورا کرنے کی کوشش کرنا چاہیے جو اردو ادب کے بارے میں مزید جاننا چاہتے ہیں، اردو ادب کا مطالعہ کرنا چاہتے ہیں لیکن اردو رسم خط سے واقف نہیں ہیں۔

دیوناگری لپی میں اردو ادب کی اشاعت سے اردو ادب کا حلقہ قارئین صرف مذکورہ بالا طبقے تک ہی محدود نہیں رہے گا بلکہ وہ ہندی داں قارئین بھی اردو ادب کی طرف متوجہ ہوں گے جو اردو بھلے ہی نہ جانتے ہوں لیکن اردو ادب کے اوصاف سے وہ واقف ضرور ہونا چاہتے ہیں۔ میرے خیال میں ہندی داں حضرات کا حلقہ دوسرا بڑا حلقہ ہے جو (اردو داں حضرات کے علاوہ) اردو ادب کا ممکن قاری ہو سکتا ہے۔ ہم سب اس امر سے بہ خوبی واقف ہیں کہ ہندی داں طبقے میں کچھ لوگ ایسے ہیں جو اردو کے سخت اور کھلے مخالف ہیں لیکن یہ قیاس غلط ہوگا کہ باقی ہندی داں حضرات کا رویہ بھی انھیں لوگوں کے رویے جیسا ہوگا جو اردو کے سخت مخالف ہیں۔ ہندی داں طبقے میں کافی بڑی تعداد ایسے لوگوں کی بھی ہے جو اردو کو اپنی پہلی زبان تو نہیں بنانا چاہتے مگر وہ یہ جاننے میں دلچسپی ضرور رکھتے ہیں کہ معاصر اردو ادب میں کیا کچھ پیش کیا جا رہا ہے یا اردو کے کلاسیکی سرمائے میں کیا کیا کچھ موجود ہے۔ یہ بات ہندی اشاعت گھروں سے دیوناگری رسمِ خط میں شائع ہونے والی اردو ادب کی کتب کی تعدادِ فروخت سے بخوبی ثابت ہو جاتی ہے۔ مجھے معلوم ہوا ہے کہ ہندی کے ناشرین اردو کے بہت سے معروف و مقبول شعرا کا انتخاب دیوناگری لپی میں شائع کر رہے ہیں۔ عصمت چغتائی نے خود مجھے بتایا تھا کہ اپنی عمر کے آخری دور میں ان کی کہانیوں کی اردو میں اشاعت سے قبل ہی انھیں دیوناگری لپی میں شائع کرنے کے لیے ناشر مل جاتا تھا۔ امریکا کی وسکونسن یونی ورسٹی کے پروفیسر محمد عمر میمن نے 6 جون 1996 کو لکھے گئے اپنے ایک خط میں مجھے اطلاع دی کہ منٹو کے تقریباً تمام ہی افسانے اب دیوناگری میں بھی دستیاب ہیں۔ میرے تجربے کے مطابق اردو کے قائدین ان حالات سے یا تو بے خبر ہیں یا اگر باخبر ہیں بھی تو ان کا رویہ اس سلسلے میں بے اعتنائی کا ہے... جو یقیناً غلط ہے۔

چھٹے دہے کی ابتدا میں 'اسکول آف اورینٹل اینڈ افریکن اسٹڈیز' کے ایک ہندی داں رفیق کار نے جو اردو سے بھی واقف تھے، میری توجہ کئی جلدوں پر مشتمل 'شعر و سخن' نام کی ایک کتاب کی طرف مبذول کرائی۔ یہ دیوناگری لپی میں اردو شاعری کا ایک جامع انتخاب تھا جس میں ہر صفحے پر حاشیے میں مرتب نے اپنی دانست میں مشکل اردو الفاظ کے ہندی معنی یا متبادل الفاظ بھی درج کیے تھے۔ اگر میری یادداشت دھوکا نہیں دے رہی ہے تو

کافی عرصہ پہلے، غالباً 1958 میں، الہ آباد سے شائع ہونے والا 'اردو ساہتیہ' نام کا ایک مجلّہ دیکھنے کا مجھے اتفاق ہوا تھا۔ اس مجلّے میں معاصر اردو ادب کو دیوناگری لپی میں شائع کیا گیا تھا اور مشکل الفاظ کی تشریح بھی کی گئی تھی۔ حال ہی میں میرے ایک سابق رفیق کارڈیوڈ میتھیوز نے جواب بھی 'اسکول آف اورینٹل اینڈ افریکن اسٹڈیز' میں اردو کا درس دیتے ہیں، اردو شاعری کا ایک انتخاب (آکسفورڈ یونی ورسٹی پریس، نئی دہلی 1995) انگریزی ترجمے کے ساتھ شائع کیا ہے۔ یہ ایک ذولسانی کتاب ہے جس میں اُلٹے ہاتھ پر اردو متن اور اس کا انگریزی ترجمہ سیدھے ہاتھ پر دیا گیا ہے۔ ناشر کے مشورے پر ڈیوڈ نے اردو متن کو دیوناگری لپی میں شاملِ کتاب کیا ہے۔ اس کتاب کی اشاعت بھی اس بات کا واضح ثبوت ہے کہ دیوناگری رسمِ خط میں اردو شاعری پڑھنے والے قارئین کا حلقہ اردو رسمِ خط جاننے والے قارئین سے کہیں زیادہ وسیع ہے۔

تقریباً سات سال قبل راہی معصوم رضا کا ایک خیال آفریں انٹرویو دہلی کے ہفت روزہ 'اخبارِ نو' کے 15-9 فروری 1990 کے شمارے میں شائع ہوا تھا۔ یہ انٹرویو اطہر فاروقی نے لیا تھا جس میں راہی معصوم رضا نے کہا تھا کہ اگر اردو کے کلاسیکی سرمایے کو دیوناگری لپی میں شائع نہیں کیا گیا تو آئندہ آنے والی نسلوں کے لیے یہ سرمایہ بے معنی ہو جائے گا۔ میں اس پیش گوئی کو بے حد معقول تصور کرتا ہوں لیکن ایسا محسوس ہوتا ہے جیسے راہی صاحب کا خیال یہ ہے کہ اردو والوں کو اپنا خط ترک کر کے اس کی جگہ دیوناگری لپی کو اختیار کر لینا چاہیے۔

اپنے اسی انٹرویو میں راہی معصوم رضا یہ بھی یاد دہانی کراتے ہیں کہ 50-1945 میں جب پروفیسر آل احمد سرور انجمن ترقی اردو کے جنرل سکریٹری تھے (یہاں راہی معصوم رضا کی یادداشت خطا کر رہی ہے کیوں کہ سرور صاحب 1956 میں انجمن کے جنرل سکریٹری منتخب ہوئے تھے) تو انجمن نے ایک سرکلر جاری کیا تھا جس میں ایک سوال نامے کے ذریعے یہ مسئلہ اٹھایا گیا تھا کہ کیا اردو والے اپنا رسم خط ترک کر کے دیوناگری لپی اختیار کرنے کے لیے تیار ہوں گے؟ اس سرکلر میں یہ بھی پوچھا گیا تھا کہ کیا اردو کا رسم خط تبدیل کر دیا جائے یا اردو اپنے روایتی رسم خط میں لکھی جاتی رہے یا پھر اسے رومن میں لکھنا شروع کر دینا چاہیے یا پھر اس کو دیوناگری لپی میں لکھا جائے؟ راہی آگے کہتے ہیں کہ میں اس بحث میں نہیں پڑنا چاہتا کہ آل احمد سرور کی اس تحریک کا کیا انجام ہوا (میرا سوال مگر یہ بھی ہے کہ آخر آپ اس بحث میں کیوں نہیں پڑنا چاہتے؟) امان اللہ خالد نے مجھے یہ اطلاع دی کہ آل احمد سرور کے ایما پر انجمن اردو کے فارسی رسم خط کو دیوناگری لپی میں تبدیل کرنے کی تحریک چلانا چاہتی تھی۔

میرا اپنا خیال یہ ہے کہ دیوناگری لپی کو اختیار کرنے کے معاملے میں کوئی جبر قطعاً نہیں ہونا چاہیے۔ اس کے ساتھ ہی ان لوگوں کی مخالفت بھی نہیں کی جانی چاہیے جو دیوناگری لپی استعمال کرنا چاہتے ہیں۔ یہی نہیں بلکہ دیوناگری لپی اور اردو رسم خط میں شائع ہونے والی کتب کی ہر طرح سے حوصلہ افزائی کی جانی چاہیے۔ اردو کے قائدین کے لیے یہ شرم کی بات ہے کہ وہ اس نوعیت کے اقدام نہیں کر رہے ہیں۔ ان کو ایسے لوگوں کا احسان مند ہونا چاہیے جن کو وہ اپنا دشمن تصور کرتے ہیں لیکن وہی لوگ اردو ادب کو دیوناگری لپی میں شائع کرنے کا کام کر

رہے ہیں۔

میں جس وقت اپنے اس مضمون کا ایک بڑا حصہ (جواب تک پیش کیا جاچکا ہے) لکھ چکا تب مجھے 'گجرال کمیٹی رپورٹ' کی سفارشات کے اختتامیے کا خلاصہ پڑھنے کا اتفاق ہوا۔ اس کے پیراگراف نمبر 191 کا ایک حصہ یوں ہے:

''اردو کتب کو دیونا گری لپی میں شائع کرنے کے حق میں بڑا مضبوط جواز موجود ہے... دیوناگری لپی میں شائع ہونے والے اردو شاعروں کے دواوین اور اردو شاعری کے انتخابات ہزاروں کی تعداد میں فروخت ہوئے ہیں۔ ہماری رائے میں اس تجربے کو توسیع دے کر فکشن اور طنز و مزاح کو بھی اس میں شامل کرلیا جانا چاہیے۔''

(میں عرض کر چکا ہوں کہ اس 'تجربے' کو 'توسیع' دے دی گئی ہے۔) گجرال کمیٹی کی سفارشات کا جائزہ لینے کے لیے قائم ہونے والی آل احمد سرور کمیٹی نے اس سفارش کی حمایت کرتے ہوئے اس میں یہ بات بھی شامل کی کہ ''حکومت ہند کو اس مقصد کے حصول کے لیے اس مد میں کچھ رقم بھی مختص کر دینا چاہیے۔'' (سفارش نمبر 84) سردار جعفری کمیٹی نے بھی ان سفارشات کی حمایت کی۔ یہ سفارشات مستحسن بھی ہیں۔ ضرورت یہ معلوم کرنے کی ہے کہ کیا حکومت یا پھر اردو کی ترویج کے لیے قائم کیے گئے اردو کے اداروں نے ان سفارشات کا کوئی نوٹس لیا ہے۔ ان تینوں کمیٹیوں میں سے تیسری کمیٹی کے چیئرمین علی سردار جعفری نے کافی عرصہ پہلے غالب اور میر کے دواوین دیوناگری لپی میں شائع کر کے ایک قابل تعریف کام کیا تھا لیکن نہیں معلوم کہ اس کے بعد اردو کیمپ سے کیا کسی اور نے بھی اسی طرح کا کوئی کام شروع کیا ہے؟ گو مجھے اس کا علم نہیں لیکن میرا قیاس یہ ہے کہ دیوناگری لپی میں ایسی کتب ضرور شائع ہوئی ہوں گی۔

کچھ عرصہ پہلے 1990 میں اسٹرلنگ پبلشرز، دہلی نے کے۔ سی۔ کانڈا کی ایک کتاب شائع کی تھی جس کا عنوان تھا: "*Masterplaces of Urdu Ghazal from the Seventeenth to the Twentieth Century*" اس کتاب کا ایڈیٹر اس امر سے واقف تھا کہ ہر شخص اردو رسم خط نہیں پڑھ سکتا ہے، اس لیے، اس کتاب کی ترتیب میں اس نے ڈیوڈ میتھیوز سے مختلف طریق کار اختیار کیا۔ اس کتاب میں شاعری کا متن اردو رسمِ خط میں بائیں طرف اور دائیں طرف کے صفحے پر اس کا انگریزی ترجمہ اور پھر اردو متن کو رومن رسمِ خط میں درج کیا گیا ہے۔ مجھے یہ بھی بتایا گیا ہے کہ انھوں نے اسی طرح کے دو مجموعے اور ترتیب دیے ہیں:

Masterpieces of Urdu Nazm اور *Masterpieces of Urdu Rubaiyat*

ان تمام مثالوں سے یہی بات ثابت ہوتی ہے کہ اردو شاعری ان لوگوں کو بھی اپیل کرتی ہے جو اردو رسم خط تو نہیں جانتے لیکن اگر انھیں اردو شاعری کسی ایسے رسم خط میں ملے جسے وہ پڑھ سکتے ہیں تو پھر وہ اس کے مطالعے میں دلچسپی لیتے ہیں۔

اردو ادب کو ممکنہ حد تک دیوناگری لپی میں مہیا کرانے کا لازمی نتیجہ جس کی بے حد ضرورت بھی ہے، یہ ہوگا کہ فسطائی ہندی قوتوں کی ان کوششوں کو، جو جدید ہندی میں سے نام نہاد غیر ہندی عناصر کو ختم کرنا چاہتے ہیں، کاری ضرب پہنچے گی۔

انگریزی ہفت روزہ 'مین اسٹریم' کے سالنامے (1992) میں شائع شدہ اپنے ایک مضمون *Future Prospects of Urdu in India* میں اطہر فاروقی نے اسی طرح کی ایک غیر حقیقت پسندانہ رائے ظاہر کرتے ہوئے کہا ہے کہ ''اگر مستقبل میں کبھی اردو دیوناگری لپی میں لکھی جانے لگی تو درحقیقت اردو اور ہندی کے درمیان امتیاز ختم ہوجائے گا۔'' یہ بات بالکل غلط ہے۔ حالات جس نہج پر پہنچ گئے ہیں، وہاں اس خدشے کی کوئی گنجائش نہیں کہ اگر اردو دیوناگری لپی میں لکھی جائے گی تو دونوں زبانوں کے درمیان موجود حد فاصل معدوم ہوجائے گی۔ دیوناگری لپی میں لکھی اردو ہر حال میں اردو ہی رہے گی اور ہندی ہندی ہی رہے گی کیوں کہ ادبی سطح پر دونوں زبانوں نے اپنے آپ کو پہلی جنگ عظیم سے قبل یعنی تقریباً اسّی سال پہلے ہی دو مختلف بالذات زبانوں کے طور پر مستحکم کرلیا تھا۔ اسی زمانے میں اردو کو چھوڑ کر ہندی کی طرف پریم چند کی ہجرت اس امر کا واضح ثبوت ہے۔ اگر اردو کو دیوناگری لپی میں لکھا بھی گیا تو اس سے ہندی زبان کو ان اردو الفاظ کو اپنے ذخیرہ لغت میں شامل کرنے میں مدد ملے گی جن کو ختم کرنے کی کوششیں ہندی فسطائی قوتیں کرتی رہی ہیں مگر ان کی تمام کوششوں کے باوجود ہی ذخیرۂ الفاظ دونوں زبانوں کا مشترکہ اثاثہ ہے۔ میرے خیال میں یہ ایک اور معقول جواز ہے جو اردو قائدین کی عملی طور پر اردو ادب کو دیوناگری میں بھی شائع کرنے کی وکالت کی دلیل کو استحکام بخشتا ہے۔

اردو اور انگریزی:

اردو ادب کی دوسری زبانوں میں اشاعت مجھے اردو ادب کے شائقین کے ایک اور حلقے کے بارے میں غور کرنے کی دعوت دیتی ہے۔ یہ حلقہ ان لوگوں پر مشتمل ہے جن کی اردو ادب تک رسائی صرف انگریزی زبان کے ذریعے ہی ہوسکتی ہے۔ آپ میں سے کافی حضرات واقف ہوں گے کہ اردو ادب سے متعلق میرا کام اسی میدان میں ہے اور پروفیسر خورشید الاسلام کے ساتھ مل کر میں نے دو کتابیں تالیف کی ہیں۔ پہلی کتاب *Three Mughal Poets* ہے جس میں میر، سودا اور میر حسن کو شامل کیا ہے جب کہ دوسری کتاب *Ghalib: Life and Letters* میں غالب کی نمائندہ تحریروں کو شامل کیا گیا ہے۔ یہ کتاب غالب کے صرف اردو اور فارسی خطوط ہی نہیں بلکہ حالی کی 'یادگارِ غالب' کے متعدد اقتباسات پر مشتمل ہے۔ یہ کتابیں کافی عرصہ پہلے 1968 میں شائع ہوئی تھیں۔ جب خورشید الاسلام صاحب اور میں ان کتب پر کام کررہے تھے تو ہمارا خیال یہ تھا کہ ان کتابوں کے بیش تر قاری انگریزی بولنے والی دنیا یعنی برطانیہ، شمالی امریکہ اور آسٹریلیا وغیرہ میں ہوں گے۔ لیکن گذشتہ برسوں

میں یہ ثابت ہوا کہ برِ صغیر میں بھی ان کتابوں کے قارئین کی تعداد انگریزی بولنے والی دنیا کے قارئین کے مقابلے کہیں زیادہ ہے کیوں کہ برصغیر کے ان لوگوں کے لیے اردو ادب تک رسائی صرف انگریزی زبان کے ذریعے ہی ممکن ہے۔ یہ لوگ اردو کے ساتھ ساتھ دیوناگری لپی ہی نہیں بلکہ اردو ہندی زبانوں سے بھی ناواقف ہیں۔ اس کا ثبوت اس بات سے بھی فراہم ہوتا ہے کہ ایک دو سال قبل اوکسفرڈ یونی ورسٹی پریس، نئی دلّی نے ان کتابوں کی مکرّر اشاعت کی تھی اور نئے ایڈیشن ہندستان میں ہی کافی بڑی تعداد میں فروخت ہوئے۔ میرے اس خیال کی تائیدِ مزید اس بات سے بھی ہوتی ہے جو مجھے ڈیوڈ میتھیوز نے ہندستان کے ایک اشاعتی ادارے روپا اینڈ کمپنی کے تعلق سے بتائی کہ وہ لوگ اردو ادب کے انگریزی تراجم شائع کرنے میں دلچسپی رکھتے ہیں۔ روپا اینڈ کمپنی نے میر انیس کا مشہور مرثیہ 'جب قطع کی مسافت شب آفتاب نے'، جسے ڈیوڈ میتھیوز انگریزی میں ترجمہ لیا ہے، 1994 میں شائع کیا تھا۔ انگریزی میں اس کتاب کو "*The Battle of Karbala*"، عنوان دیا گیا ہے۔

حالاں کہ اردو ادب کے دیگر زبانوں میں تراجم اور اشاعت سے متعلق گفتگو کرنا اصل موضوع یعنی 'آزادی کے بعد اردو زبان اور تعلیم کے مسائل' سے بظاہر ایک انحراف محسوس ہوتا ہے لیکن واقعتاً ایسا نہیں ہے۔ انگریزی میں مترجمہ اردو ادب کے وسیع پیانے پر پھیلے ہوئے قارئین کے وجود کو محسوس کرنا تنہا پبلشر تک محدود نہیں ہے بلکہ آج کے معاشرتی نظام کے کچھ مطالبات ایسے بھی ہیں جنھوں نے اس قسم کے تراجم کی راہ ہموار کی ہے: مثلاً مغرب میں تحریکِ نسائیت اور نسلی تعصّب کے خلاف تحریکوں کے زور پکڑنے کے بعد بیش تر معروف اشاعتی ادارے خوف زدہ ہیں کہ کہیں اپنے کسی رویے سے وہ بھی تحریک نسائیت اور نسلی تعصب کے خلاف تحریک کی مخالف اقدار کے حامیوں کی صف میں شامل نہ ہو جائیں۔ ان کے اس خوف کا ایک دلچسپ نتیجہ یہ ہوا کہ اگر آپ ایک ایشیائی خاتون ہیں، اچھی انگریزی جانتی ہیں اور اردو سے انگریزی میں ترجمہ کرسکتی ہیں تو پھر یہ آپ کے لیے سنہری موقع ہے کیوں کہ برطانیہ اور امریکا میں ناشر فوراً آپ کے تراجم شائع کرنے کے لیے تیار ہو جائے گا، خصوصاً تب جب آپ کے تراجم خواتین کی تحریروں پر مشتمل ہوں۔ شاید آپ کو معلوم ہوگا کہ گذشتہ دنوں میں اس طرح کے تراجم (مثلاً عصمت چغتائی کے انگریزی تراجم) بہ کثرت شائع ہوئے ہیں۔ حالاں کہ یہ تمام گفتگو موضوع سے براہ راست متعلق نہیں ہے لیکن اتنی تفصیل میں جانے کا سبب صرف یہ ہے کہ میں اس نکتے کو پیش کرنا چاہتا تھا کہ یہ سب محض اتفاقی اسباب ہیں جن کا اردو ادب کی اہمیت سے براہ راست کچھ لینا دینا نہیں ہے لیکن واقعتاً اس قسم کے اتفاقات اردو ادب کے قارئین کے حلقے کو وسیع ضرور کرتے ہیں اور ہمیں ایسے مواقع کا فائدہ اٹھانے سے چوکنا نہیں چاہیے۔

انگریزی کے ذریعے اردو ادب پڑھنے والے قارئین کا ایک اور حلقہ ان اردو بولنے والے لوگوں کی دوسری اور تیسری نسل پر مشتمل ہے جو انگریزی بولنے والے علاقوں میں آکر بس گئے تھے۔ آپ میں سے بیشتر حضرات کو یہ علم ہوگا کہ برطانیہ اور شمالی امریکا میں یہ لوگ کافی بڑی تعداد میں اور یوروپ کے کچھ ممالک میں نسبتاً

34

برصغیر میں اردو کی سیاست

کچھ کم تعداد میں موجود ہیں۔ اس سیاق وسباق میں یہ بات بھی اہم ہے کہ آج انگریزی کے ذریعے اردو ادب پڑھنے والوں کی تعداد تیس چالیس سال قبل کے اس دور کے مقابلے کہیں زیادہ ہے جب خورشید الاسلام اور راقم الحروف نے مل کر اس میدان میں کام کرنا شروع کیا تھا۔ آپ کو شاید علم ہوگا کہ 1986 میں ہندستان میں The Penguin Book of Modern Urdu Poetry محمود جمال نے جس کا انتخاب اور ترجمہ کیا تھا، شائع ہوئی تھی۔ 1989 میں پینگون ہی نے غالب پر پون کے۔ ورما کی کتاب "Ghalib; The Man, The Times" شائع کی تھی۔ فیض کے بھی بہت سے ترجم، جن میں سے ایک اوکسفرڈ یونی ورسٹی پریس نے بھی ماضی قریب میں شائع کیا ہے، اب تک شائع ہو چکے ہیں۔ بہرحال، اس ساری بحث سے میرا عندیہ یہ ہے کہ وہ ادارے جو اردو کی ترویج وترقی کے لیے کسی بھی طرح کی تشویش میں مبتلا ہیں، ان کو صرف اردو رسم خط جاننے والے قارئین ہی پر توجہ نہیں دینا چاہیے (جن پر کہ اب تک وہ دیتے رہے ہیں) بلکہ ان تمام قارئین کے بارے میں بھی غور کرنا چاہیے جن کا ذکر میں مندرجۂ بالا سطور میں کر چکا ہوں۔ اگر آپ اس حقیقت کو تسلیم کر لیتے ہیں تو پھر دیگر تفصیلات کا لائحۂ عمل آپ ہی کو مرتب کرنا ہوگا لیکن مجھے ایسا محسوس ہوتا ہے کہ اردو کے سرکاری ونیم سرکاری ادارے مثلاً انجمن ترقیِ اردو اور ترقیِ اردو بیورو وغیرہ جو کچھ کر رہے ہیں، اس میں جامع تبدیلی کی ضرورت ہے۔ ایسے رضا کار اداروں، اشاعت گھروں اور دیگر اداروں کو جو اردو کی ترویج کے لیے کام کر رہے ہیں، ضرورت پڑنے پر ہر قسم کی امداد جس میں یقیناً مالی معاونت بھی شامل ہے، فراہم کرنے کی ضرورت ہے۔ مجھے توقع ہے جو حضرات بھی اس نوعیت کے کسی ادارے سے کسی بھی حیثیت سے وابستہ ہیں اور ان اداروں پر اپنا اثر ورسوخ استعمال کر سکتے ہیں، میری تجویز پر سنجیدگی سے غور فرمائیں گے اور اس سلسلے میں ایسی تفصیلات کا خاکہ مرتب کریں گے جن کے نفاذ سے مثبت نتائج برآمد ہو سکیں۔

کچھ تنقید:

جس مواد کی بنیاد پر میں نے یہ مقالہ تحریر کیا ہے اس مواد کا بجائے خود تنقیدی جائزہ لینا بھی معروضیت کے نقطۂ نظر سے ضروری ہے۔ مجھے امید ہے کہ میری اس جسارت سے آپ کبیدہ خاطر نہیں ہوں گے۔ میں یہ تنقید اس لیے بھی کر رہا ہوں کیوں کہ میں یہ سمجھتا ہوں کہ ان اغلاط کی (ان کو میں کم از کم اغلاط ہی تصور کرتا ہوں خواہ وہ رویے کی ہوں یا نقطۂ نظر کی یا پھر لائحۂ عمل کی) تصحیح کر لینے سے اردو کے حقوق کے لیے جدوجہد کو بہرحال تقویت حاصل ہوگی اور ان لوگوں کی تعداد میں اضافہ ہوگا جو اردو کے فروغ کے مقاصد اور اس کی ترویج کی تحریک میں شمولیت اختیار کرنے کے خواہاں ہیں۔

میں اپنی اختلافی رائے کا اظہار وحید الدین خاں کے اس اقتباس سے کرنا چاہتا ہوں جو ان کے مضمون

Muslims and the Press کا جز ہے۔ یہ مضمون لاہور کے انگریزی روزنامے 'دی نیشن' میں 9/ جولائی 1993 میں شائع ہوا تھا۔ اس میں وحید الدین خاں لکھتے ہیں:

''مجھے اصل شکایت نیشنل پریس سے نہیں بلکہ خود مسلمانوں کے اخباروں سے ہے۔ آج کے زمانے میں مسلمانوں کے تمام اخبارات احتجاج وشکایت اور قوم کے زخموں کی تجارت کر رہے ہیں۔ یہ ایک حقیقت ہے کہ موجودہ زمانے کی مسلم صحافت عملاً صرف احتجاجی صحافت ہے جو کسی بھی طرح سے تعمیری صحافت نہیں ہے۔ مسلم صحافت کا اصل مسئلہ یہی ہے۔ میں یہ کہنے کی اجازت چاہوں گا کہ جب مسلمانوں کا دانشور طبقہ خود بھی کسی مثبت فکر سے بے بہرہ ہے تو پھر وہ عام مسلمانوں میں تعمیری شعور یا مثبت فکر پیدا کرنے کا کام کیوں کر کر سکتا ہے؟ مسلمانوں کے اخبار آج کیا کر رہے ہیں؟ وہ مسلمانوں کو صرف یہ یقین دلانے میں مصروف ہیں کہ تم ایک مظلوم اور محروم اقلیت ہو اور تمھارے لیے اس ملک میں جینے اور ترقی کرنے کے تمام راستے بند ہو چکے ہیں جب کہ حقیقت یہ ہے کہ اس دنیا میں مسائل اور مواقع دونوں ہی موجود ہیں۔ اس لیے صحیح طریقہ ہے کہ آپ مسائل کے درمیان موجود پوشیدہ مواقع کو تلاش کریں اور لوگوں کو اس بات کی طرف متوجّہ کریں کہ وہ مسائل کو نظر انداز کر کے مواقع کا فائدہ اٹھائیں۔ صحیح فارمولا یہی ہے کہ 'مسائل کو دباؤ اور موقع سے فائدہ اٹھاؤ'۔''

مولانا ابوالکلام آزاد ریسرچ اینڈ ایجوکیشنل فاؤنڈیشن کی وساطت سے مجھے جو مواد حاصل ہوا، اس کی عام روش اسی تصویر کی عکّاسی کرتی ہے جو مندرجۂ بالا سطور میں مصنف نے پیش کی ہے اور میں اس بارے میں وحید الدین خاں کے خیالات کی مکمل تائید کرتا ہوں۔ میں یہ بھی عرض کر دینا ضروری سمجھتا ہوں کہ مجھ سے جس طرح کا مضمون لکھنے کی فرمائش کی گئی تھی، اس کے لیے اس سے کہیں زیادہ معلومات فراہم کرانے کی ضرورت تھی جو واقعتاً مجھے فراہم نہ ہو سکیں حالاں کہ بعد میں مجھے ایسی بہت سی معلومات جن کی ابتداً ضرورت تھی، اطہر فاروقی کے اس مضمون سے فراہم ہوئیں جو آسٹریلین جرنل 'ساؤتھ ایشیا' نے دسمبر 1995 کے شمارے میں شائع کیا تھا۔ (اطہر فاروقی کا یہ مضمون بھی دراصل 30 مئی 1993 میں منعقد ہونے والے سیمینار بہ عنوان 'ہندستانی مسلمان اور پریس' میں پڑھا گیا تھا)۔

مجھے انگریزی اور اردو پریس سے متعلق جو بھی تراشے فراہم کرائے گئے ان سب ہی میں اردو کے ساتھ روا رکھی گئی ناانصافیوں ہی کے بیان کی کثرت ہے۔ اردو اخبارات میں اردو سے متعلق شائع ہونے والی تحریروں کے جو تراشے ہیں اور ان میں جو کچھ حقائق پیش کیے گئے ہیں وہ پوری طرح درست ہیں، یہ قبول کرنے میں مجھے کوئی تکلف نہیں، اسی لیے، میرے اس مضمون کا بیش تر حصہ ان ہی حالات کا احاطہ کرتا ہے، آزادی کے بعد اردو جن سے دوچار رہی مگر پھر بھی یہ حالات کی مکمل اور صحیح تصویر نہیں ہے۔

اردو کے مسائل کی جو تصویر ان تحریروں میں پیش کی گئی ہے، ان میں تاریخ کے حوالے سے حقائق کو مسخ کر کے پیش کیا گیا ہے بلکہ یوں کہنا زیادہ بہتر ہوگا کہ اردو کے حامیوں نے اپنی تحریروں میں بے ایمانی سے کام لیا

ہے۔

آزادی کے بعد اردو زبان اور تعلیم کے مسائل سے متعلق میں نے اب تک جتنا کچھ مطالعہ کیا ہے، اس میں اطہر فاروقی کا پی ایچ ڈی کا مقالہ شاید سب سے زیادہ تفصیل کے ساتھ اردو کے مسائل کو پیش کرتا ہے مگر اردو کے حق میں مسائل کی شکل مسخ کرکے پیش کرنے کا سب سے زیادہ کام بھی انھوں نے ہی کیا ہے اور اس سیاق و سباق میں، میں انھیں سب سے زیادہ خطاوار اس لیے تصور کرتا ہوں کیوں کہ میرے خیال میں وہ مسائل کا نہ صرف معروضی بلکہ ترقی پسندانہ زاویے سے تجزیہ کرنے کے پوری طرح اہل ہیں مگر انھوں نے ایسا کیوں نہیں کیا، یہ بات میری سمجھ میں نہیں آئی۔ ہندی اور ہندوشادنسٹوں پر اطہر فاروقی کے اعتراضات جائز تو ہیں مگر ہندستان کے سیاسی اور تہذیبی منظرنامے، ہندی اور ہندوشاونسٹوں کو اہمیت دینے کے معاملے میں وہ حد سے تجاوز کر گئے ہیں۔ اطہر فاروقی صاحب (دیگر مصنفین بھی) دوسری طرف مسلمانوں کے اردوداں طبقے کے اس رویے کے بارے میں ایک دم خاموش ہیں جو ہندی اور ہندوشاونزم ہی کی طرح خطرناک اور کہیں زیادہ طویل عرصے کو محیط ہے۔ اطہر فاروقی نے اپنی تحریروں کے ذریعے یہ تاثر عام کرنے کی کوشش کی ہے کہ ہندستان میں مسلمانوں کے خلاف جتنے بھی الزامات لگائے جاتے ہیں وہ یک سر غلط ہیں۔ مثال کے طور پر وہ بار بار یہ تاثر دیتے ہیں کہ تقسیم کے بعد ہندستان میں رہ جانے والے مسلمانوں کو پاکستان کے مطالبے سے کسی قسم کی کوئی ہمدردی نہیں تھی، اس لیے ان کے خلاف ہندوؤں کا تعصب غلط اور ناجائز ہے۔ میرے تجربے کے مطابق یہ تصویر کا صرف ایک رخ ہے۔ تقسیم کے بعد ہندستان میں سکونت اختیار کرنے کا فیصلہ مسلمانوں میں سے بہت سے لوگ پاکستان نہیں گئے تو اس کا سبب یہ نہیں ہے کہ وہ پاکستان جانا نہیں چاہتے تھے بلکہ دراصل وجہ یہ ہے کہ وہ کسی نہ کسی وجہ سے ہندستان میں رکنے پر مجبور ہو گئے تھے۔ ان حقائق کی پردہ پوشی نہیں کی جانی چاہیے کیوں کہ یہ حقائق کسی بھی طرح اس دلیل کو کم زور یا کالعدم نہیں کرتے کہ مسلمان ہندستان میں مساوی حقوق کے یقیناً اتنے ہی حق دار ہیں جتنے ہندستان کے دیگر شہری۔

بیشتر مصنفین جو اردو کے مسائل پر لکھتے ہیں، وہ اردو والوں کے فسطائی رویے کو پوری طرح نظرانداز کرنے کا کام بھی کرتے ہیں۔ مثلاً 'دی نیشن' لاہور میں 8 جولائی 1994 میں شائع ہونے والے اپنے ایک انٹرویو میں شمس الرحمٰن فاروقی مشرقی پاکستان میں پاکستانی فوج کی شکست، بنگلہ دیش کے قیام اور اس کے نتیجے میں بہاریوں کے ہندستان میں تیزی سے داخل ہو کر آباد ہونے کے بارے میں بات کرتے ہوئے کہتے ہیں کہ اب ان لوگوں نے ہندستان میں رہنے کا قطعی فیصلہ کر لیا ہے۔ وہ یہ نتیجہ اخذ کرتے ہیں کہ بہاریوں میں ایسے حب الوطنی کے جذبے کے دوبارہ عود کر آنے کا سبب کیا ہے؟ حالات کی یہ بے حد غلط تصویر کشی ہے۔ بنگلہ دیش سے اردوداں بہاری اس لیے بھاگے کیوں کہ بنگلہ دیش کے اکثریتی فرقے کی آبادی یعنی بنگالی مسلمان ان سے اس لیے نفرت کرتے تھے کیوں کہ انھوں نے مغربی پاکستان کے جابر اور ظالم لوگوں کی حمایت کی تھی۔ بنگالی مسلمانوں کی یہ

نفرت بالکل جائز تھی۔ بنگالی مسلمانوں پر پاکستانی فوج کے خوف ناک مظالم کے دور میں ہمہ وقت بہاری مسلمانوں نے مغربی پاکستان کی حمایت کی تھی۔ اطہر فاروقی بھی ان تمام مظالم کے بارے میں تو مکمل طور پر خاموش ہیں مگر صرف ہندستان کی 'جارحیت' کے بارے میں بات کرتے ہیں جب کہ حقیقت یہ ہے کہ اگر مسلمان مغربی پاکستان (اب صرف پاکستان) نہیں گئے تو اس کا سبب ان کی ہندستان سے والہانہ محبت نہیں بلکہ کچھ اور ہے۔ پاکستان کو اب شمالی ہند کے ان مسلمانوں کی قطعی ضرورت نہیں تھی۔ یہاں ان کا مقدر مشرقی افریقی ہندستانیوں جیسا ہی تھا کہ وہ افریقہ کی اکثریتی آبادی پر مظالم کرنے والے برطانوی جابروں کے حلیف بنے اور انھوں نے افریقی دشمنی کے خوب خوب انعام حاصل کیے لیکن جب آزادی کا موقع آیا تو ان کی افادیت ختم ہوگئی۔ اس لیے ان کے برطانوی آقاؤں نے انھیں ان کی تقدیر کے حوالے کر دیا۔ اس مثال میں 'بہاری' مشرقی افریقی ہندستانی کی علامت ہے اور 'مغربی پاکستانی' انگریزوں کی اور 'بنگالی' افریقیوں کی تمثیل ہے۔

جن مصنفین نے بھی اردو کے مسائل پر لکھا ہے، انھوں نے اتر پردیش حکومت کو ہندی کو صوبے کی واحد سرکاری اور دفتری استعمال کی زبان بنانے کے لیے بالکل صحیح ہدفِ تنقید بنایا ہے مگر اسی منطق کی رو سے انھیں جموں اور کشمیر کی حکومت کو بھی اردو کو صوبے کی واحد سرکاری زبان بنانے کے لیے اسی شد و مد سے تنقید کا ہدف بنانا چاہیے تھا۔

'مین اسٹریم' کے 1988 کے سالنامے میں سید شہاب الدین اپنے مضمون "Status of Urdu in India" میں اس طرف اشارہ کرتے ہوئے لکھتے ہیں:

''اردو صوبے (جموں و کشمیر) کی سرکاری زبان اور ذریعۂ تعلیم ہے جب کہ اسے کل آبادی کے ایک بہت چھوٹے حصے نے اپنی گھریلو زبان کے طور پر 1971 یا 1981 میں قبول کیا ہے جب کہ وہاں کی بیشتر آبادی کشمیری، ڈوگری یا ہندی کو اپنی زبان سمجھتی ہے۔''

لیکن میں نے کبھی کسی مسلمان کو اس سوال پر کوئی مناسب موقف اختیار کرتے ہوئے نہیں دیکھا ہے۔

اردو کے متعلق اپنی تحریروں میں اطہر فاروقی نے اس دلیل کو کثرت سے (کبھی واضح طور پر اور کبھی بالواسطہ) دہرایا ہے کہ وہ اردو داں حضرات جو کانگریس کی حمایت کرتے ہیں یا سرکاری امداد یافتہ انجمنوں سے کسی بھی حیثیت سے وابستہ ہیں، انھوں نے خود کو اردو دشمنوں کے ہاتھوں ''فروخت کر دیا ہے''۔ بلاشبہ ان میں سے کچھ لوگوں نے ایسا کیا ہے لیکن یہ ایک بہت ہی سطحی تصویر کشی ہے۔ اطہر فاروقی نے ان مسلمانوں کو خصوصاً ہدفِ تنقید بنایا ہے جو حصولِ آزادی کی لڑائی کے زمانے ہی سے کانگریس سے وابستہ تھے اور آزادی کے بعد ہی اردو کے محاذ پر سرگرمِ عمل ہوئے۔ ان لوگوں کے خلاف اطہر فاروقی کا جارحانہ لہجہ مناسب نہیں۔ حیات اللہ انصاری کے بارے میں اسی قسم کا لہجہ اختیار کرتے ہوئے وہ لاہور کے روزنامے 'دی نیشن' کے 15 جولائی 1994 کے شمارے میں یہ بیان دیتے ہیں کہ ''انھوں نے اردو کا نعرہ تو لگایا لیکن واقعتاً انھیں مسلمانوں اور اردو کی فلاح سے کوئی دلچسپی نہیں

تھی‘‘، اسی جملے میں آگے وہ لکھتے ہیں کہ:

’’ذاکر حسین صاحب نے بیس لاکھ دستخطوں کی جو تحریک شروع کی تھی، میں اسے انتہائی غیر حقیقی اور حالات سے فرار اختیار کرنے والی تحریک تصور کرتا ہوں، اسی لیے قدرتی طور پر اس تحریک کا کوئی نتیجہ بھی نہیں نکلا۔‘‘

’انتہائی حقیقی اور فرار اختیار کرنے والی تحریک‘ کا استعمال کیوں؟ اس سے ان کی مراد کیا ہے؟ ’قدرتی طور پر‘ کس لیے؟ یہ بات کافی حد تک درست ہے کہ دستخطوں کی اس تحریک کے وہ نتائج برآمد نہیں ہوئے جو مقصود تھے لیکن اس کا یہ مطلب ہر گز نہیں ہو سکتا کہ اس کی کوئی افادیت نہیں تھی۔

اب میں وحید الدین خاں کے مضمون کے اس اقتباس، جس کا میں حوالہ دے چکا ہوں، کے نتائج کی طرف لوٹتا ہوں۔ ان کا مشورہ ہے ’مسائل کو دباؤ اور موقع کا فائدہ اٹھاؤ‘ یعنی وہ حقائق پیدا کرو جن سے اردو کے مفاد کو مدد ملے۔ ایسے تین حقائق بے حد اہمیت کے حامل ہیں: اول یہ کہ ہندی شاونسٹوں کی تمام کوششوں کے باوجود بھی روزمرہ کی ترسیل کی زبان (لنگوا فرینکا) اب بھی وہی ہے جو آزادی سے پہلے تھی، جو اتنی ہی ہندی ہے جتنی کہ وہ اردو ہے۔ اس امر کا ثبوت ماضی قریب میں 1989 میں شائع ہونے والی ایک کتاب *Teach Yourself Hindi* ہے۔ اس کتاب کے آخر میں پیش کیے گئے الفاظ کی فرہنگ میں ایک صفحے پر 73 الفاظ میں سے 54 الفاظ اسی نوعیت کے ہیں اور زیادہ سے زیادہ 18 الفاظ ایسے ہیں جن کو شاید اردو بولنے والے لوگ نہ سمجھ سکیں۔ دوم، مقبول ترین نام نہاد ہندی فلموں کو اسی طرح مکمل طور پر اردو فلمیں کہا جا سکتا ہے، جس طرح انھیں ہندی کی ترویج کے سبب انھیں ہندی فلمیں کہا جانے لگا ہے۔ گجرال کمیٹی رپورٹ کے اختتامیے کی تلخیص کے پیراگراف نمبر 140 میں ٹھیک ہی کہا گیا ہے کہ ’’فلموں کا بڑا کنٹری بیوشن یہ ہے کہ انھوں نے ہندی اور اردو کے درمیان کسی دیوار کو کھڑا ہونے نہیں دیا ہے۔‘‘ صرف یہ دونوں حقائق ہی اس بات کی طرف اشارہ کرتے ہیں کہ عام بول چال کی اردو ایک ایسی زبان ہے جسے کروڑوں ہندستانی بمع غیر مسلم حضرات بھی سمجھ سکتے ہیں۔ سوم یہ کہ اردو ادب خصوصاً اردو شاعری میں دلچسپی رکھنے والے ایسے لوگ بھی بہت بڑی تعداد میں ابھی تک موجود ہیں جو اردو رسم خط سے واقف نہیں ہیں مگر ادبی زبان کو کچھ نہ کچھ سمجھتے ہیں، اسی لیے، مجھے اطہر فاروقی کے اس بیان سے کہ اردو اب لازمی طور پر صرف مسلمانوں کی زبان ہے، اختلاف ہے۔ ان کے اس بیان میں کوئی نئی بات نہیں ہے۔ اردو ہمیشہ سے ہی (لازمی طور پر) مسلمانوں کی زبان تھی لیکن یہ بھی درست ہے کہ آزادی سے قبل وہ غیر مسلم اردو داں حضرات کے کہیں زیادہ بڑے طبقے کی زبان تھی۔ اس نکتے پر میرا اطہر فاروقی سے بنیادی طور پر کوئی اختلاف نہیں ہے لیکن میں نے جن مثبت حقائق کا ذکر کیا ہے، ان کی روشنی میں سوال یہ پیدا ہوتا ہے کہ آخر کیا وجہ ہے جو مسلسل یہ جتایا جائے کہ درحقیقت اردو داں طبقہ اور مسلمان فرقہ ایک ہی سکّے کے دو رخ ہیں۔ اس طرح کا دباؤ دراصل اس اہم بات کو دھندلا دیتا ہے کہ مسلمانوں کے حقوق اور اردو کی ترویج کی حفاظت کے لیے صرف اکیلے مسلمان ہی ذمے

دار نہیں۔ مسلمانوں کے حقوق اور اردو کی ترویج کی باتیں ان تمام لوگوں کے لیے غور و فکر کا موضوع ہیں جو آزاد ہندستان کے اعلان شدہ نصب العین کو برقرار رکھنے کے خواہاں ہیں۔ مسلمانوں کو بھی ضرورت اس بات کی ہے کہ وہ ایسے لوگوں تک رسائی حاصل کریں اور ان کے ساتھ مل کر اس مشترکہ نصب العین کے حصول کے لیے کام کریں۔

[بشکریہ سہ ماہی 'ادب ساز'، شمارہ 9-8، 2008، دہلی]

معاصر اردو زبان وادب اور مسلم اساس پرستی

اطہر فاروقی

ابتدائیہ:

اس مقالے کا موضوع اِس امر پر مبنی ہے کہ اپنی موجودہ شکل میں زبان اردو ہندو پاکستان کے درمیان کسی قسم کا کوئی مثبت رول ادا نہیں کرسکتی۔ آئندہ سطور میں اس سیاسی وسماجی صورتِ حال کا تجزیہ کر کے نتائج کا استنباط کیا جائے گا جس کے سبب ہندوستان میں اردو سے اس قسم کی توقع کرنا دانش مندی نہیں۔ یہ سیاسی صورت حال ہر دو ممالک میں مسلم اساس پرستی کے زیرِ اثر نہ صرف ماضی میں پروان چڑھی، بلکہ اس کا حال بھی مسلم شناخت کے ان سوالوں ہی کے گرد گھومتا ہے جو برصغیر ہند و پاکستان کی مسلم آبادی کو اپنی گرفت میں لیے ہوئے ہیں۔ مسلم اساس پرستی سے مغلوب اس سول سوسائٹی کا مستقبل دونوں ہی ممالک میں مخدوش ہے جس میں اردو کی حیثیت ریڑھ کی ہڈی جیسی ہے۔

اساس پرست مسلم سیاست اور اردو کے رشتوں کا پس منظر:

اس مقالے میں میرے معروضات کا دائرہ علی الخصوص ہندوستان کی اساس پرست مسلم سیاست اور اردو کے ان رشتوں کے تجزیے کو محیط ہے جو برِ صغیر میں معاصر فرقہ پرست مسلم ذہن کی تشکیل کا سبب بنے۔

اردو کے مسلم اساس پرست کردار کی تشکیل میں تاریخی طور پر انیسویں صدی کی اس فرقہ پرست ہندو سیاست نے بڑا اہم رول ادا کیا ہے جس کے کمالات میں اب کسی کو شبہ نہیں اور جو جدید ہندی کی تشکیل کے نام پر سیاست کرتے ہوئے انجام دیے گئے۔ پھر ہندو شناخت کے نام پر جدید ہندی نام کی اس غیر معمولی شے

(Phenomenon) کے ماضی کے تسلسل کی تلاش شمالی ہند کی مختلف زبانوں کے ادبی سرمایے میں کرنے کی کوشش کا آغاز ہوا۔ اس عمل میں اگر ایک طرف شمالی ہند کی بیش تر زبانوں کو ہندی کا قدیم روپ یا پھر شیلی قرار دے دیا گیا تو دوسری طرف کچھ زبانوں کو بولیاں کہہ کر جدید ہندی نے اپنے سایۂ عاطفت میں لے لیا اور اس خالصتاً سیاسی جدید ہندی کی تاریخ نویسی کے نام پر ہندو احیا پرستی کے فروغ کا سلسلہ شروع ہو گیا۔ جدید ہندی کی تشکیل کی سیاست کا عمل شروع ہونے کے بعد زبانوں کے نام پر جس قسم کی سیاست کا آغاز ہوا، وہ اس سکے کا دوسرا رخ ہے جس میں اردو کے مسلم تشخص کی بات کرنے والی مسلم اساس پرست قوتیں ہندو فرقہ پرستوں سے بہت آگے بڑھ گئیں اور تاریخی اسباب کی بنا پر مسلم شناخت کے ساتھ اردو کے رشتے پین اسلامزم کی سینکڑوں برس پرانی خواہشات کے ایجنڈے کا حصہ بنے۔ اس صورت حال کا یہ نتیجہ لازمی ٹھہرا کہ اردو کو پوری طرح مشرف بہ اسلام کر کے اسے ہندستان میں فارسی کے اس گم گشتہ ماضی کا متبادل بنانے کی تحریک سیاسی بنیادوں پر آگے بڑھائی جائے جو مسلم اقتدار کے زوال کے ساتھ ہی اپنی افادیت کھو بیٹھی تھی۔ تبدیل شدہ حالات میں اردو کے اسلامی خلقیے نے Pan Islamism کے فروغ میں غیر معمولی رول ادا کیا۔

اردو اور مسلم سیاسی اشراف:

سیاست کی بدلتی ہوئی صورت حال میں مسلم یعنی اردو اشراف کی سیاست نے بیسویں صدی میں اردو کے سوال کو مہتم بالشان مسلم ماضی کے سوال کے طور پر پوری قوت کے ساتھ آگے بڑھایا اور قطعی غیر اردو داں مسلم عوام کو ثقافتی جہاد کے ذریعے اپنے سیاسی کارواں میں شمولیت کی دعوت دی۔ یہ وہی دور ہے جب مسلم اشراف کا یہ ٹولہ ہندی مسلمانوں کو 'لے کے رہیں گے پاکستان، بنٹ کے رہے گا ہندوستان' پر اڑے رہنے کے لیے پوری طرح آمادہ کر چکا تھا اور

ایک ہوں مسلم حرم کی پاسبانی کے لیے
نیل کے ساحل سے لے کر تابہ خاک کاشغر

کی اپیل کرنے والا پنجابی حکیم الامت مسلم عوام کے ذہنوں پر اردو کی گرفت کا پورا فائدہ اٹھا رہا تھا۔ عوام سے لے کر خواص تک مسلم لیگ کی سیاست میں شامل وہ جاں باز اہل ایمان جو عظیم فلسفی اور مفکر اسلام کی دعوت کے نتیجے میں ؎

ہے ترک وطن سنت محبوبِ الٰہی
دے تو بھی نبوت کی صداقت پہ گواہی

کے نعرے پر لبیک کہتے ہوئے ان خطوں کو خیر باد کہہ کر مملکت خداداد کے ان غیر آباد علاقوں کی طرف کوچ کر گئے جہاں انھیں اپنی اس عظیم ثقافت کے ساتھ ایک نیا جہان آباد کرنا تھا جسے وہ پیچھے چھوڑ آیا تھا۔ شمالی ہند کے ان

برصغیر میں اردو کی سیاست

مہاجرین کے بہ قول ان کی شناخت اس لیے عظیم تھی کیوں کہ اس کی تشکیل میں دنیا بھر میں پھیلے ہوئے مسلمانوں کے تہذیبی سرچشموں کا فیضان شامل ہو گیا تھا۔ یہ نام نہاد عظیم مسلم ثقافت اپنے لیے وسیع تر اسلامی جولانگاہوں کی متلاشی تھی۔ اس لیے نئی مملکت خداداد میں بھی اردو خطے کی سیاسی ثقافت کی مرکزی حیثیت کو اس کے امانت داروں نے ذرا بھی اِدھر اُدھر نہ ہونے دیا۔

آزاد ہندوستان میں اردو، دینی مدرسے اور کانگریس:

مسلمانوں کے سیاسی رویوں سے سبق لے کر ہندو سیاست نے بھی اپنے ماضی قریب سے روشنی حاصل کرنے کی ترغیب لی۔ انیسویں صدی کی ہندو سیاست کی پیروی آزادی کے بعد کانگریس نے بھی کی اور مسلمانوں کو اس نے یہ یقین دلا دیا کہ وہ آزاد ہندستان میں جس طرح چاہیں، اپنے مذہبی تعلیم کے اداروں کے نظام میں اردو کو شامل کریں، کانگریس کو اس کار خیر میں وہ خود سے دو قدم آگے ہی پائیں گے۔ اپنے تعاون کے نتائج کو سو فیصد یقینی بنانے کے لیے آزاد ہندستان میں کانگریس نے اسکول کے نظام میں اردو کی بنیادوں کو صرف کھوکھلا ہی نہیں کیا بلکہ اس کی ایسی تمام جڑوں کو جن کا خلقیہ اسلامی اعتبار سے ذرا سا بھی کمزور تھا، اکھاڑ پھینکا۔

زبان کی سیاست کے اعتبار سے ہندستان میں بیسویں صدی کا نصف آخر اپنے ماضی سے کچھ زیادہ مختلف نہ تھا۔ تقسیم کے بعد کے حالات میں اس کے مظاہر اور نتائج البتہ دوسری طرح کے تھے۔ ہندستان میں 1980 کے آس پاس تک مسلم اشراف کی اکثریت کانگریس کے زیر سایہ اقتدار کے ایوانوں تک محدود اور سیاسی طور پر مسلم عوام سے دور ہی رہی، اس لیے اس نے اردو کے مسئلے سے صرف اتنا ہی سروکار رکھا جتنا حکومت کی ضرورت کے مطابق ضروری تھا۔ حکومت کی پالیسی کے نتیجے میں دینی مدارس میں اردو کے فیصلہ کن فروغ کا زمانہ بھی یہی ہے۔ آزاد ہندستان میں کانگریس کے زیر سایہ اسعد مدنی جیسے علما نہ صرف دیوبند پر قابض رہے بلکہ انھوں نے آخری دم تک پارلیمنٹ کے ایوانوں میں کانگریس کے مسلم مفادات کے تحفظ کے لیے مقدور بھر کوشش کی۔ آقا کے حکم پر مسلمانوں کی نبض دیکھنے اور مزاج پرکھنے کے لیے مولانا اسعد مدنی رحمۃ اللہ علیہ 'ملک وملت بچاؤ تحریک' جیسے کاموں کا ڈول بھی گاہے ماہے ڈالتے رہے۔ ہر بار حاکم باقاعدہ اور علی الاعلان وعدہ کرتا کہ مسلمانوں کے دین اور ان کے اداروں کا تحفظ ہوگا۔ وعدہ ہمیشہ ہی ایفا ہوا۔ مدارس اپنے اصل مشن یعنی فروغ اسلام میں مشغول رہے جس میں سب سے اہم کردار اس اردو نے ادا کیا جو دینی مدارس میں واحد ذریعۂ تعلیم تھی۔ اتر پردیش میں دینی تعلیمی کونسل بھی اپنا کام مکمل یکسوئی اور انہماک کے ساتھ کرتی رہی۔ اس کی تحریک کے نتیجے میں بھی دینی تعلیم کے اداروں اور ان کے ذریعے اسلامی اردو کا منظم طریقے سے فروغ ہوا۔ تبلیغ اور اشاعت دین کے کاموں میں حکومت یعنی کانگریس نے کبھی کوئی روڑا نہیں اٹکایا۔ ایمرجنسی کے بعد کے ڈھائی برس اور 1989 میں 19 مہینے کی

وشوناتھ پرتاپ سنگھ کی قیادت والی جن مورچہ (United Front) حکومت کے علاوہ 1996 تک مرکزی اقتدار پر کانگریس ہی قابض رہی۔ اس طرح 1989 تک چھوٹے موٹے وقفوں کے سوا خصوصاً شمالی ہند کے صوبوں میں ہمیشہ کانگریس ہی برسر اقتدار تھی۔

أ

تقسیم کے بعد سے 1989 تک، ڈاکٹر فریدی اور سید شہاب الدین دو ہی ایسے نام ہندوستان کے سیاسی منظرنامے میں قابل ذکر ہیں جو کانگریس سے وابستہ نہ تھے مگر اردو کے باب میں ان کی سیاست کو کانگریس ہی کے طرز کی سیاست سے تعبیر کیا جا سکتا ہے۔ اردو سیاست کے محاذ پر یہ دونوں ہی مسلم اکابرین ہمیشہ متحرک رہے حالاں کہ ان دونوں ہی کا سیاسی ایجنڈا اردو تک محدود نہ تھا۔ آخر آخر جب سید شہاب الدین کی اپنی ہی طرز کی اس سیاست کی دھوپ ڈھل گئی جو علاحدگی پسندی کی سیاست تھی تو انھوں نے 2004 میں اس وقت سونیا گاندھی کے ہاتھ پر بیعت کر لی جب مرکز میں یونائٹیڈ پراگریسیو الائنس (United Progressive Alliance) برسر اقتدار آیا، اس کے بعد جن سیاسی محاذوں پر سید شہاب الدین ممکن حد تک متحرک رہے ہیں، ان میں ایک اردو سیاست کا محاذ بھی ہے جو دینی مدارس کے ساتھ اپنے مضبوط تر رشتوں کے سبب 9/11 کے بعد مسلم حسیت میں ماضی سے مختلف حیثیت کا حامل ہو چکا ہے۔ بنیادی طور پر سید شہاب الدین ایمرجنسی کے بعد چلی کانگریس مخالف آندھی کے سیاسی دور کی پیداوار ہیں۔ اس انتہائی زیرک مسلم سیاست داں کے منفی سیاسی اثرات مختلف وجوہ سے ڈاکٹر فریدی سے کہیں زیادہ ہمہ گیر ہیں۔ فریدی صاحب کے لہجے کی تشکیل کے تمام سُر 'لے کے رہیں گے پاکستان، بنٹ کے رہے گا ہندوستان' کی باقیات معلوم ہوتے تھے جب کہ سید شہاب الدین موقع دیکھ کر بات کرتے ہیں جس میں ان کی Indian Foreign Service کی تربیت کا فیضان بھی شامل ہے۔ عمومی سیاسی توازن کے لیے کانگریس کو اپنے Fold سے باہر ایسے چند سیاست دانوں کی ہمیشہ ضرورت رہی ہے۔ ذہنی طور پر کہیں زیادہ منضبط سید شہاب الدین اپنے سیاسی ایجنڈے کے حصول کے معاملے میں بھی بہت مرتکز ہیں۔ مکمل طور پر اساس پرست اور علاحدگی پسند سیاست کے داعی سید شہاب الدین جب تک عوامی جذبات کا لوہا پوری طرح گرم نہ دیکھیں، نہ صرف یہ کہ وہ چوٹ نہیں کرتے بلکہ آئین اور قانون کا راگ بھی الاپتے رہتے ہیں لیکن موقع ملتے ہی آئین کی دھجیاں اڑا کر عدلیہ کو جوتے کی نوک پر رکھ کر مشتعل عوامی جذبات سے تسمے کی خاطر بھینس حلال کرانے کا سید شہاب الدین سے بہتر گُر تقسیم کے بعد مسلم سیاست میں کسی کے ہاتھ نہ آیا۔ جدید ہندوستان کی مسلم تاریخ میں شاہ بانو اور بابری مسجد دونوں ہی معاملوں کو اپنے سیاسی مقاصد کے حصول کے لیے نئی طرح کی علاحدگی پسندی کی فلسفیانہ اساس فراہم کرنے والے سید شہاب الدین نے قائد اعظم محمد علی جناح رحمۃ اللہ علیہ کا اتباع کرتے ہوئے اپنی مقبولیت کے دور میں ہر سیاسی و مذہبی مسلم جماعت اور رہ نما کو سر جھکا کر چپ چاپ اپنے پیچھے چلتے رہنے کا حکم دیا۔

44 برصغیر میں اردو کی سیاست

اسکول کے نظام میں اردو اور دینی مدارس کی سماجیات:

یہ کہنا کہ بالخصوص شمالی ہند میں اسکول کے نظام سے اردو کا خاتمہ ہندستان میں اردو کی عمومی تباہی کا واحد محرک تھا، انتہائی پیچیدہ صورتِ حال کا بے حد سطحی تجزیہ ہے۔ ہندوستان میں اسکول جانے والے بچوں میں مسلم بچے ایک فی صد بھی نہیں ہیں جبکہ 5 سے 20 برس تک کی عمر کے تقریباً 98 فی صد مسلمان بچے دینی مدارس میں اردو کے ذریعے تعلیم حاصل کررہے ہیں۔ 2003 میں کل وقتی دینی مدارس میں تعلیم حاصل کرنے والے مسلم طلبہ کی تعداد 5 کروڑ کے آس پاس تھی۔ اس وقت 5 لاکھ کل وقتی دینی مدارس چل رہے تھے۔ گذشتہ چار برسوں میں طلبہ اور مدارس کی اس تعداد میں لازمی طور پر اضافہ ہوا ہوگا۔ یوں اس بات کو شاید اس طرح کہنا زیادہ مناسب ہو کہ مسلمانوں کے وہ تقریباً ایک فی صد بچے جنھیں اسکول جانے کے مواقع مل سکے، ان کو خصوصاً شمالی ہند کے اسکولی نظام میں نہ صرف یہ کہ جبراً ہندی پڑھائی گئی بلکہ ان کی اپنی مادری زبان کی تعلیم کے لیے ایک اختیاری مضمون کے طور پر بھی مواقع اسکول کے تعلیمی نظام میں موجود نہیں تھے۔

آزاد ہندوستان میں اردو اشراف اور احیائے اردو کی تحریکات:

ہندوستان کے اس اردو اشراف نے جو مختلف سماجی و سیاسی وجوہ سے یونیورسٹیوں یا ملحقہ کالجوں کے اردو شعبوں کا پروردہ تھا، تقسیم کے بعد سے جب بھی احیائے اردو کے لیے کوئی تحریک حکومت کے ایما پر چلائی، تو اس میں کامیابی کے لیے اسے پوری طرح مذہبی اداروں ہی کے تعاون پر تکیہ کرنا پڑا۔ مذہبی اداروں کو اردو کی ضرورت تھی اور ان اساتذہ کو عوام میں پوچھنے والا کوئی نہ تھا۔ 1985 میں ایسی ہی ایک تحریک لکھنؤ یونیورسٹی کے پروفیسر ملک زادہ منظور احمد نے بھی شروع کی جس میں شامل تو مع کمیونسٹ پروفیسروں کے سب تھے مگر تحریک کے اصل داعی ندوۃ العلما کے ناظم اعلیٰ مولانا ابوالحسن علی ندوی تھے جن کی سیادت میں 19 جون 1988 کو رابطہ کمیٹی نے ایک بڑی کامیاب کانفرنس گنگا رام ہال، امین آباد، لکھنؤ میں بھی کی۔ سی پی ایم ان ہی دنوں جن وادی لیکھک سنگھ کی نئی دکان چلانے کی کوشش کررہی تھی جس میں کچھ مال پروفیسر محمد حسن نے بھی رکھا تھا۔ انجمن ترقی پسند مصنفین سے پروفیسر محمد حسن کے ازالۂ التباس کا زخم اس وقت تازہ تازہ تھا۔ مولانا سید ابوالحسن علی ندوی کی آواز پر اسلامی زبان کے طور پر اردو کے تحفظ کے لیے لکھنؤ میں جمع ہوئے عقیدت مندوں کے جم غفیر کے اسلامی جذبات کی جیبیں کاٹنے کے لیے مسلم اشراف کے مختلف نمائندوں اور مسلم سیاسئین کے ساتھ کمیونسٹ سیاست کے داعی مثلاً اس وقت کمیونسٹ پارٹی آف انڈیا کے جنرل سکریٹری سی راجیشور راو، جن وادی لیکھک سنگھ سے متعلق پروفیسر نعیم احمد جو اس وقت علی گڑھ مسلم یونی ورسٹی سے وابستہ تھے، جواہر لال نہرو یونی ورسٹی کے پروفیسر محمد حسن اور حیدر آباد میں کمیونسٹ سیاست کے ایک اہم ستون راج بہادر گوڑ بھی حلوائی کی دکان، نانا جی کا فاتحہ کے مصداق

اہل ایمان کی اس محفل میں پوری بے شرمی سے موجود تھے۔اس محفل ایمانی میں کامریڈ مولانا اسحاق سنبھلی بھی شریک تھے جو جناب شیخ کا نقش قدم 'یوں بھی ہے اور یوں بھی' کی بہترین مثال ان معنوں میں تھے کہ جمعیت العلمائے ہند سے آخری وقت تک وابستہ رہے اور جمعیت العلمائے ہند کو خیرباد کہے بغیر کمیونسٹ پارٹی سے ایم پی بھی رہے۔اس کانفرنس کا افتتاح کرتے ہوئے مولانا ندوی مرحوم نے فرمایا:

... اردو واحد زبان ہے جو سب سے کم عمر اور سب سے زیادہ بولی جاتی ہے۔اردو کی عظمت کی ایک مثال یہ بھی ہے کہ سیرت پر سب سے بہترین کتب اردو میں ہیں اور علامہ شبلیؒ کی سیرت النبی کے عربی تراجم کے لیے متعدد مرتبہ فنڈز کی پیش کش کی گئی مگر افسوس کہ وہ ممکن نہ ہوسکا۔1

مولانا ندوی کے یہ خیالات واشگاف طور پر اردو کے اسلامی کردار کے مختلف زاویوں کو نمایاں کرتے ہیں۔1988 بابری مسجد تحریک کے عروج کا زمانہ تھا۔ہندو مسلم فسادات کا لامتناہی سلسلہ جاری تھا۔ملیانہ اور ہاشم پورہ کے انسانیت سوز واقعات میں ایک موج خوں سر سے گزر چکی تھی مگر مستقبل بھی کم مخدوش نہ تھا؛ بھاگل پور کے مسلم نسل کش فسادات کی آہٹ صاف سنائی دے رہی تھی۔سیاسی توازن برقرار رکھنے کے لیے رابطہ کمیٹی کی اس تحریک کی شدید ضرورت کانگریس کو تھی۔ظاہر ہے کہ نتیجہ اس تحریک کا بھی وہی نکلا جو اس کا مقصد تھا: اس نے بھی عوامی طور پر اردو کے اسلامی زبان ہونے کے احساس کو مزید تقویت دی۔1989 میں اتر پردیش اور مرکز دونوں جگہ سے کانگریس کی حکومت ختم ہوگئی، یوں تحریک کا کام بھی فوراً ہی رک گیا۔یہاں یہ یاد دلانا شاید مناسب ہو کہ مولانا سید ابوالحسن علی ندوی ان چند اکابرین امت میں تھے جو حکومت کے ساتھ براہ راست اس سودے بازی میں شامل تھے کہ شاہ بانو معاملے میں سپریم کورٹ کے فیصلے کے خلاف پارلیمنٹ تو قانون بنادے گی مگر اس عمل سے مشتعل ہندوؤں کو بھی بابری مسجد کو منہدم کرکے اس کی جگہ رام مندر بنانے کی اجازت دے دی جائے گی۔یہ بات دیگر ہے کہ فصل بوئی کانگریس نے تھی مگر کاٹی بی جے پی نے۔مسلم سیاست کے سرد و گرم چشیدہ اور جماعت اسلامی کے ترجمان سہ روزہ 'دعوت' کے سابق مدیر محفوظ الرحمٰن کے خیالات اس ذیل میں دستاویزی اہمیت کے حامل ہیں:

... وزیر اعظم راجیو گاندھی نے بابری مسجد کا تالا کھلنے سے قبل ایک خصوصی ملاقات کے دوران علی میاں کو آنے والے حالات سے باخبر کردیا تھا۔جو کچھ ہوا وہ اس سے کسی نہ کسی درجے میں واقف تھے۔ان کے لیے بابری مسجد کا تالا کھلنا کوئی غیر متوقع چیز نہیں تھی اور حالات و واقعات کی روش کے اسی پیشگی علم نے انھیں بابری مسجد کے تعلق سے کوئی قدم اٹھانے سے باز رکھا...

(مسلم قیادت کا نیا چہرہ، مضمون از محفوظ الرحمٰن مشمولہ مذہب، مسلمان اور سیکولرازم، مرتب و ناشر اشفاق محمد خاں، نئی دہلی، جون 1996، ص 189)

... اگر مسلمان خود بھی بابری مسجد کے قضیے کو سیاسی پارٹیوں سے کٹنے اور جڑنے کی بنیاد بناتے ہیں تو پھر ان لوگوں کو غلط کیسے کہا جائے گا جنھوں نے رام اور رام جنم بھومی کو اپنے سیاسی مقاصد کے حصول کا ذریعہ بنا رکھا ہے۔ یہ لوگ بھی تو وہی کر رہے ہیں جو مسلم پرسنل لا بورڈ کے لوگ کرنے جا رہے ہیں۔ اگر سنگھ پریوار کی روش غلط ہے اور اس کے غلط ہونے میں کوئی شک وشبہ نہیں ہے تو پھر مسلم پرسنل لا بورڈ کی روش کو بھی کسی لاگ لپیٹ کے بغیر غلط ہی کہا جائے گا۔

(ایضاً، ص193)

احیائے اردو کے مآخذ:

یہاں ایک اور بات کا ذکر بھی ضمناً ضروری ہے کہ مابعد تقسیم مسلم انڈیا کی تاریخ میں اردو سیاست سے متعلق کسی ماخذ کی تلاش جوئے شیر کے لانے سے کم نہیں۔ ویسے تو مجموعی طور پر ہندستان میں مسلمانوں سے متعلق جو کچھ لکھا گیا وہ یا تو متعصب ہندو ذہن کی کارگزاری ہے یا پھر مسلمانوں سے ہمدردی رکھنے والے ان معصوم لوگوں کے شاعرانہ خیالات وافکار کا مجموعہ جنھوں نے خود کو مربی اور مسلمانوں کو مظلوم تصور کر لیا تھا، اس لیے، مسلمانوں سے متعلق ان حضرات نے جو کچھ لکھا اس کا حقیقت حال سے کچھ تعلق نہیں۔ تقسیم کے بعد اردو اخبارات ورسائل مسلمانوں کے جن زخموں کی تجارت کرتے رہے، ان میں اردو کا گھرا گھاؤ سب سے نمایاں تھا۔ ان اخبارات کے مطالعے سے اس صورت حال کا اندازہ بھی لگایا جا سکتا ہے جس میں مسلمان جذباتی طور پر تو بارود کے ڈھیر پر بیٹھا تھا مگر اردو کے سیاق وسباق میں وہ سب سے زیادہ کنفیوژ اس لیے تھا کیوں کہ پاکستان میں اردو کی قومی زبان کی حیثیت نے اسے ہندوستان میں کہیں کا نہیں چھوڑا تھا۔ افسوس کی بات مگر یہ ہے کہ اردو اخبارات ورسائل کی فائلیں کہیں موجود ہی نہیں اور جو اخبارات بند ہو گئے ان کے دفاتر تک بک چکے ہیں، یوں ان تک رسائی کی کوئی شکل اب نہیں بچی ہے۔

1983 میں سید شہاب الدین نے ماہ نامہ 'مسلم انڈیا' اردو اور انگریزی میں شائع کرنا شروع کیا۔ اردو ایڈیشن کچھ مدت بعد بند ہو گیا مگر انگریزی ماہ نامہ بیس برسوں تک تواتر کے ساتھ شائع ہوا اور تین برس کے توقف کے بعد سید شہاب الدین نے اس کی اشاعت دوبارہ شروع کر دی۔ ماہ نامہ 'مسلم انڈیا' کے مستقل ابواب میں اردو کی نمایاں حیثیت رہی ہے۔ اس جریدے کی اشاعت کا واحد مقصد سید شہاب الدین کے سیاسی ایجنڈے کا فروغ تھا جس میں اردو کی مرکزی حیثیت تھی۔ معروضی ذہن کو مسلم انڈیا کی فائل کے مطالعے کے بعد اس نتیجے پر پہنچنے میں پانچ منٹ بھی نہیں لگتے کہ سید شہاب الدین کس شاطرانہ ذہن کے ساتھ اپنی تاریخ؛ جو تقسیم کے بعد پوری طرح ہمت باختہ مسلم انڈیا کی تاریخ بھی ہے، تو اپنے ایجنڈے کے مطابق خود اپنے ہی قلم سے لکھ رہے ہیں لیکن 1983

برصغیر میں اردو کی سیاست

سے پہلے کی اردو سیاست اور ڈاکٹر فریدی جیسے لوگوں کی سیاسی زندگی میں اردو ایجنڈے کے مطالعے کے لیے عام طور پر مواد دستیاب نہیں، یوں اس دور میں اردو کے نام پر کی جانے والی سیاست کے مطالعے کے مآخذ تقریباً مفقود ہیں۔ کسی قابل ذکر لائبریری میں غیر ادبی اخبارات ورسائل کی فائلیں شاید ہی موجود ہوں۔

یونیورسٹی سطح پر اردو تعلیم کی سیاست کی سماجیات اور ہندو پاک تعلقات:

اب آیئے ایک نظر یونیورسٹی کے اردو شعبوں سے وابستہ نیز ملحقہ کالجوں میں برسر کار اساتذہ اور ان ہی کے ذریعے تشکیل دیے گئے اردو کے اس منظرنامے پر نظر ڈالیں جسے تکنیکی اعتبار سے مذہبی فریم سے باہر اردو کی سیاست کا آئینہ دار کہا جاسکتا ہے۔ ان حضرات کے ذریعے کی جانے والی سیاست دراصل اردو ادب کی وہ سیاست ہے جس کا دائرۂ اثر قدرتی طور پر محدود تر ہے۔ اردو کے ان اساتذہ کا تقرر حکومت کی اس منظم پالیسی کا نتیجہ تھا جس کے نتیجے میں پرائمری سے بارہویں درجے تک خصوصاً شمالی ہند میں اردو تعلیم کے نظام کو نیست و نابود کردیا گیا مگر ڈگری درجات کی سطح پر ان لوگوں کو اردو ادب کی تعلیم کے مواقع فراہم کیے گئے جنھوں نے اسکول کی سطح پر کبھی اردو نہیں پڑھی تھی۔ خصوصاً یونیورسٹی کی سطح پر اردو پڑھنے اور پھر اردو ہی پڑھانے کے Canon میں جو لوگ شامل ہوئے، ان کی اکثریت یا تو فرسٹ جنریشن لرنر (First generation learner) کی تھی یا پھر ان ہندوؤں کی جنھوں نے تقسیم سے قبل اس مجبوری کے سبب اردو پڑھی تھی کیوں کہ اسکول کی سطح پر اس کی تعلیم ملک کے بعض حصوں میں لازمی تھی۔ ان اردو داں ہندوؤں میں اکثریت ان خطوں سے آنے والے غیر سکھ ہندوؤں کی تھی جو بعد میں مسلم اکثریتی علاقے کے طور پر پاکستان میں شامل ہوگئے۔ ان حضرات کی اکثریت کا اقتصادی طور پر ہندوؤں کے برسر اقتدار طبقے سے کچھ تعلق نہ تھا۔ آزاد ہندستان میں ہندو و مسلم ہر دو اشراف نے کاروباری زندگی میں صرف انگریزی کو ترجیح دی، یوں یونیورسٹی اور کالج کی سطح پر اردو درس و تدریس سے وابستہ اکا دکا حضرات کو چھوڑ کر اکثریت ان لوگوں کی ہوگئی جو پہلی دفعہ تعلیم کے دائرے میں شامل ہوئے۔ شمس الرحمٰن فاروقی نے 1993 میں اردو درس و تدریس سے وابستہ ان اساتذہ کو جہلا کی چوتھی نسل کہا تھا۔ 1985 کے آس پاس جب دینی مدارس کے ڈگری یافتہ حضرات کو یونیورسٹیوں میں داخلے کا مجاز قرار دیا گیا اور بعد میں وہ لوگ بھی اردو درس و تدریس ہی کے پیشے سے بہ حیثیت اساتذہ وابستہ ہوئے تو ان کے ذریعے یونیورسٹیوں میں ہونے والی اردو کی سیاست کا چہرہ بھی بدل گیا اور یہ محاذ بھی اندر ہی سے نہیں بلکہ باہر سے بھی اسلامی ہوگیا۔ یونیورسٹیوں کے اساتذہ کے فرنٹ کے اسلامی ہوتے ہی اردو سیاست کے پاس کوئی نام نہاد سیکولر چہرہ نمائش کے لیے بھی نہیں بچا۔ دینی مدارس کے طلبہ اردو اداروں سے لے کر اردو اخبارات تک ہندی مسلمانوں کی زندگی کے ہر اس قابلِ ذکر شعبے میں پہلے ہی غالب آچکے تھے جس کا اردو سے ذرا سا بھی تعلق تھا۔ یونیورسٹی سطح پر دینی مدارس کے فارغین کو بالعموم بی اے آنرس اردو،

عربی اور اسلامیات یا پھر براہ راست ایم اے اردو عربی اور اسلامیات میں داخلے کا مجاز قرار دیا گیا۔ یونیورسٹی اور ملحقہ کالجوں کے اردو شعبوں سے ایم اے کرنے اور پھر درس و تدریس سے وابستہ ہو جانے والے ان حضرات میں جن کی ذہنی تربیت مذہبی اداروں میں ہوئی، اکثر فرسٹ جنریشن لرنر ہیں اور ان کی نئی نسل نے اردو میں کیریر بنانے کے بارے میں نہیں سوچا۔ ان اردو اساتذہ کے بچوں کی اکثریت نے ایک زبان کے طور پر بھی اردو نہیں پڑھی جس کی معقول سماجیاتی وجوہ تھیں۔ یونیورسٹیوں میں اردو درس و تدریس سے وابستہ حضرات کا ڈگری یافتہ یا متمول ہونا چونکہ حکومت کی پالیسی کے نتیجے میں ظہور پذیر ہوا، یوں اردو اساتذہ کے طور پر یونیورسٹیوں میں برسرکار لوگوں میں آج اکثریت صرف ان لوگوں کی ہے جن کے لیے ہندو پاکستان کے بہتر تعلقات کا مطلب ہر دو ممالک میں ایسے ادبی سمیناروں کے انعقاد تک محدود ہے جن کی زبان اردو ہو اور جن میں انھیں بھی مدعو کیا جائے۔ اپنے پروفیشنل کیریر میں ترقی کے علاوہ اور کسی قسم کے سیاسی تحرک میں ان اردو اساتذہ کی کوئی دلچسپی نہیں۔ ان میں سے اکثر حضرات نے ہندو پاکستان تعلقات میں اردو کے رول کے بارے میں یا تو کبھی سوچا نہیں ہوگا یا پھر بس اتنا بھر کہ اردو مسلمانوں کی زبان ہے: ہندستان میں بھی اور پاکستان میں بھی۔ آئین ہند چونکہ اپنی سیکولر ساخت کے اعتبار سے ان حضرات کے لیے Anthema ہے اور ایسی کسی تعلیم میں ان حضرات کی دلچسپی نہیں ہو سکتی جس کا خلقیہ اسلامی نہ ہو، اس لیے اپنے عہدے کا لحاظ کرتے ہوئے ان حضرات کو اگر کبھی آئین کی بات کرنا بھی پڑی تو انھوں نے خود کو بس آئین عشق تک محدود رکھا اور تعلیم کے نام پر تو یہ غزل کی تعلیم کے متعلقات سے آگے بڑھے ہی نہیں۔ اردو کے ان اساتذہ کی اکثریت نے 'ہندو پاکستان تعلقات' کے فقرے یا اردو کی ادبی وراثت کو انتظار حسین تک اسی لیے محدود کیا کیوں کہ عسکری کے حوالے سے اسلامی خلقیے کا انتظار حسین سے بہتر دوسرا کوئی ایسا استعارہ اردو ادب میں موجود نہیں تھا جو ہندستان کے populist اور centrist اہل اقتدار کے منصوبوں کو راس آسکے۔ پاکستان میں اردو کے علاوہ دیگر زبانوں کا وہ ادب بھی ہے جو ہندو پاکستان کی مشترکہ ثقافتی وراثت میں اہم رول ادا کر سکتا ہے، یہ خیال یونیورسٹیوں کے اردو اساتذہ کو اگر نہیں آتا تو اس کے معقول سیاسی وجوہ ہیں۔ ہندوستان میں یونیورسٹی اساتذہ کی اکثریت اردو سے قریب ترین زبان ہندی کے ادب سے اسلامی وجوہ سے ہی دانستہ طور پر اس حقیقت کے باوجود بے خبر ہے کہ ان میں سے اکثر کو اچھی خاصی ہندی آتی ہے۔ اپنی مذہبی تعلیم کے پس منظر کے سبب یونیورسٹی سطح کے یہ اردو اساتذہ بے خبر تو اردو ادب کے بڑے حصے سے بھی ہیں۔ اس بے خبری کی دو اہم وجہیں ہیں: دینی مدارس میں ان کی تعلیم و تربیت کا تمام زمانہ اسلامیات کے مطالعے میں گزرا اور اس عرصے میں ان حضرات نے دینی مدارس میں اردو زبان یا اس کے ادب کا مطالعہ صرف اس زبانِ اردو کو سیکھنے کی غرض سے کیا جو دینیات کے مطالعے میں ان کی مدد کر سکے۔ یہ کوئی ڈھکی چھپی بات نہیں کہ اردو ادب کا بڑا حصہ دینی مدارس کے ان فارغین کے لیے کفریات کے ہم معنی ہے، یوں اردو کے نام پر بڑی بڑی تنخواہیں وصول کرنے کے باوجود اردو کے ادبی خلقیے سے نفرت ان اساتذہ کی اکثریت کے خمیر میں ہے اور چوں کہ اسلام کی ترویج و ترقی کے

برصغیر میں اردو کی سیاست
49

علاوہ اور کسی قسم کے سیاسی تحرک میں ان کی کوئی دلچسپی نہیں، یوں یونیورسٹیوں کے اردو شعبے بے مصرف باہمی سیاست کے اکھاڑے بن کر رہ گئے۔ عمومی سطح پر ان حضرات کے سیاسی شعور اور سماجی بیداری کا یہ عالم ہے کہ اردو کی ترویج و ترقی کے لیے مولانا بھاشانی سے بڑھ کر تقریریں کرنے والے اللہ کے ان بندوں سے جب پوچھا جاتا ہے کہ کیا آپ کے بچے اسکول میں اردو پڑھتے ہیں تو اسلام کی تبلیغ کے علاوہ دنیا کی ہر چیز سے زمانے بھر کے یہ بے خبر اپنے بچوں کے اردو نہ پڑھنے کے دفاع میں اس لیے بھیگی بلی بن جاتے ہیں کیوں کہ ان کے خیال میں اردو پڑھنے کا مطلب اردو میں بی اے آنرس اور ایم اے کرنے کے علاوہ اور کچھ نہیں۔ ان بے وقوفوں کی اکثریت کو یہ معلوم ہی نہیں کہ دسویں درجے تک اور بعض صوبوں میں بارہویں درجے تک تین زبانوں کا مطالعہ ہندوستان کے اسکولی نظام میں ہر بچے کے لیے لازمی ہے، یوں اگر ان کا بچہ اللہ کے فضل سے کسی انگریزی میڈیم اسکول میں پڑھتا ہے اور وہ فرنچ، جرمن یا سنسکرت کی جگہ ایک اختیاری مضمون کے طور پر اردو کا مطالعہ کرلے تب بھی وہ اپنے باپ کی طرح اردو کا پروفیسر بننے کی لعنت سے محفوظ ہی رہے گا۔

اس مقالے کا موضوع ہر چند کہ ہندستان سے متعلق ان سوالوں کو زیر بحث لانا ہے جن کا تعلق ہندو پاکستان کے درمیان تعلقات بہتر کرنے کے ذیل میں وابستہ ان خواہشات سے ہے جن کے پورے ہونے کی کوئی توقع ہندوستان کی حد تک اس اردو سے نہیں کی جاسکتی جس کے تعاقب میں اس کا وہ ماضی سرگرداں ہے جس نے اسے لسانی علاحدگی پسندی کے ایک طاقتور آلۂ کار کے طور پر شناخت پذیر کرکے اس کے مخدوش مستقبل کا لائحۂ عمل متعین کردیا ہے۔ موضوع مگر اتنا زیادہ الجھا ہوا ہے کہ جب تک تمام متعلق سیاسی وسماجی محرکات کا مطالعہ نہ کیا جائے، اس قسم کی کوشش انتہائی پیچیدہ صورتِ حال کے سہل ترین تجزیے پر محمول کی جائے گی۔ اس پیچیدہ سماجی و سیاسی صورت حال کے مطالعے کی کوشش میں نے ممکن حد تک اختصار کے ساتھ کرنے کی کوشش کی ہے مگر پھر بھی بعض ایسے عوامل کا تجزیہ اس مقالے کے مندرجات میں شامل ہوگیا جن کا تعلق پاکستان سے ہے۔

پاکستان میں اقتدار کے ہم نوا ترقی پسند اردو اہل قلم اور ہندو پاک تعلقات:

پاکستان میں فروغ پارہی وہ معاصر اردو جس کی تقریباً تمام روایتیں خواہ وہ ادب کی ہوں، صحافت کی یا درس وتدریس کی، ان میں سے بیش تر چونکہ اسلامی اساس پرستوں اور پیچیدہ مسلم شناخت سے مغلوب ہیں، یوں وہ ہندو پاک کے تعلقات کو مزید کشیدہ تو کرسکتی ہیں، خوش گوار نہیں۔ اس مقالے کے مندرجات میں ہر چند کہ پاکستان میں اردو کی وہ روایت جس سے تعلقات کے ذیل میں خوش خیالی پیدا ہوسکتی ہے، میرا موضوع اس لیے نہیں کیوں کہ میرا اختصاص ہندوستان پر ہے، مگر وسیع تر تناظر میں پاکستان کی صورت حال کو ان مباحث میں شامل کیے بغیر کسی نتیجے پر پہنچنے کی امید چونکہ بے سود ہے، یوں میں خصوصاً پاکستان کے ترقی پسند اردو اہل قلم سے

متعلق بعض نکات کی نشان دہی اس لیے کرنا چاہتا ہوں، کیوں کہ عرصۂ دراز سے ہند و پاک کے بہتر تعلقات کا ٹینڈر اردو کی حد تک اسی مکتبِ فکر کے نام کھلتا رہا ہے جسے ترقی پسند ادیبوں کے گلے سے تعبیر کیا جاتا رہا ہے۔

پاکستان میں اردو کے ادیبوں اور شاعروں کی اکثریت؛ مع نام نہاد ترقی پسندوں اور کمیونسٹوں کے، شروع ہی سے پاکستانی اقتدار کی ہم نوا رہی ہے اور پاکستان میں جس قسم کے سیاسی حالات رہے، ان میں صرف ہندوستان سے نفرت ہی وہاں کی سیاسی جماعتوں کے لیے بارآور ہو سکتی تھی۔ پاکستان میں نام نہاد جمہوریت کی دعوے دار پیپلز پارٹی جیسی سیاسی جماعتیں جو گذشتہ تین دہوں میں پاکستان کے ترقی پسند اور کمیونسٹ اہلِ قلم کا بسیرا ہیں، اپنی سرشت میں اتنی ہی فسطائی، غیر جمہوری اور ہندستان دشمن تھیں اور ہیں جتنا پاکستان کا فوجی اقتدار۔ کمیونسٹ اور ترقی پسندوں کی دو نمایاں ترین پاکستانی مثالوں میں سبط حسن اور احمد فراز کے بیانات اور ان کے کرداروں کا مطالعہ بغیر کسی تکلف کے ہمیں یہ نتیجہ نکالنے پر مجبور کرتا ہے کہ پاکستان کے اردو ادب سے وہاں کے حاکموں نے صرف محمد حسن عسکری ہی کے ہاتھ سے مشت زنی* نہیں کرائی، جیسا کہ اجمل کمال کا خیال ہے بلکہ اس کارِ خیر میں سبط حسن سے لے کر احمد فراز تک سب اسی انہماک سے شامل رہے ہیں جس نے ہند و پاک کے تعلقات کو مزید خراب اس لیے کیا، کیوں کہ پاکستان کے کمیونسٹ یا ترقی پسند اہل قلم کی ہندو پاکستان دوستی کی خواہش ایسے ہی تھی جیسے جناح کی متحدہ ہندوستان کی۔ سیاسی فہم سے عاری ہندوستان میں بعض حضرات جس طرح جناح کے بعض ذاتی رویوں کا تجزیہ کر کے اس نتیجے پر پہنچتے ہیں کہ وہ علاحدگی پسند نہیں تھے یا ان کی مسلم سیاست ماضی پرست اور ظلمت پسند مسلم علما سے اس لیے مختلف تھی کیوں کہ وہ شراب پیتے تھے، سور کھاتے تھے اور اپنی پارسی بیوی کو انھوں نے مذہب تبدیل کرنے پر مجبور نہیں کیا، اس طرح کے سہل پسندانہ تجزیے کے بعد تو بس اردو کے ادبی نقاد ہی اس نتیجے پر پہنچ سکتے ہیں کہ پاکستان میں اردو کے ادیبوں شاعروں خصوصاً ترقی پسند اردو اہل قلم کی ہند و پاک کے بہتر تعلقات میں بڑی دلچسپی ہے۔

اردو کے ادبی نقادوں کے پاس تو اس کام کے لیے اسلام پسند محمد حسن عسکری کے چیلے انتظار حسین اور ترقی پسندوں کے پاس ذوالفقار علی بھٹو کے سلسلے سے بیعت احمد فراز کی شخصیات اپنے مقاصد کے لیے موجود ہیں۔

آپ میں سے جن حضرات کا حافظہ کمزور ہو یا جن کی سیاسی بصیرت قیام بنگلہ دیش کے عمل میں بھٹو کے فسطائی حد تک غیر جمہوری رویے سے واقف نہ ہو یا جن حضرات کو اس وقت کے مشرقی پاکستان کی بنگلہ نژاد آبادی کے خلاف فسطائی حد تک غیر جمہوری بھٹو کا بیان 'اِدھر ہم، اُدھر تم' یاد نہ ہو یا سمجھ میں نہ آیا ہو، انھیں اسلامی سوشلزم کے داعی ذوالفقار علی بھٹو کا ہندستان سے متعلق یہ مشہور زمانہ بیان تو ضرور ہی یاد ہوگا: 'چینیوں نے جس روز ہمالیہ پر چڑھ کر پیشاب کر دیا، سارا ہندوستان بہہ جائے گا'

آگے بڑھنے سے پہلے سید الشہدا ضیا الحق کے دورِ اقتدار میں، 'موسیٰ سے مارکس تک' کے مصنف اور پاکستانی کمیونسٹوں کے امام سبط حسن صاحب کے یہ چشم کشا خیالات ملاحظہ فرمایئے جو انھوں نے انجمن ترقی پسند

برصغیر میں اردو کی سیاست

مصنفین کی گولڈن جوبلی تقریبات کے سلسلے میں لندن میں منعقدہ جشن میں ظاہر فرمائے۔ میں نے یہ اقتباس ایک ترقی پسند نقاد سید محمد عقیل کے اس سفرنامے سے نقل کیا ہے جو سید محمد عقیل نے انجمن ترقی پسند مصنفین کی گولڈن جوبلی تقریبات کے لیے لندن کا سفر کرنے کے بعد تحریر فرمایا:

...[4 اگست 1985 کو] ساڑھے بارہ بجے چھٹا اجلاس شروع ہوا۔ مجلس صدارت میں پروفیسر امین مغل (پاکستان)، پروفیسر شکیل الرحمٰن (انڈیا)، صدیق الرحمٰن قدوائی (انڈیا) اور رضا ہمدانی (پاکستان) تھے، اور مقررین میں سید سبط حسن (پاکستان)، کرتار سنگھ دُگل (انڈیا)، پروفیسر نامور سنگھ (انڈیا)، ڈاکٹر شمین اختر (انڈیا)، پروفیسر زاہدہ زیدی (انڈیا)، فخر زماں (پاکستان)، سعید انجم (ناروے)، محمود الحسن (انڈیا) اور پروفیسر امین مغل تھے۔ اس اجلاس میں ڈاکٹر شمین اختر کے مقالے پر بڑا ہنگامہ ہوا۔ انھوں نے اپنے مقالے میں لکھ دیا کہ ایشیائی ممالک میں جہاں جہاں فوجی حکومتیں قائم ہیں، وہاں وہاں ادیبوں کی آواز دب گئی ہے اور ان ادیبوں نے صحیح طور پر اپنا فرض انجام نہیں دیا۔ اس بات پر سب سے پہلے سید سبطِ حسن کو اعتراض ہوا کہ کسی ملک کی طرف اس طرح کا اشارہ کیوں کیا گیا؟ اور یہ کہ صرف پاکستان کو نظر میں رکھ کر یہ بات کہی گئی ہے! انھوں نے یہ بھی فرمایا کہ ہندستان کے لوگوں کو یہ حق نہیں پہنچتا کہ ہم پر اعتراضات کریں۔ غالباً سعید انجم (ناروے) نے شمین اختر کی حمایت کی تو سید سبط حسن اپنی جگہ سے اٹھ کر اسٹیج پر جا پہنچے اور بولے کہ ''پاکستان میں آکر کہیے تو معلوم ہو۔'' بات بہت بڑھ گئی۔ یہ بات سبطِ حسن جیسے منجھے ہوئے مارکسسٹ کی زبان سے اچھی نہیں لگی۔ اس پر صفدر میر اور عبداللہ ملک کے ساتھ بہت سے پاکستانی ادیبوں نے ایک طرح سے پروٹسٹ کیا۔ کون کس کا ایسے مجمعے میں منھ بند کر سکتا ہے۔ کسی نے یہ بھی کہہ دیا کہ سید سبط حسن نے جان بوجھ کر یہ شاخسانہ اٹھایا ہے جس سے حکومتِ پاکستان کو معلوم ہو جائے کہ انھوں نے حکومت کی حمایت کی ہے، اور انھیں وہ آسانیاں حاصل رہیں جو حکومت کی طرف سے انھیں پاکستان میں حاصل ہیں۔ مجھے معلوم نہیں کہ اس میں صداقت کیا ہے؟ سبط حسن تو ایسے کبھی نہ تھے۔ ہم سب ان کا احترام کرتے ہیں اور انھیں ایک تجربہ کار اور سچا مارکسسٹ سمجھتے ہیں لیکن اگر واقعی ایسا ہے تو:

اب کسے رہنما کرے کوئی

مگر یہ شک سبط حسن کی طرف سے لوگوں کو کیوں ہے؟ لوگ انھیں حکومت کا آدمی کیوں سمجھنے لگے ہیں؟ سید سبط حسن کا یہ رویہ عجیب ضرور تھا کہ جب عالمی ادب کی اجتماعی کیفیت کا محاسبہ کیا جا رہا ہے تو اس میں سے کسی کو پاکستان پر باتیں کرنے کا حق کیوں نہیں ہے؟ اور اگر پاکستان

کے ادیبوں اور ادب پر باتیں کرنے کا حق ہندوستانی ادیبوں کو نہیں تو دوسرے ممالک کے ادب اور ان کے احتجاج پر کیسے حق ہو سکے گا۔ کل کے جلسے میں کسی پاکستانی ادیب نے بحث کرتے ہوئے یہ بھی کہا تھا کہ ادب کی تدوین اور تحقیق اس طرح ہونی چاہیے جس طرح سید سبط حسن کر رہے ہیں : یعنی بجائے حال کے ادب کا محاسبہ کرنے کے ماضی کے ورثے پر ادیبوں کو کام کرنا چاہیے۔ اور اگر 'ماضی کے مزار' اور 'موسیٰ سے مارکس تک' جیسی کتابیں کسی ملک میں لکھی جاتی ہیں، تو اس سے ملک اپنی تہذیبی جڑوں اور روایتوں سے واقف ہوتا ہے۔ لمحاتی ادب میں کیا دھرا ہے؟ ادب کا صحیح تناظر یہی ہے، جو سید سبط حسن آج کل پیش کر رہے ہیں۔ مجھے خیال گزرا کہ جس طرح کی شعلہ بیانی پاکستان بدر ادیبوں میں آج کل ہے، یہ اسی احتجاج کا ایک حصہ ہے جو پاکستان میں خاموشی کے ساتھ زور پکڑ رہا ہے اور جس کی دبی دبی آوازیں غزلوں اور علامتی افسانوں کے ذریعے ہم تک پہنچ رہی ہیں۔ انور سجاد کا افسانہ کونپل اس کی سب سے اچھی مثال ہے۔ 'ماضی کے مزار' بہت اچھا علمی اور ادبی کام ہے لیکن یہ وقت کی آواز نہیں۔ اس میں جو ایک طرح کی Passivity ہے وہ انقلابیت اور شعلہ بیانیوں کا دم گھٹنے سے وجود میں آئی ہے۔ سید سبط حسن ایک مارکسسٹ نظریہ ساز ادیب ہیں۔ شاید حالات کے جبر نے انھیں بہت کچھ زیر کر رکھا ہے۔ آخر انسان کو زندہ بھی تو رہنا پڑتا ہے، اور انھی حالات میں جن میں وہ چاروں طرف سے جکڑا ہوا ہے۔

(لندن-او-لندن، ڈاکٹر سید محمد عقیل، ناشر کا نام درج نہیں، 1987، ص 42-43)

ویسے یہ کانفرنس لندن میں آباد ایک ایسے پاکستانی عاشور کاظمی نے برطانوی حکومت کی ایک بڑی گرانٹ حاصل کر کے منعقد کی تھی جن کا کبھی بائیں بازو سے کچھ تعلق نہیں رہا۔ بعد میں کاظمی صاحب پر مالی بدعنوانیوں کے الزامات دستاویزی شہادتوں کے ساتھ گشتی مراسلوں کی شکل میں دیر تک اہل اردو کو ہندو پاکستان میں موصول ہوتے رہے۔ 'مال ختم پیسہ ہضم' کے مصداق عاشور کاظمی دوسری نئی بدعنوانیوں میں لگ گئے اور ان کی وجہ سے برطانیہ میں انجمن ترقی پسند مصنفین کا جو شیرازہ منتشر ہوا، اسے پھر کوئی منظم نہ کر سکا۔

پاکستان کے اردو اہل قلم عموماً بھی اقتدار اور اہل اقتدار سے قربت رکھنے کے معاملے میں ہندوستان کے بڑے بڑے خوشامد پسند جغادریوں کو دھول چٹانے کی صلاحیت رکھتے ہیں۔ اس ذیل میں افتخار عارف کا ذکر ان سے منسوب اس مشہور جملے کے ذیل میں اب ضرب المثل بن گیا ہے کہ اپنے افسر کی تعریف تو سب کرتے ہیں مگر افتخار سب کے افسروں کے قصیدہ خواں ہیں۔ پاکستان کے اردو ادبی معاشرے میں عمومی populism بھی اس درجہ ہے کہ جب کوئی پاکستانی اردو اہل قلم خصوصاً ہندوستان میں پاکستانی سیاست پر بات کرتے ہوئے گاجروں میں گٹھلیاں ملانے کے لیے ادب کے استعاراتی نظام کا سہارا لے کر یہ ثابت کرنے کی کوشش کرتا ہے کہ

برصغیر میں اردو کی سیاست

جمہوریت پسند اور ظلم و جبروت کے مخالف پاکستان کے اہل قلم نے جس ادب کی تخلیق کی، اس کا اسم اعظم انقلاب کے عظیم ادب کا اتباع کرتے ہوئے استعاراتی نظام کی ادبی روایت کے ذریعے عوام کو بیدار کرنا تھا تو اس اہل قلم کی حالت اگر زیادہ نہیں تو اتنی مضحکہ خیز ضرور ہوتی ہے جتنی بہار کے اس ایم ایل اے کی جو کسی ٹی وی چینل پر لالو پرساد یادو کو مارکس اور لینن جیسا سیاسیات کا نباض عالم بتائے۔

پاکستان بہ حیثیت ایک مسلم ملک اس مسلم امت کا حصہ ہے جس کے اسلامی فولڈ میں کچھ نام نہاد متوازن ذہن بالکل ایسے ہی موجود ہیں جیسے آر ایس ایس میں اٹل بہاری واجپئی جیسے موڈریٹ لوگ جو فسطائیت کے وسیع تر مفاد میں ہندوستان کے منظرنامے پر بڑی ہوشیاری سے پیش کیے گئے اور بی جے پی کے اقتدار میں آنے کے بعد گجرات 2002 واقع ہو گیا۔

پاکستانی اور ہندوستانی جمہوریت کی نظریاتی اساس:

پاکستان جیسے کسی اسلامی معاشرے میں ہندستان جیسی جمہوریت کا تصور نظریاتی طور پر ممکن ہی نہیں اور ہندستان جیسے جمہوری اور تکثیری معاشرے سے پاکستان کا نظریاتی تصادم لازمی امر ہے۔ اسلامی دنیا میں جمہوری نظام کی ایسی کوئی مثال ہمیں اس لیے بھی نہیں مل سکتی کیوں کہ اسلامی خلقیے میں جدید جمہوریت کا کوئی تصور موجود نہیں، اس کے لیے امکانات بھی معدوم ہیں۔ وہ اسلامی نظریہ جس میں حاکم وقت کے لیے امیرالمومنین ہونا ضروری تھا، ہندوستان جیسی جمہوریت سے کیسے لگّا کھا سکتا ہے جہاں ہندو اکثریت کے سبب کسی امیرالمومنین کی موجودگی کا سوال ہی نہیں۔

اپنے اسلامی خلقیے کے سبب ہندوستان میں بھی اردو ہر حال میں پین اسلامک شناخت کی حامی و ہم نوا رہے گی اور جو لوگ اسلامی خلقیے کے وسیع تر دامن میں نہ سماسکیں گے وہ کنارے کر دیے جائیں گے۔ ہندوستان میں اردو کے ہندو اہل قلم کی مثال سامنے ہے جن کی تعداد اسی لیے سکڑ کر چند افراد تک رہ گئی ہے کیوں کہ یہ ہندو اہل قلم ہندوستان کے جمہوری نظام کی موجودگی میں خود کو اسلامی خلقیے میں ضم کرنے کے لیے تیار نہ تھے۔ پاکستانی معاشرے کو کسی بھی سطح پر اس ہندوستانی جمہوریت سے مماثل کیا ہی نہیں جاسکتا جو گذشتہ ساٹھ برسوں میں سماجی تکثیریت کے شدید دباؤ میں متعدد سیاسی اور اقتصادی چولے بدل چکی ہے، جہاں اقتصادی concern سیاست کا ایجنڈا طے کرتے ہیں۔ سیاست میں اقتصادی رجحانات کا فیصلہ کن دخل؛ خواہ اس کی شکل اکثر منفی ہی کیوں نہ معلوم ہوتی ہو، ان تمام نظریات کے لیے روح فرسا ہے جو مارکسی نظامِ فکر سے بُعد رکھتے ہوں، اسی لیے، مارکسی نظامِ فکر کی سطحی فہم رکھنے والے حضرات ہندوستان کے موجودہ اقتصادی لبرائزیشن کو بڑی آسانی سے مارکسی نظریے کی شکست سے تعبیر کر دیتے ہیں۔ ظاہر ہے کہ یہ حقیقت نہیں۔ یہاں ہندستانی اقتصادیات کے لبرائزیشن کی بحث

اور اس کے ماڈل نیز ان فطری تضادات کے ذکر کا موقع نہیں جن کا واقع ہونا اس لیے لازمی ہے کیوں کہ مختلف وجوہ سے ہندوستان میں اقتصادی لبرائزیشن کی رفتار عدم توازن کا شکار رہی۔ اس عدم توازن کے لیے مارکسی ملا اتنے ہی ذمے دار ہیں جتنے اندرا گاندھی جیسے اقتصادیات میں کورے حاکم۔ یہ مگر طے ہے کہ نظریات کے ذیل میں تضادات کے بعد ہی تو بحث و تمحیص کا وہ سلسلہ جنم لیتا ہے جو آخرش سائنٹفک نظریے اور مذہبی عقیدے کے درمیان حد فاصل کا کام کرتا ہے۔

ہندو پاک دونوں ہی ممالک کے اردو اہل قلم کی اکثریت چونکہ ان تمام محرکات سے بے خبر ہے جو ہندو پاکستان جیسے دو حد درجہ حساس ممالک کے تعلقات میں بہتر رول ادا کر سکتے ہیں، یوں میں ایسی کسی خوش فہمی میں مبتلا نہیں۔ دونوں ہی ممالک کے اصطلاحی اردو اہل قلم حضرات کی اکثریت کو یہ معلوم ہی نہیں کہ اب ڈپلومیسی اپنے روایتی لباس کو اتار کر وہ اقتصادی چولا پہن چکی ہے جسے دنیا بھر میں چیمبرز آف کامرس کے ذریعے تیار کیا جاتا ہے؛ آج سعودی عرب میں بھی FDI ہی ڈپلومیسی اور سیاست میں سعودی حکمرانوں کا سب سے طاقتور ہتھیار ہے۔ وہاں عورتوں کی نمائندگی کی slow-windows وہاں کے مختلف چیمبرز آف کامرس ہی ہیں جہاں اسلامی لباس میں ملبوس خواتین اکنومک ڈپلومیسی کے ذریعے سعودی عرب کی آہستہ ہی سہی مگر بدلتی ہوئی سیاست کی آہٹ دنیا کو ہر روز دیتی ہیں۔ اسلامی لباس میں ملبوس یہ خواتین مختلف بین الاقوامی fora پر تقریریں کر کے جہاں ایک طرف سعودی حکمرانوں کے سیاسی مفادات کا تحفظ مسلم جذبات کے ذیل میں کرتی ہیں، وہیں اس سے اصل مقصد یعنی سعودی اقتصادیات میں FDI کے لیے راہ ہموار کرنے کے بین الاقوامی دباؤ اور اس سے متصادم مقامی سیاسی مفادات کے درمیان توازن قائم رکھنے میں سعودی حکمرانوں کو آسانی ہو جاتی ہے۔

غور سے دیکھیں تو معلوم ہوتا ہے کہ ہندو پاک ہر دو ممالک میں اردو ادب کے اہل قلم کی اکثریت کی سیاسی فہم کا معاملہ چھٹے دہے میں بننے والی ممبئی کی ان فلموں جیسا ہے جن میں ہیرو ہیروئن گیت گانے کے مناظر تو پھولوں کی کیاریوں میں ریکارڈ کراتے تھے مگر فلم کا اسکرپٹ اس طرح لکھا جاتا تھا کہ فلم بینوں کو یہ تاثر دیا جا سکے کہ اس گانے کی فلم بندی سوئٹزرلینڈ یا پیرس میں کی گئی۔ اس دور میں تو ان ممالک کا نام ہمارے colonial ذہن کو خاصا مرعوب کرتا تھا۔

ادیب کی سماجی ذمے داری اور اردو کے اہل قلم:

میں سر دست اس بحث میں نہیں پڑنا چاہتا کہ ادیب کی ذمے داری کہاں سے شروع ہوتی ہے، اس کی کوئی سماجی ذمے داری ہے بھی یا نہیں مگر مجھے یہ ضرور محسوس ہوتا ہے کہ اردو ادب میں بھی جو لوگ سماجی ذمے داری کے قائل ہیں، ہندستان کے اردو اہل قلم کی حد تک وہ بھی اب اپنی سماجی ذمے داری ایسے سیمناروں میں تقریریں

کر کے ہی پوری کر لیتے ہیں جو State funding سے منعقد کیے جاتے ہیں۔ اطالوی مفکر گرامشی کی مشہورِ زمانہ اصطلاح میں تقریر کے ان غازیوں کو inorganic intellectual کہا جاسکتا ہے۔ اردو ادب میں پائے جانے والے ریڈیکل قسم کے ہندوستانی اردو اہل قلم البتہ پیس مارچ کے جہاد یا حکومتِ پاکستان کی دعوت پر وفود میں شرکت کر کے گنگا نہا لیتے ہیں۔ 2006 میں بائیں بازو کے اردو Activist خاصی بڑی تعداد میں ایک وفد میں پاکستان گئے تھے۔ ان تمام خواتین و حضرات کی حفاظت کے لیے حکومت پاکستان نے ہر شہر میں خاصے سخت انتظامات کیے۔ افواج پاکستان کی سیسہ پلائی ہوئی اللہ کی دیوار جیسے مضبوط محافظ دستوں کے گھیرے میں یہ وفد پاکستان میں کس قسم کے ریڈیکل لوگوں سے ملا ہوگا، اندازہ کیا جاسکتا ہے۔ اس وفد نے دونوں ممالک خصوصاً پاکستان کے نظریہ سازوں کو عوام دوست، جمہوری پالیسیوں کے نفاذ کے بارے میں کیا کچھ کرنے پر مجبور کیا ہوگا، اس کا قیاس کرنا بھی مشکل نہیں۔

بڑی حد تک ادیب کی سماجی ذمے داری کی بحثیں اردو میں اس وقت ہوئیں جب خود ہندوستان ہی کے بیش تر لوگ وزیر اعظمِ ہندستان کو ملکہ وکٹوریہ کا نمائندہ سمجھتے تھے، اسی لیے جس دور میں ادب کی یا ادیب کی سماجی ذمے داری سے متعلق بحثیں اردو کے خواص پسند اور چند سو کی اشاعت والے مقتدر علمی جرائد میں ہوتی تھیں، اس وقت بھی اردو کے دو چار انگریزی داں چودھری براہ راست انگریزی میں یا فرینچ وغیرہ کے انگریزی ترجمے پڑھ کر اردو میں اصل بیانات کو جس طرح چاہتے تھے، اپنے امریکی آقا یعنی 'سی آئی اے' کے حکم کے مطابق مسخ کر کے یہ ثابت کر دیتے تھے کہ ادیب سے سماجی ذمے داری کی توقع کرنے والے لوگ اول درجے کے احمق ہیں۔ کہنے کی ضرورت نہیں کہ 'سی آئی اے' کے ان ایجنٹوں کی تحریروں کے بیش تر قاری اور شرکا یونیورسٹیوں کے اردو شعبوں یا ملحقہ کالجوں میں اردو کے مطلق جاہل استاد تھے۔ شمس الرحمٰن فاروقی نے 1955 کے آس پاس اردو اساتذہ کے طور پر بھرتی ہونے والوں کو جہلا کی پہلی نسل کہا ہے، یعنی اب ان کی پانچویں نسل برسرکار ہے۔ ان تمام بحثوں میں اصل شرکا یہ جہلا یا ان کے وہ جاہل شاگرد ہی رہے ہیں جو ان بحثوں کے زمانے میں دوسری یا تیسری نسل کے طور پر یونیورسٹیوں میں بہ حیثیت استاد درس و تدریس کی خدمات انجام دے رہے تھے۔ اس بحث کو چھیڑنے کا میرا مقصد صرف یہ ہے کہ ہندستان کے تبدیل شدہ منظرنامے میں سماج آپ سے تحرک کا مطالبہ آج پہلے سے کہیں زیادہ کرتا ہے۔ میں یقین نہیں کر سکتا کہ جب آپ کا بیٹا قتل ہو جائے یا آپ کی نابالغ معصوم بیٹی کے ساتھ زنا ہو تو آپ پولس میں رپورٹ کرنے کے بجائے کسی اردو رسالے میں جو براہ راست نہیں تو بالواسطہ حکومت ہی کے تعاون سے شائع ہوتا ہے، اس موضوع پر ادب کے حوالے سے کوئی مضمون لکھیں گے یا پھر حکومت سے باقاعدہ فنڈ حاصل کر کے سمینار منعقد کر کے اس موضوع پر بحث کریں گے کہ ادیب کے طور پر پولس کو مطلع کرنا اور ملزم کو کیفر کردار تک پہنچانا آپ کی ذمے داری نہیں ہے؟

تقسیم کے بعد جو سیاسی حالات ہندستان میں رونما ہوئے، ان میں اردو اہل قلم کی وہ اکثریت جو خود کو

ہندستان میں اردو کی سیکولر سیاست کا حامی کہلوانا پسند کرتی تھی، اس کی ذہنی ساخت اور علمی صلاحیت اس درجے کی تھی ہی نہیں کہ وہ ہندوپاک کے درمیان واقعتاً کسی پل کا کام کر سکے۔ ہندوپاک کے تعلقات کی بات تو چھوڑیے، تقسیم کے بعد ہندستان کے اردو ادیب بدترین سانحات کے وقت بھی کسی قسم کے سماجی تحرک میں شامل نہیں رہے۔ گجرات 2002 کے حد درجہ شرم ناک اور فسطائیت کی تمام حدود کو پار کر جانے والے واقعات کے بعد ہندستان کے اردو ادیبوں نے کسی تحرک کا مظاہرہ سرے سے نہیں کیا۔ دوسری زبانوں کے ادیبوں کے ذریعے جاری کی گئی بعض اپیلوں پر اردو اہل قلم نے دستخط کر کے اس کی بہ قلم خود ایسی تشہیر کی کہ اردو کے ان زعما کے بیانات پڑھنے والوں کو شرم آ گئی۔

ہندوپاک دو مختلف سیاسی تہذیبیں:

ہندو پاک واضح طور پر دو مختلف ممالک ہیں، دو سیاسی تہذیبیں ہیں۔ سیاسی تہذیبیں اگر معاشرتی عناصر کے ساتھ مذہب سے بھی متاثر ہوتی ہیں؛ جو ضرور ہوتی ہیں، تو پاکستان کی موجودہ تہذیب جو اسلام کے اس انتہا پسند اور علاحدگی پسند ماڈل کا نتیجہ ہے جس نے بیسویں صدی کے نصف آخر کے تین دہوں میں تیل کی دولت کے بوتے پر نہ صرف اسلام کے انتہا پسند وہابی ماڈل کو جلا بخشی بلکہ وہابیت کے اس ماڈل کے خلاف جو مذہبی ردعمل ہوا، اس سب کے بدترین مظاہر کا بھی پاکستان بہترین آئینہ خانہ ہے۔ لفاظی اور لسانی سے قطع نظر حقیقت یہی ہے کہ تقسیمِ ہندستان کے وقت ہندوستان سے پاکستان ہجرت کرنے والے مسلمان ہندوستان میں ڈنڈے مار کر گھروں سے باہر نہیں نکالے گئے تھے، وہ اپنی مرضی سے اسلامی مملکت کی تلاش میں وہاں گئے تھے۔ پاکستان کا سیاسی طور پر جو حشر ہوا، یا وہاں جس قسم کا عجیب الخلقت معاشرہ وجود میں آیا، وہ بھی کوئی عجوبہ نہیں۔ اسلام کے نام پر وجود میں آنے والا برصغیر کا یہ خطہ بھی دنیا کے ان مذہبی ممالک میں سے ایک بن گیا جنھوں نے مذہب کے زیر اثر جمہوریت کو ملعون کر کے اسلام کے نام پر خود کو ملاؤں کے حوالے کر دیا تھا۔ بیشتر مسلم ممالک کی طرح مسلکی تنازعات کی اجارہ داری، عدم تحمل، مذہبی شدت اور تشدد، خواتین کے حقوق کا استحصال، یہ تمام برائیاں اپنی انتہا کے ساتھ ملا کی مملکت پاکستان میں مذہب کے استحصال کے توسط سے عام ہوئیں۔ یوں اگر پاکستان میں ہر طرف ایسی ہی خبریں دکھائی دیتی ہیں جن میں مندرجۂ بالا امور ہی قابل ذکر ہوں تو اس میں تعجب کی بات کچھ نہیں۔ پاکستان حالاں کہ وہ جدید ترین ملک ہے جو مذہب کے نام پر دور جمہور میں قائم ہوا مگر اس میں وہ تمام برائیاں موجود ہیں جو دور جاہلیت کے اسلامی ممالک میں پائی جاتی ہیں۔ اپنی اسی خوبی کے سبب اس نے بنگلہ دیش نام کے ایک اور مسلم ملک کو جنم دیا جو مذہبی شدت پسندی میں پاکستان ہی کے نقش قدم پر چل رہا ہے؛ نقش ثانی کو نقش اول سے بہتر ہونا ہی چاہیے۔

پس ثابت ہوا کہ ...:

جیسا کہ میں نے ابتدا ہی میں عرض کر دیا تھا کہ میرے معروضات کا موضوع ہندستان تک محدود ہے یعنی ہندستان کے وہ اردو اہل قلم جن سے ہندو پاک کے تعلقات میں کسی قسم کا مثبت رول ادا کرنے کی امید کی جاتی ہے، ان کے رویوں سے بحث اس مقالے کے مندرجات کا مرکزی خیال ہے۔ اپنے معروضات کے درمیان میں نے اس امر پر بھی اظہار خیال کیا کہ اردو کی اسلامی روایت کے امین پاکستان کے اردو اہل قلم کی اکثریت اقتدار کی غلام گردشوں کی اسیر ہے۔ میرا بنیادی موضوع چونکہ پاکستان نہیں ہے، یوں میں نے ایسے واقعات کے تفصیلی ذکر یا تفصیلی تجزیے دونوں ہی سے گریز کیا جب پاکستان کے اردو اہل قلم ہندوستان کی دشمنی میں نریندر مودی جیسے بیان دیتے رہے۔ اس قسم کے بیانات اتنی وافر تعداد میں موجود ہیں کہ انھیں سیلاب سے تعبیر کیا جا سکتا ہے۔ فیض احمد فیض کے علاوہ پاکستان کے تقریباً ہر قابل ذکر اردو اہل قلم نے کسی نہ کسی موقعے پر ہندوستان کے خلاف زہر اُگلا ہے۔ بعض مواقع مثلاً قیامِ بنگلہ دیش کے وقت تو پاکستان کے اردو اہل قلم نے من حیث القوم ایسی زہر افشانی کی کہ توبہ بھلی۔ کسی نہ کسی موقعے پر ہندوستان کے خلاف گل افشانیٔ گفتار کرنے والوں کی فہرست میں آپ کو احمد فراز جیسے ترقی پسند شاعروں کے نام نامی بھی آسانی سے اور نمایاں طور پر مل جائیں گے۔ ہجوگویان کے اس گلّے میں 1971 کے بہت بعد تک انتظار حسین بھی شامل رہے۔ اس مقالے میں، میں نے تخصیص کے ساتھ پاکستان میں اردو کے اس رول پر بھی تفصیل سے لکھنے سے گریز کیا جو پاکستان کی دوسری زبانوں کو دبانے اور کچلنے میں اردو نے ادا کیا۔ مگر ان تمام موضوعات سے چونکہ مکمل اغماز ممکن نہ تھا، یوں میں نے ان موضوعات کے ذیل میں اگر لکھا بھی تو بس برسبیلِ تذکرہ ہی اور اپنے معروضات کو ہندوستان میں اردو یعنی اردو ادب کے اہل قلم حضرات کے پاکستان سے متعلق ان چنیدہ رویوں کے ذکر تک محدود رکھا جو اس مقالے کے فریم ورک میں اہم تھے۔

میرے معروضات کا نتیجہ یہی ہے کہ ہندوستان کے اہل اردو واقعتاً کسی قسم کا کوئی رول ہندو پاک کے بہتر تعلقات میں اس لیے ادا نہیں کر سکتے کیوں کہ ان کی اکثریت ذہنی طور پر اسی قسم کی مسلمان ہے جس قسم کے مسلمانوں کی اکثریت پاکستان میں آباد ہے۔ ہندوستان میں اردوداں مسلمانوں کی اکثریت کی دلچسپی بھی پاکستان میں مسلمانوں کی اکثریت کی طرح سب کو اپنی ہی طرح کا مسلمان بنانے میں ہے۔ ہندو پاک تعلقات کا اگر ایک مطلب یہ بھی ہے کہ اس عمل میں ہندوستان کے ہندو بھی شریک ہوں اور ہندوستان سے پاکستان کی دوستی ایک ایسے ملک کے طور پر ہو جسے ہر حال میں اور اپنی تمام تر حد بندیوں کے باوجود سیکولر رہنا ہے، تو اس میں یقیناً اسلامی خلقیے کی امین اردو کے لیے کوئی جگہ نہیں ہوسکتی۔ اپنے اسلامی خلقیے کے ساتھ پاکستان جس قسم کے نئے تشدد پسند اسلامی بلاک کا رکن بن گیا ہے، اس کی مخالفت کرنے کے لیے جس conviction کی ضرورت ہے، وہ بھی مع ترقی پسند اردو ادیبوں کے ہندستان میں اردو کے تمام ہی اہل قلم میں مفقود نظر آتا ہے۔ نہرو کا مشہور زمانہ قول

ہے کہ سیکولر وہ شخص ہے جسے آپ بند کمرے میں کھرچ کر دیکھیں اور اس کے اندر سے مذہبی احمق برآمد نہ ہو۔ ہندوستان میں اردو یعنی اردو ادب کے سکہ بند لکھنے والوں میں مع ترقی پسندوں کے مشکل ہی سے ایسا اشرف المخلوق برآمد ہوگا جو مذہبی احمق پن سے دور ہو۔

ہندوستان میں اردو کی ادبی برادری اپنے خلقیے کے اعتبار سے ایک خاص قسم کے نسل پرست فرقے کا نام ہے۔ ہندوستانی جمہوریت کی مجبوریوں نے تقسیم کے بعد اسے گنگا جمنی سیاسی نعروں میں ڈبکیاں لگوائیں؛ ہندوستانی اہل اقتدار نے اس مشترکہ تہذیب کا قصیدہ بھی پڑھا جسے پارہ پارہ ہوئے زیادہ عرصہ نہیں گزرا تھا؛ طفلانہ طریقے سے ہی سہی مگر جوش ملیح آبادی جیسے لوگوں کو اردو شو بوائز کے طور پر قومی منظرنامے پر نمایاں کیا گیا۔ ظاہر ہے کہ کوئی نسخہ کارگر نہ ہوا۔ جلد ہی جوش نے جو تقسیم کے بعد کانگریس کے سب سے بڑے پوسٹر بوائے تھے، مملکت خداداد کے لیے رخت سفر باندھا، گنگا جمنی سیاسی نعروں کے دیگر مسلم مویدین مثلاً ساغر نظامی نے حکومت ہند کے ایوانوں میں پناہ لی اور مشترکہ تہذیب کا نعرہ بھی 1980 کے بعد اس وقت پوری طرح پارہ پارہ ہوگیا جب فرقہ وارانہ فسادات کے لامتناہی سلسلے کے نتیجے میں ہر چھوٹے بڑے شہر میں ہندو مسلم آبادی پر مرتکز علاقے الگ الگ آباد ہوئے۔

مسلم حسیت کی زبان کے طور پر اردو کے ساتھ ہندوستان میں گڑبڑ کی ایک بڑی وجہ یہ بھی ہے کہ ہندوستان کے Political establishment نے آزادی کے بعد اردو کو تمام ہندوستانی مسلمانوں کی نمائندہ زبان اس حقیقت سے واقفیت کے باوجود تسلیم کرلیا تھا کہ تبدیل شدہ منظرنامے میں اس زبان کے ساتھ عوامی ہندو hostility لازمی تھی۔ بہ الفاظ دیگر ہندوستان کے political establishment نے تقسیم سے hostile ہندوؤں کے سامنے اردو کو مسلمانوں کی مذہبی زبان کے طور پر بالکل ایسے ہی پیش کیا جیسے بھوکے شیر کے سامنے میمنہ ڈال دیا جائے۔ اردو کے مسلم خلقیے اور ہندو hostility نے اس ہندستانی سوسائٹی کو لسانی بنیادوں پر مزید تقسیم کیا جو ذات پات کے نظام میں پہلے ہی کسی بھی دوسرے معاشرے سے زیادہ اور شدید طور پر منقسم تھی۔ ہندو پاک کے درمیان بہتر تعلقات کے لیے اردو یعنی اردو داں مسلمانوں کو استعمال کرنے سے زیادہ ضرورت اس بات کی ہے کہ ان اردو داں مسلمانوں کو ہندوستان کی مشترکہ تعلیمی دولت، ثقافتی وراثت اور اقتصادی پالیسیوں سے فیضیاب ہونے والوں کی فہرست میں جیسے بھی ممکن ہو شامل کیا جائے۔ ہندوستان جیسی پسماندہ اقتصادیات اور اردو داں مسلمانوں کے اپنے ماضی کے تئیں مریضانہ رویوں کے سبب یہ کام اردو والے خود کبھی نہیں کرسکیں گے۔ اس امر کو یقینی بنانے کے لیے حکومت کو خصوصی اقدام کرنے ہوں گے کہ سول سوسائٹی کی بقا، اس کے تحفظ اور اس کی قوت جن لوگوں کی اولین ترجیحات ہیں، وہ اردو داں مسلم معاشرے کے لیے ایسا کچھ کریں کہ خود اردو والے سول سوسائٹی کی تشکیل کے عمل میں شریک ہوجائیں؛ سول سوسائٹی کی برکتوں سے فیضیاب ہوکر لسانی فسطائیت اور مذہبی شدت پسندی کی لعنت سے باہر آسکیں۔ آخرش اس خواب کی معجزہ نما تعبیر صرف ترقی پسند

سیاست کے ذریعے ممکن ہے جس کی طرف ابھی کوئی عملی پیش قدمی کسی طرف سے نہیں ہوئی۔ یہ بڑا مشکل کام ہے۔ ایک پھوڑا ہے جس نے کینسر کی شکل اختیار کرلی ہے۔ اس پھوڑے کو چھونے سے ہر شخص ڈرتا ہے۔

اردو ادب کی حد تک اس تشدد اور دہشت گردی پر گفتگو کرنے کے بجائے جس کے لیے اردو کا استعمال زبان کے طور پر کیا گیا، اردو کے کسی ادیب سے کسی عملی Political initiative کی توقع کی ہی نہیں جاسکتی۔ ادب کا سہارا لے کر بے عملی کا کینسر اردو کے نام نہاد ادبی معاشرے کے پورے وجود میں سرایت کرگیا ہے۔ اس کار خیر کے لیے حکومت ہند کی فنڈنگ صوبائی حکومتوں سے لے کر مرکز ہندستان دلّی تک سب جگہ بہ آسانی اور وافر موجود ہے۔ سوال یہ ہے کہ اس پھوڑے کو کیسے چھیڑا جائے کہ اس کی جراحی ہوسکے۔ ٹیکس دہندہ کے پیسے کو مال غنیمت سمجھ کر اسے خرد برد کرنے والوں میں ہندوستان کے نام نہاد ترقی پسند کسی سے پیچھے نہیں ہیں۔

اس پھوڑے کو چھیڑنے کا عمل مگر ناگزیر ہے۔ یہ بھی طے ہے کہ اس عمل سے نقصان ضرور ہوگا، ممکن ہے جسم کا کچھ حصہ یا بڑا حصہ کاٹنا پڑے لیکن یہ سب کرکے بھی اگر دماغ کو بچایا جاسکے تو یہ سول سوسائٹی کی بڑی خدمت ہوگی۔ برصغیر ہندو پاک کی مسلم آبادی کا اتنا بڑا حصہ ہندوستان میں آباد ہے کہ وہ کسی بھی معاملے میں فیصلہ کن رول ادا کرسکتا ہے مگر وہ اب مکمل طور پر فرقہ پرست مسلم سیاست میں تبدیل ہوچکا ہے؛ ہر طرح کی بین الاقوامی مسلم دہشت گردی کا دل سے ہمنوا ہے۔ ترقی پسند لفظ سے چڑ اس کی سرشت میں ہے اور ترقی پسند سیاست کے ساتھ اس کا اینٹ اور گھڑے جیسا بیر ہے۔ اگر اس اردو فرقہ پرستی کا ہم مقابلہ کرسکیں تو شاید کل کسی اور موج خوں کے سر پر سے گزرنے کا خطرہ ٹل جائے، ایک اور پاکستان یا پھر ایک اور بنگلہ دیش بن کر کوئی ملک، آبادی کا کوئی حصہ اسلامی بم میں تبدیل ہونے سے بچ جائے۔

ہندوستان کا اردو داں معاشرہ جس روز ترقی پسند سیاست کا ہمنوا ہوگیا، باقی خطرات اپنے آپ ٹل جائیں گے، ہندو پاک کے درمیان تعلقات میں کشیدگی کا تناور درخت زمین پر آرہے گا۔ کچھ لوگوں کو اگر اس بات کا دعویٰ ہے کہ وہ ہندو پاک کے درمیان بہتر تعلقات کے حامی ہیں تو انھیں صرف ایک ہی کام کرنا ہے اور وہ کام ترقی پسند سیاست کی کھلی حمایت کرنے کا کام ہے جس کے لیے ہر قدم پر خطرات ہیں۔ اس عمل میں سب سے بڑا خطرہ Populist approach سے ہے جو automatic resistance کے لازمی component کا کام کرتی رہی ہے۔ ہندوستان کے اردو داں معاشرے نے جس روز ترقی پسند سیاسی عمل میں شرکت کی طرف پیش قدمی کی، ہندو پاک کے تعلقات اپنے آپ ٹھیک ہوجائیں گے۔ یہ کام مگر کب ہوگا، ہوگا بھی یا نہیں، یہ بات کم سے کم مجھے نہیں معلوم۔

[ممبئی یونیورسٹی کے سیمینار منعقدہ 7-5 مارچ 2007 میں پڑھا گیا۔]

اردو مخالف رجحانات و تحریکات

مرزا خلیل احمد بیگ

یہ بات اظہر من الشمس ہے کہ 1884 میں گلکرسٹ کے فورٹ ولیم کالج سے مستعفی ہو جانے کے بعد اس کے جانشینوں نے اردو کے ساتھ بہتر سلوک نہیں کیا۔ ادھر کالج کے باہر برطانوی حکام اردو کے ساتھ روز بروز سخت رویہ اختیار کرتے گئے۔ اردو اور اس کے رسمِ خط کے خلاف ہندوؤں کی بھی جارحانہ سرگرمیاں اور تحریکیں زور پکڑتی گئیں۔ ہندوؤں کی سماجی و اصلاحی تحریکیں نیز احیاء پرست تنظیمیں اردو کی مخالفت اور سنسکرت آمیز ہندی اور ناگری رسم خط کے 'پرچار' میں کھل کر سامنے آ گئیں۔ ایک طرح سے فرقہ وارانہ جذبات و رجحانات کو ہوا دے کر ہندی اردو کشمکش پیدا کی گئی جس کی زد میں پورا شمالی ہندوستان آ گیا۔

برہموسماج اگرچہ بنگال کی ایک سماجی تحریک تھی لیکن اس نے ہندی کے 'پرچار' کا کام نہایت تن دہی سے انجام دیا۔ دوسری جانب پنجاب میں 1875 میں آریہ سماج کے نام سے ایک اصلاحی تحریک نے جنم لیا جو درحقیقت ہندوؤں کی ایک احیاء پرست تنظیم تھی، جس کا مقصد ہندوؤں کی اصلاح کے علاوہ ہندی زبان کا 'پرچار' بھی تھا۔ چنانچہ اس نے اپنے قیام کے بعد سے ہی جارحانہ طور پر ہندی کی تبلیغ و اشاعت کا کام شروع کر دیا تھا۔ اس کے روحِ رواں سوامی دیانند سرسوتی تھے جنھوں نے آریہ سماجیوں کے لیے ہندی کا جاننا لازمی قرار دے دیا تھا۔ پنجاب کے ہی ایک اور سماجی کارکن شردھا رام پھلّوری اپنی تحریروں اور تقریروں کے ذریعے اردو کے خلاف خوب زہر اُگلتے تھے چنانچہ پنجاب میں ہندوؤں کی ایک کثیر تعداد اردو سے برگشتہ ہو گئی۔ شتی کنٹھ مشر پھلّوری کے بارے میں لکھتے ہیں:

''ان کے بھاشنوں کے پربھاو سے پنجاب کی ہندو جنتا نے مسلمانی پربھاو اور بھاشا (اردو) کو چھوڑ کر ہندی بھاشا اور ہندو دھرم کے پرتی شردھا کرنا سیکھا۔'' ('کھڑی بولی کا آندولن'، ص 94)

(=ان کی تقریروں کے اثر سے پنجاب کی ہندو آبادی نے مسلم اثرات اور زبان (اردو) کو ترک کر کے ہندی زبان اور ہندو مذہب کے تئیں ایقان وعقیدت پیدا کرنا سیکھا۔)

آریہ سماجی رہنماؤں میں لالہ لاجپت رائے بھی تھے جنھوں نے اس امر کا اعتراف کیا ہے کہ آریہ سماج سے وابستگی سے قبل وہ ہندی سے نابلد تھے، لیکن اس تنظیم سے منسلک ہونے کے بعد انھوں نے پنجاب میں ہندی زبان کے فروغ میں نہایت سرگرمی سے حصہ لیا۔ آریہ سماجیوں نے پنجاب میں ایک ایسی فرقہ وارانہ فضا پیدا کر دی تھی اور اردو کے خلاف اس سرزمین ملک میں تعصب کا ایک ایسا بیج بو دیا تھا جو تناور درخت بنتا گیا جس کے نتیجے میں پنجابی ہندوؤں کی ایک کثیر تعداد جو اردو لکھتی پڑھتی تھی ہندی کی جانب مائل ہوگئی۔

گیان چند جین نے 'ایک بھاشا...' (ص 200) میں اردو کے عظیم شاعر اور ماہر اقبالیات جگن ناتھ آزاد پر یہ الزام لگایا ہے کہ وہ آریہ سماجی تھے۔ یہ الزام سراسر غلط اور جھوٹا ہے، کیوں کہ آزاد آریہ سماجیوں کی طرح متعصب ذہنیت نہ رکھتے تھے بلکہ وہ ایک مثالی سیکولر انسان تھے۔ روشن خیالی، مذہبی رواداری اور سیکولر اقدار کی پاسداری ہمیشہ ان کا شیوہ رہا۔ وہ اردو کے ایک سچے عاشق اور شیدائی تھے۔ اس زبان سے ان کا والہانہ لگاؤ اور اس کے ادب سے ان کی شدید دل بستگی تا دمِ آخر قائم رہی۔ ایسے شخص کو آریہ سماجی کہنا روا نہیں۔ افسوس کہ وہ آج ہمارے درمیان نہیں، ورنہ جین صاحب کی یہ جرأت نہ ہوتی کہ وہ انھیں آریہ سماجی کہتے!

جگن ناتھ آزاد اپنے بعض ہم مذہبوں کی فرقہ پرستی اور ان کی فرقہ وارانہ حرکتوں اور سرگرمیوں پر ہمیشہ شرمسار رہا کرتے تھے جس کی عمدہ مثال بابری مسجد کے سانحۂ انہدام (6/ دسمبر 1992) پر ان کی وہ دل دوز نظم ہے جس نے ہر متمدن انسان کو، جس کے دل میں ذرا بھی غیرت وحمیت ہے، جھنجھوڑ کر رکھ دیا۔ (1) کیا ایسا شخص آریہ سماجی ہوسکتا ہے؟

ہندوؤں کی ایک اور تنظیم 'ہندو سماج' کا پنڈت مدن موہن مالویہ (جو بعد میں انڈین نیشنل کانگریس کے ممتاز رہنما ہوئے) کی قیادت میں 1880 میں الٰہ آباد میں قیام عمل میں آیا۔ اس نے جلد ہی ہندی اور ناگری رسم خط کے پرچار کی ذمے داری سنبھال لی۔ اس کے کارکنوں نے شمال مغربی صوبہ جات واودھ کی حکومت نیز حکومت ہند دونوں کو ہندی کے حق میں عرض داشتیں بھیجنے کی 1884 میں زبردست مہم چھیڑی۔ اسی سال الٰہ آباد میں 'ہندو سماج' کے زیرِ اہتمام ایک کانفرنس منعقد ہوئی جس میں دیگر امور پر تبادلۂ خیال کے علاوہ، ہندی کو سرکاری طور پر عدالتوں میں رائج کیے جانے کی تدابیر پر بھی غور کیا گیا۔ اس کانفرنس میں پورے شمالی ہندوستان کے مندوبین نے حصہ لیا۔ اس کے بعد بھی اس تنظیم کے زیرِ اہتمام اردو کی مخالفت اور ہندی کی موافقت میں جلسے، مذاکرات اور احتجاجی پروگرام منعقد ہوتے رہے۔ لیکن جب ہندو سماج کمزور ہونے لگی تو 1894 میں پنڈت مدن موہن مالویہ بنارس کی 'ناگری پرچارنی سبھا' سے وابستہ ہوگئے۔

انفرادی سطح پر بھی متعصّبانہ رجحانات ونظریات کی تبلیغ اور اردو مخالف سرگرمیوں کا سلسلہ جاری رہا۔

ہندی کو ایک طرف نیشنلزم اور دوسری طرف ہندوازم (دوسرے لفظوں میں ہندتوا) سے جوڑنے کی کوشش کی گئی۔ انیسویں صدی کے ربع آخر میں پرتاپ نارائن مشر کا دیا ہوا نعرہ 'ہندی، ہندو، ہندوستان' اسی رجحان کی عکاسی کرتا ہے۔ پرتاپ نارائن مشر کے علاوہ اس عہد میں متعدد ہندو اردو کے بارے میں اسی قسم کے متعصّبانہ نظریات رکھتے تھے اور ہندی کے پرچار میں وہ کسی بھی حد تک جا سکتے تھے۔ سوامی دیانند سرسوتی، شردھا رام پھلوری، لالہ لاجپت رائے اور پنڈت مدن موہن مالویہ کا ذکر اوپر آچکا ہے۔ ان کے علاوہ انیسویں صدی میں ایودھیا پرساد کھتری، بابو (راجا) شیو پرساد اور بھارتیندو ہریش چندر جیسے کتنے ہی ہندو ایسے تھے جو دل سے یہ چاہتے تھے کہ عدالتوں دفتروں اور تعلیم گاہوں سے اردو کو ہٹا کر ہندی کو نافذ کر دیا جائے۔ اس کے لیے باقاعدہ مہم چھیڑی گئی اور منظم طور پر 'ہندی آندولن' کا آغاز ہوا جسے 'کھڑی بولی کا آندولن' بھی کہا گیا۔ شتی کنٹھ مشر نے، جو بنارس ہندو یونیورسٹی کے فارغ التحصیل ہیں، اپنی ایک کتاب کا نام ہی 'کھڑی بولی کا آندولن' رکھ دیا جو 'ناگری پرچارنی سبھا'، بنارس سے 1956 میں شائع ہوئی۔

ایودھیا پرساد کھتری جن کا تعلق مظفر پور (بہار) سے تھا، کھڑی بولی ہندی میں شاعری کے زبردست حمایتی تھے۔ انھوں نے 'کھڑی بولی کا پدیہ' (= کھڑی بولی کی شاعری) کے نام سے 1887 میں ایک کتاب شائع کی تھی جس میں اردو کے بارے میں بعض ایسی متعصّبانہ باتیں کہی گئی تھیں جنھیں اہلِ ہندی آج تک دہراتے ہیں۔ کھتری برج بھاشا اور کھڑی بولی ہندی کو دو علیحدہ زبانیں مانتے تھے۔ لیکن کھڑی بولی اور اردو کو ایک ہی زبان تسلیم کرتے تھے۔ وہ ہندی (کھڑی بولی ہندی) اور اردو میں صرف 'لپی' (رسم خط) کا فرق سمجھتے تھے اور اردو کو ہندی کی 'شیلی' (اسلوب) قرار دیتے تھے۔ کھتری اہلِ اردو کو یہ مشورہ بھی دیتے تھے کہ وہ فارسی رسم خط کو چھوڑ کر ناگری رسمِ خط اختیار کر لیں۔ عہدِ حاضر، نیز ماضیٔ قریب کے اہل ہندی کے تین اردو مخالف نظریوں یعنی اردو کو ہندی کی شیلی قرار دینے، اس کے رسمِ خط کو بدلنے کی تجویز پیش کرنے، نیز اردو اور ہندی کو ایک زبانیں قرار دینے کی ابتدا ایودھیا پرساد کھتری سے ہی ہوتی ہے۔

یوں تو کھڑی بولی ہندی کا آغاز ہی اردو میں سے عربی فارسی الفاظ کو خارج کر کے ان کی جگہ پر سنسکرت کے الفاظ رکھنے سے ہوا۔ لیکن ہندی کو حد درجہ سنسکرت آمیز بنانے کا رجحان بھی انیسویں صدی میں ہی پروان چڑھا۔ اس رجحان کو تقویت دینے والوں میں آگرے کے راجا لکشمن سنگھ پیش پیش تھے۔ انھوں نے سنسکرت کی کئی کتابوں کے ہندی میں ترجمے کیے اور اس زبان کو سنسکرت لفظیات سے انتہائی بوجھل بنا دیا۔ کرسٹوفر کنگ کا کہنا ہے کہ وہ جان بوجھ کر عربی فارسی الفاظ کے استعمال سے گریز کرتے تھے۔ راجا لکشمن سنگھ نے کالی داس کی سنسکرت تصنیف 'رگھوواش' کا اپنا ہندی ترجمہ 1878 میں شائع کیا جس کے دیباچے میں ہندی اور اردو سے متعلق علیحدگی پسندی پر مبنی اپنے ان خیالات کا اظہار کیا:

''میری رائے میں ہندی اور اردو دو بہت مختلف زبانیں ہیں۔ اس ملک کے ہندو ہندی بولتے ہیں،

جب کہ مسلمان اور وہ ہندو جنھوں نے فارسی پڑھی ہے اردو بولتے ہیں۔ ہندی میں سنسکرت الفاظ بکثرت پائے جاتے ہیں جس طرح سے کہ اردو میں عربی اور فارسی کے الفاظ کثرت سے استعمال کیے جاتے ہیں۔ ہندی بولتے وقت عربی اور فارسی الفاظ استعمال کرنے کی چنداں ضرورت نہیں اور نہ ہی مَیں ایسی زبان کو ہندی کہتا ہوں جس میں فارسی اور عربی الفاظ کی بھرمار ہو۔'' (بحوالہ کرسٹوفر آر۔ کنگ، 'ون لینگوتیج، ٹو اسکرپٹس'، ص31)

کرسٹوفر کنگ کہتے ہیں کہ راجا لکشمن سنگھ کے اس بیان سے یہ بات صاف ظاہر ہے کہ اس وقت تک بلکہ اس سے قبل سے ہی ہندی کی شناخت ہندوؤں کی زبان کے طور پر کی جانے لگی تھی اور اردو کو مسلمانوں کے ساتھ Identify کیا جانے لگا تھا۔ اس میں کوئی شک نہیں کہ جس کھڑی بولی ہندی کی داغ بیل للوجی لال نے فورٹ ولیم کالج کے احاطے میں مذہبی بنیادوں پر ڈالی تھی، اسے ہندو آہستہ آہستہ اپنی زبان کے طور پر اپناتے گئے اور اردو سے کنارہ کشی اختیار کرتے گئے۔ یہی نہیں بلکہ انھوں نے سرکاری دفتروں اور عدالتوں سے اردو کے اخراج کی مہم بھی چھیڑی نیز سرکاری اور تعلیمی سطح پر ہندی کے نفاذ کی تحریک کا آغاز بھی کیا۔

انیسویں صدی کے نصف دوم میں ہندی تحریک کو جلا بخشنے والوں میں بنارس کے راجا بابو شیو پرساد بھی تھے جو صوبائی محکمۂ تعلیم میں انسپکٹر آف اسکولز تھے، وقت کے ساتھ ساتھ ان کے خیالات اگرچہ بدلتے رہتے تھے لیکن یہ بات روز روشن کی طرح عیاں ہے کہ وہ تمام عمر ہندی اور ناگری رسم خط کے زبردست حمایتی رہے۔ وہ سرکاری دفتروں اور عدالتوں سے اردو کا اخراج اور اس کی جگہ پر ہندی کا نفاذ چاہتے تھے۔ اس کے لیے انھوں نے 1868 میں انگریزی حکومت کو جو میمورنڈم بعنوان *Court Characters, in the Upper Provinces of India* پیش کیا تھا، اس سے اردو کے خلاف ان کے انتہائی متعصّبانہ اور جارحانہ رویے کا پتہ چلتا ہے۔ اس میمورنڈم میں اردو کو مسلمانوں سے منسوب کر کے اردو اور مسلمانوں دونوں کو ہدف ملامت بنایا گیا ہے۔ اسی لیے اس میمورنڈم کو صیغۂ راز میں رکھنے کے لیے اس پر *For Private Circulation* لکھا گیا تھا۔ لیکن اب زمانہ بہت بدل گیا ہے۔ گیان چند جین نے 2005 میں جو کتاب لکھی اس میں انھوں نے بابو (راجا) شیو پرساد کی طرح اُردو اور مسلمانوں دونوں کو ہدفِ ملامت بنایا اور لکھا کہ ''اُردو کے تمام یا بیشتر ہندو ادیب اپنے سینے میں ایک راجا شیو پرساد لیے ہوئے ہیں'' ('ایک بھاشا...'، ص 278)۔ راجا شیو پرساد کا موازنہ اگر گیان چند جین سے کیا جائے تو ایسا معلوم ہوتا ہے کہ 137 سال بعد بھی کچھ نہیں بدلا ہے۔

بابو شیو پرساد نے اپنے میمورنڈم میں لکھا ہے کہ ''نو وارد مسلم حکمرانوں نے اس بات کی قطعی زحمت گوارا نہ کی کہ وہ ہندوستانی زبانیں سیکھتے، بلکہ انھوں نے ہندوؤں کو فارسی سیکھنے پر مجبور کیا، نیز ہندی کہی جانے والی بولیوں میں فارسی کے الفاظ داخل کر کے زبانوں کی ایک نئی مخلوط شکل قائم کی جو اردو یا 'نیم فارسی' کہلائی۔'' بابو شیو پرساد نے حکومت پر سخت الفاظ میں تنقید کرتے ہوئے یہ الزام لگایا کہ ''اس نے ایسی لسانی پالیسی وضع کی ہے کہ ایک غیر ملکی زبان، اردو کو فارسی رسمِ خط میں عوام الناس پر جبراً تھوپ دیا گیا ہے۔'' انھوں نے مزید لکھا کہ ''میں پھر کہتا

ہوں کہ اس پالیسی میں مجھے کوئی دانش مندی نظر نہیں آتی جو تمام ہندوؤں کو نیم مسلمان بنانے اور ہماری ہندو قومیت کو نیست و نابود کرنے کے لیے کوشاں ہے۔'' میمورنڈم کی یہ عبارت بھی قابلِ غور ہے کہ ''فارسی پڑھنے کا مطلب ہے مفرس بن جانا جس سے ہمارے تمام خیالات فاسد ہو جاتے ہیں اور ہماری قومیت رائگاں ہو جاتی ہے۔ برا ہو اس دن کا جب مسلمانوں نے سندھ کو عبور کیا تھا۔ ہمارے اندر انھیں لوگوں کی وجہ سے برائیاں آئی ہیں...''
(کرسٹوفر آر۔ کنگ، متذکرہ کتاب، ص 130-31)

بابو شیو پرساد نے اپنے میمورنڈم کو حکومت سے اس استدعا پر ختم کیا کہ ''جس طرح اس نے [حکومت نے] پہلے فارسی زبان کو خارج کیا تھا اسی طرح وہ عدالتوں سے فارسی رسمِ خط کو ختم کر کے ہندی کو نافذ کرے۔ اس سے بہت سے فائدے ہوں گے... اور سب سے بڑا فائدہ یہ ہوگا کہ 'ہندو قومیت' کی بازیابی ہوگی۔'' (ایضاً، ص 131)۔

گیان چند جین نے اپنی کتاب 'ایک بھاشا...' میں بابو (راجا) شیو پرساد کے 1968 کے میمورنڈم کا ذکر تو کیا ہے، لیکن ان کے ان متعصّبانہ نظریات و بیانات اور اردو نیز مسلم دشمنی پر مبنی خیالات پر کوئی تنقید یا تبصرہ نہیں کیا بلکہ ان کے موقف کو صد فی صد درست قرار دیتے ہوئے یہ لکھا:

''۰۰ ۷ سال کی مسلم حکومت نے جس طرح ہندو تہذیب کو دبا کر تیسرے درجے کی چیز بنا دیا تھا، 1857 کی شورش کے بعد اس کے تدارک کے لیے ہندوؤں نے جو کوششیں کیں یعنی نئے حاکموں سے استغاثہ کیا تو اس میں کیا غلط کیا۔'' ('ایک بھاشا...'، ص 176)

سر سید احمد خاں نے اس مذموم میمورنڈم کے بارے میں جب اپنا فطری ردِ عمل ظاہر کیا تو بابو شیو پرساد شاید اتنے خفا نہ ہوئے ہوں گے جتنے خفا کہ ہمارے جین صاحب ہوئے۔ انھوں نے لکھا:

''ہندوؤں نے اردو کے بجائے ہندی کو اختیار کرنا چاہا تو سید صاحب جامے سے باہر ہو گئے اور بقیہ عمر میں ہندوؤں کی بیخ کنی کو اپنی پالیسی بنا لیا۔ سرسید کا ہندوؤں سے صرف یہ مطالبہ تھا کہ وہ یہ سمجھیں جیسے ہندوستان میں اسلامی حکومت موجود ہے۔'' (ایضاً، ص 18)

یہ کتنی عجیب بات ہے کہ عدالتوں، دفتروں اور تعلیم گاہوں سے اردو کے جبریہ اخراج پر اظہارِ افسوس کرنے، اردو دشمنی کے خلاف آواز بلند کرنے اور قوموں کے درمیان ہم آہنگی، یگانگت اور بھائی چارہ قائم کرنے کی سر سید احمد خاں کی کوششوں کو گیان چند جین 'ہندوؤں کی بیخ کنی' سے تعبیر کرتے ہیں۔ منفی سوچ اسی کو کہتے ہیں!

راجا/ بابو شیو پرساد کے ہم عصروں میں بھارتیندو ہریش چندر خاص اہمیت رکھتے ہیں۔ ان کا تعلق بھی بنارس سے تھا۔ انھوں نے اگرچہ بہت کم عمر پائی اور محض 35 سال (1885-1850) زندہ رہے، لیکن جدید ہندی ادب کے ابتدائی عہد کے ایک بڑے ادیب کی حیثیت سے وہ اپنا نام پیدا کر گئے۔ وہ کھڑی بولی ہندی کے پہلے باقاعدہ مصنف مانے جاتے ہیں۔ گیان چند جین ان کے بارے میں لکھتے ہیں کہ ''یہ نہ بھولنا چاہیے کہ وہ اردو کے خلاف نہ تھے۔'' ('ایک بھاشا...، ص 177)۔ لیکن کرسٹوفر کنگ کا کہنا ہے کہ انھوں نے ہندی اور ناگری رسم خط

دونوں کی حمایت ووکالت میں بابو شیو پرساد سے بھی زیادہ بڑھ چڑھ کر حصہ لیا:

"Bharatendu championed the cause of both Hindi and the Nagari script even more vigorously than Prasad." (King, One Language, Two Scripts, p. 32)

شتی کنٹھ مشر لکھتے ہیں:

''بھارتیندو ہریش چندر نے ہندی چھیتر میں آتے ہی ہندی پرچار کو ایک ساموہک کرانتی کے روپ میں بڑے اُتساہ کے ساتھ سمپورن ہندی پردیش میں چلایا۔'' ('کھڑی بولی کا آندولن'، ص96)

(= بھارتیندو ہریش چندر نے ہندی کے میدان میں قدم رکھتے ہی ہندی کی ترویج واشاعت کے کام کو ایک اجتماعی انقلاب کی شکل میں بڑے جوش وخروش کے ساتھ پورے ہندی علاقے میں سرانجام دیا۔)

بھارتیندو کھڑی بولی ہندی نثر کے حمایتی تھے لیکن کھڑی بولی میں شاعری کے خلاف تھے۔ وہ شاعری کے لیے برج بھاشا کو ہی موزوں سمجھتے تھے۔ انھوں نے خود بھی برج بھاشا میں شاعری کی۔ وہ اگرچہ اردو کے بھی شاعر تھے اور رسا تخلص کرتے تھے لیکن اردو کے بارے میں ان کی نیت صاف نہیں تھی۔ انھوں نے اپنی تحریروں میں اردو کا اکثر مذاق اڑایا ہے اور اسے تضحیک وتمسخر کا نشانہ بنایا ہے۔ یہی نہیں بلکہ انھوں نے اردو اور حامیان اردو پر طنز کے وار بھی کیے ہیں اور انھیں مطعون وملعون بھی کیا ہے۔ اس کی بہترین مثال ان کا 'سیاپا' ہے جو انھیں کے رسالے 'ہریش چندر چندرکا' میں 1874 میں شائع ہوا۔ بھارتیندو کی اس قسم کی متعصّبانہ اور دل آزارانہ باتوں کو گیان چند جین محض ان کا 'فکاہیہ' کہہ کر ٹال جاتے ہیں۔ (دیکھیے 'ایک بھاشا...'، ص177)

بھارتیندو ہریش چندر نے مختلف موضوعات پر لکھا ہے۔ ان کی ایک کتاب کا نام 'اگروالوں کی اُتپتی' ہے۔ اس کے دیباچے میں وہ لکھتے ہیں:

''اِن کا (اگروالوں کا) مکھیہ دیش پشچموتر پرانت ہے اور اِن کی بولی، استری اور پرُش سب کی کھڑی بولی ارتھات اُردو ہے۔'' (بحوالہ اومکار رُراہی 'کھڑی بولی: سوَروپ اور ساہتیک پرمپرا'، ص25)

(= اِن کا (اگروالوں کا) خاص وطن شمال مغربی علاقہ ہے اور اِن کی بولی، عورت اور مرد سب کی کھڑی بولی یعنی اردو ہے۔)

گیان چند جین نے اپنی کتاب 'ایک بھاشا...' میں بھارتیندو کے حوالے سے اگروالوں کی زبان کے بارے میں کتنا بڑا جھوٹ بولا ہے کہ ''بھارتیندو نے اگروال بیوپاریوں کی زبان کو کھڑی بولی کہا ہے، ایک جگہ بھی اردو نہیں کہا''، نیز ''جہاں تک عورتوں کا تعلق ہے، ہندوؤں کی کسی ذات میں اردو کا رواج نہ تھا۔'' اس ضمن میں جین صاحب کی کتاب کا مکمل متن یہ ہے:

''یہ بات بھی صاف کردوں کہ بھارتیندو نے اگروال بیوپاریوں کی زبان کو کھڑی بولی کہا ہے، ایک جگہ

بھی اردو نہیں کہا۔ ہندوؤں میں ... کشمیری پنڈت اور کایستھ اردو پڑھتے تھے۔ کھتریوں میں صرف پنجابی کھتریوں میں رواج رہا ہوگا۔ اگروالوں میں اردو کا غیر معمولی رواج ہونے کی کوئی وجہ نہیں۔ جہاں تک عورتوں کا تعلق ہے، ہندوؤں کی کسی ذات میں اردو کا رواج نہ تھا۔'' (ص 179)

جین صاحب نے بھارتیندو کے حوالے سے اوپر جو بات کہی ہے اس کا انھوں نے کوئی حوالہ نہیں دیا ہے۔ انھوں نے نہ تو بھارتیندو کی کتاب 'اگروالوں کی اُتپتی' دیکھی اور نہ ہی اومکار راہی کی کتاب 'کھڑی بولی: سوَروپ اور ساہتیک پرمپرا' (دِلّی: لپی پرکاشن، 1975) کا مطالعہ کیا اور محض قیاس سے یہ بات کہہ دی یا اگر ان مآخذ سے انھوں نے استفادہ کیا تو سچ بات کہنے سے مکر گئے۔ پھر وہ کیوں اس بات کا ڈھنڈورا پیٹتے ہیں کہ ''اہلِ علم کی وفاداری صرف سچ سے ہوتی ہے۔'' (دیکھیے 'ایک بھاشا...'، ص 13)

بھارتیندو ہریش چندر نے اپنی کتاب 'اگروالوں کی اُتپتی' میں، جس کا اقتباس اومکار راہی نے اپنی متذکرہ کتاب کے صفحہ 25 پر نقل کیا ہے، واضح طور پر یہ بات لکھی ہے کہ ''ان کا (اگروالوں کا) مکھیہ دیش پشچموتر پرانت ہے اور ان کی بولی، استری اور پرش سب کی کھڑی بولی ارتھات اردو ہے۔''

گیان چند جین نے بھارتیندو کے اس قول کو توڑ مروڑ کر نیز اس میں حسب منشا تحریف کر کے بغیر کسی حوالے کے پیش کیا ہے اور خم ٹھونک کر ایک غلط بات کا پروپیگنڈا کیا ہے جس پر انھیں کچھ تو ندامت محسوس ہونی چاہیے! بھارتیندو کی متذکرہ کتاب کے اس اقتباس سے تین باتوں کا پتا چلتا ہے:

(1) اگروال جو شمال مغربی علاقے کے باشندے تھے، اردو گو تھے۔

(2) اگروال خانوادے کے نہ صرف مردوں کی زبان اردو تھی، بلکہ ان کی عورتیں بھی اردو بولتی تھیں۔

(3) اس عہد میں کھڑی بولی سے اردو مراد لی جاتی تھی، یعنی کھڑی بولی کا ہی دوسرا نام اردو تھا۔

یہ بات تو گیان چند جین بھی جانتے ہوں گے کہ تحقیق کی اولین شرط یا بنیادی اصول یہ ہے کہ پہلے اصل مآخذ (Original Sources) تک رسائی حاصل کی جائے، اس کے بعد کوئی عمارت کھڑی کی جائے یا اپنی رائے قائم کی جائے۔ جین صاحب نے اس بات کی چھان بین کیے بغیر کہ بھارتیندو کی اصل عبارت کیا ہے، اپنے مطلب اور منشا کی بات کہہ ڈالی۔ اس طرح کا استنباطِ مطلب تحقیق کے نام پر ایک بدنما داغ تو ہے ہی، آنکھوں میں دھول جھونکنا بھی ہے۔

جیسا کہ ابھی کہا گیا ہے، بھارتیندو ہریش چندر کے متذکرہ بالا قول کے مطابق 'اردو' نہ صرف اگروالوں کی زبان تھی بلکہ ان کے گھر کی عورتوں کی زبان بھی اردو ہی تھی۔ بھارتیندو کے اس قول سے یہ بات بھی ثابت ہو جاتی ہے کہ اردو کا ہی دوسرا نام 'کھڑی بولی' تھا۔ یہ بات قابلِ ذکر ہے کہ انیسویں صدی کے دوسرے ہندوؤں نے بھی اردو کو کھڑی بولی کے نام سے یاد کیا ہے، مثلاً ایودھیا پرساد کھتری جو بلا تامل کھڑی بولی کو اردو کہتے تھے۔ بعض دوسرے ہندو بھی، جو برج بھاشا میں ہندی شاعری کے حمایتی تھے، کھڑی بولی کو اردو سمجھتے اور کہتے تھے اور کھڑی

بولی میں ہندی شاعری کے محض اس لیے مخالف تھے کہ اگر کھڑی بولی میں ہندی شاعری کی گئی تو ان کے خیال میں وہ اردو ہی بن کر رہ جائے گی۔ خود بھارتیندو کا بھی یہی موقف تھا، اسی لیے وہ برج بھاشا کو ہی ہندی شاعری کے لیے موزوں تصور کرتے تھے۔ انھوں نے کبھی کھڑی بولی ہندی کو شاعری کے لیے موزوں نہیں سمجھا۔ ہاں اردو میں وہ شعر ضرور کہتے تھے اور رسا تخلص کرتے تھے۔(2)

انیسویں صدی کے اواخر میں جب ہندی تحریک میں خاصی شدت پیدا ہوگئی تھی اور اس نے جارحانہ و فرقہ وارانہ رخ اختیار کرلیا تھا، ایسے میں ہندی اور ناگری رسمِ خط کا نہایت منظم اور منضبط طور پر 'پرچار' کرنے والی ایک اور تنظیم 'ناگری پرچارنی سبھا' کا 1893 (=سمبت 1950) میں بنارس میں قیام عمل میں آیا۔ اس نے ہندی زبان اور ناگری (دیوناگری) رسم خط کی ترویج واشاعت اور توسیع وترقی کا کام بڑے پیمانے پر اور مضبوط بنیادوں کے ساتھ شروع کیا۔ سبھا کو اس عہد کے بڑے بڑے ہندو راجاؤں اور متعدد رئیسوں کی ہمدردی اور سرپرستی حاصل تھی۔ علاوہ ازیں پنڈت مدن موہن مالویہ اور سر جارج اے۔ گریرسن جیسی مقتدر شخصیتیں بھی سبھا کے ساتھ مل کر کام کررہی تھیں۔

ناگری پرچارنی سبھا نے سب سے پہلے عدالتوں اور دفتروں میں ہندی اور ناگری رسم خط کے نفاذ کو اپنا بنیادی مقصد بنایا۔ چنانچہ نومبر 1895 میں جب شمال مغربی صوبہ جات اور اودھ کے لیفٹننٹ گورنر سر اینٹونی میکڈانل بنارس آئے تو سبھا نے بہت بڑی تیاری کے ساتھ ایک بااثر وفد منظم کیا جس کے سربراہ اجودھیا کے مہاراجا پرتاپ نارائن سنگھ تھے اور اس کے اراکین میں پنڈت مدن موہن مالویہ، سر سندر لال، راجا ماڑا اور راجا آواگڑھ وغیرہ شامل تھے۔ وفد نے میکڈانل کی خدمت میں اپنا سپاس نامہ پیش کیا جس کے جواب میں انھوں نے کہا:

''ہم نے آپ کے سپاس نامے کو دلچسپی سے پڑھا ہے۔ آپ کا سب سے اہم سوال عدالتوں اور دفتروں میں اردو کی بجائے دیوناگری کو رائج کرنے سے متعلق ہے۔ ہم فی الوقت اس مسئلے پر کوئی رائے نہیں دے سکتے، لیکن یہ بہر حال تسلیم کرتے ہیں کہ آپ کی رائے غور وخوض کی مستحق ہے اور ہم مستقبلِ قریب میں اس مسئلے پر غور کرنے کے لیے تیار ہیں۔'' (شیام سندر داس، 'میری آتم کہانی'، ص 30۔ بحوالہ حکم چند نیر، 'اردو کے مسائل'، ص 130)

اس کے بعد 2/ مارچ 1898 کو جب سر اینٹونی میکڈانل الہ آباد آئے تو وہاں بھی سبھا کا سترہ ارکان پر مشتمل ایک وفد ان سے ملا۔ اس وفد نے ہندی زبان کو سرکاری اور تعلیمی سطح پر رائج کرنے کے لیے میکڈانل کی خدمت میں ساٹھ ہزار دستخطوں کے ساتھ ایک عرضداشت پیش کی۔ حکم چند نیر لکھتے ہیں کہ ''یہ عرضداشت پنڈت مدن موہن مالویہ کی کتاب ['شمال مغربی صوبہ جات واودھ کا عدالتی رسم خط اور پرائمری تعلیم'] کی تلخیص تھی۔'' ('اردو کے مسائل'، ص 131)۔ پنڈت مالویہ نے 1897 میں *Court Character and Primary Education in the N.W.P. and Oudh* کے نام سے ایک کتاب شائع کی تھی جس میں انھوں نے اردو رسم خط کی خامیاں بیان کرتے ہوئے ہندی اور دیوناگری رسمِ خط کی پرزور وکالت کی تھی جس سے ناگری

پرچارنی سبھا کے موقف کی بھرپور تائید ہوتی تھی۔ حکم چند نیر کا یہ بھی کہنا ہے کہ ''یہ [کتاب] سر اینٹونی میکڈانل کے 18/اپریل 1900 کے فیصلے میں بہت معاون ثابت ہوئی۔'' (ایضاً)

سر اینٹونی میکڈانل کا اردو کے بارے میں رویہ انتہائی مخالفانہ تھا۔ وہ صحیح معنی میں ہندی زبان اور ناگری رسم خط کے حمایتی تھے۔ شمال مغربی صوبہ جات اور اودھ کا لیفٹننٹ گورنر مقرر ہونے سے قبل وہ بہار اور بنگال میں کئی اہم عہدوں پر فائز رہ چکے تھے۔ انھوں نے بہار کے سرکاری دفتروں میں ہندی کو رائج کرانے میں اہم کردار ادا کیا تھا۔ ہندی کی تحریک چلانے والے ہندو میکڈانل کے گورنر بننے سے بہت خوش تھے، کیوں کہ ان سے ان لوگوں کی بیحد توقعات وابستہ تھیں۔ چنانچہ یہی ہوا۔ 18/اپریل 1900 کو بحیثیت حاکم اعلیٰ (=لیفٹننٹ گورنر شمال مغربی صوبہ جات واودھ) میکڈانل نے ایک ایسا حکم نامہ جاری کیا جس کی رو سے عدالتوں اور سرکاری دفتروں میں ہندی اور دیوناگری رسم خط کو اردو کے برابر درجہ حاصل ہوگیا۔ یہ ہندی تحریک کے علم برداروں بالخصوص ناگری پرچارنی سبھا کے کارکنوں کی بہت بڑی فتح تھی۔ میکڈانل کے اس فیصلے سے اردو حلقوں بالخصوص مسلمانوں میں شدید بے چینی پیدا ہوگئی۔ جگہ جگہ اس کے خلاف احتجاجی جلسے منعقد کیے جانے لگے۔ مسلمانوں کی مختلف تنظیموں اور سربرآوردہ شخصیتوں نے اس پر اپنا سخت ردعمل ظاہر کیا۔

نواب محسن الملک نے، جو محمڈن اینگلو اورینٹل (ایم اے او) کالج، علی گڑھ کے آنریری سکریٹری تھے، 13/مئی 1900 کو علی گڑھ میں نواب لطف علی خاں کی صدارت میں منعقدہ ایک عظیم الشان احتجاجی جلسے میں پرزور تقریر کی جس میں انھوں نے حکومت کے اس فیصلے پر مدلل انداز میں بحث کرتے ہوئے اس کے مضر اثرات اور نتائج وعواقب سے عوام کو آگاہ کیا۔ اس جلسے میں یہ تجویز بھی منظور کی گئی کہ ایک عرضداشت تیار کر کے حکومت کو پیش کی جائے۔ اس جلسے کی پوری کاروائی کی نقل حکومت کو بھیج دی گئی۔ میکڈانل علی گڑھ کے اس جلسے کی کاروائی کو سن کر سخت برہم ہوئے اور اس احتجاج کو انھوں نے ''اپنی گورنمنٹ کی پالیسی پر ایک حملہ سمجھا۔'' میکڈانل کی برہمیٔ مزاج کا یہ عالم تھا کہ جب محسن الملک نے ان سے ملاقات کرنے اور بالمشافہ گفتگو کر کے غلط فہمیوں کو دور کرنے کی کوشش کی تو انھوں نے ملنے سے انکار کر دیا اور یہ جواب دیا:

''جب کہ بذریعۂ تحریر اردو ناگری کے مسئلے پر مراسلت ہوسکتی ہے تو آپ کے نینی تال تشریف لانے کی تکلیف گوارا کرنا بےضرورت ہوگا۔'' (بحوالہ محمد امین زبیری، 'حیاتِ محسن'، ص 89-88)۔

علی گڑھ کی طرح لکھنؤ میں بھی میکڈانل کے فیصلے کے خلاف 18/اگست 1900 کو ایک شاندار احتجاجی جلسہ نواب محسن الملک کی صدارت میں منعقد ہوا۔ اس جلسے کا اہتمام 'سنٹرل اردو ڈیفنس ایسوسی ایشن' نے کیا تھا جو اسی مقصد کے لیے قائم کی گئی تھی اور نواب محسن الملک جس کے 'پریسیڈنٹ' (صدر) تھے۔ اس کی بھی اطلاع میکڈانل کو مل گئی۔ چنانچہ کچھ عرصے کے بعد جب میکڈانل، جو ایم اے او کالج کے 'پیٹرن' (سرپرست) تھے، علی گڑھ آئے تو انھوں نے کالج کے ٹرسٹیوں (Trustees) کو جمع کر کے اردو ڈیفنس ایسوسی ایشن کے

جلسوں پر اپنی سخت ناراضگی کا اظہار کیا اور یہ الزام لگایا کہ ''کالج سے طلبہ ایجی ٹیشن کرنے کے لیے بھیجے گئے۔'' انھوں نے یہ بھی کہا کہ ''کالج کے اساتذہ اور بعض ٹرسٹیوں نے اور نواب محسن الملک، سکریٹری نے اس میں نمایاں حصہ لیا۔'' میکڈانل نے یہ دھمکی بھی دی کہ ''اگر یہ طریقہ جاری رہا تو گورنمنٹ سے جو امداد کالج کو ملتی ہے وہ بند کردی جائے گی۔'' (بحوالہ ایضاً، ص 160) اس دھمکی کا یہ اثر ہوا کہ نواب محسن الملک نے سنٹرل اردو ڈیفنس ایسوسی ایشن کی پریسیڈنٹ شپ سے استعفیٰ دے دیا اور آئندہ بھی اس تحریک سے خود کو الگ کرلیا۔ اردو ڈیفنس ایسوسی ایشن بھی کچھ عرصے کے بعد بند ہوگئی۔ اس کے بند کرانے میں بھی میکڈانل کا ہی ہاتھ تھا۔

جیسا کہ پہلے کہا جا چکا ہے کہ انیسویں صدی کے نصف دوم میں ہندی تحریک میں خاصی شدت پیدا ہو گئی تھی۔ اس صدی کے اواخر میں یہ تحریک اپنے عروج پر تھی۔ اس نے اپنے مقاصد کے حصول کے لیے ہندی کو 'ہندتو' اور 'ہندو قومیت' سے جوڑ دیا تھا۔ ہندی مساوی ہندو (ہندی = ہندو) کے تصور کو عام کیا جارہا تھا۔ ہندی کو 'ہندو تہذیب' کی علامت اور اردو کو ہندی کا حریف بنا کر پیش کیا جارہا تھا، نیز اردو اور مسلمانوں کے خلاف ہندوؤں کے دلوں میں نفرت پیدا کی جارہی تھی۔ کرسٹوفر کنگ کے بقول یہ فرقہ واریت منتج ہوئی 1947 میں ملک کی تقسیم پر۔ ہندی تحریک پر کنگ کا ذیل کا تبصرہ ان حقائق کو زیادہ واضح الفاظ میں بیان کرتا ہے:

"The essence of the movement lay in efforts to differentiate Hindi from Urdu and to make Hindi a symbol of Hindu culture. Seen in this light, the Hindi movement formed part of a much broader process of the heightening of communal awareness in pre-independence India, a transformation of ethnic groups into communities and nationalities which culminated in the birth of Pakistan in 1947". (One Langauge, Two Scripts, pp. 10-11)

(تحریک کی اصل روح، ہندی کو اردو سے 'الگ' کرنے، نیز ہندی کو ہندو تہذیب کی علامت قرار دینے کی کوششوں میں مضمر تھی۔ اس اعتبار سے ہندی تحریک، ہندوستان کی آزادی سے قبل، کہیں زیادہ وسیع پیمانے پر فرقہ وارانہ بیداری کو بڑھاوا دینے کے عمل کا ایک حصہ بن چکی تھی۔ اس عمل کے نتیجے میں نسلی گروہ فرقوں اور قومیتوں میں بٹ گیا اور انجامِ کار 1947 میں پاکستان کا قیام عمل میں آیا۔)

ہندی تحریک کس حد تک تفریقی انداز میں کام کررہی تھی، اس کا اندازہ کنگ کی کتاب کے ذیل کے اقتباس سے بخوبی لگایا جاسکتا ہے:

"We can look at the whole history of the Hindi movement as a deliberate attempt to increase differentiation (to make Hindi more and more different from Urdu and to reduce assimilation(to discourage Hindus from any attachment to Urdu)while the countervailing Urdu movement strove to accomplish theopposite." (One Language, Two Scripts, p. 176)

(ہندی تحریک کی پوری تاریخ کو ہم تفریق کو بڑھانے (ہندی کو اردو سے زیادہ سے زیادہ مختلف بنا کر پیش کرنے)اور جذب پذیری کے عمل کو کم کرنے (ہندوؤں کو،اردو کے ساتھ کسی بھی طرح کی وابستگی سے باز رکھنے) کی سوچی سمجھی کوشش کے طور پر دیکھ سکتے ہیں، جب کہ ہم پلہ اردو تحریک اس کے بالکل برعکس کام کر رہی تھی۔)

ہندی تحریک کا مقصد دراصل ہندوؤں اور مسلمانوں کے درمیان لسانی اشتراک و اتحاد کو، جو شمالی ہندوستان میں صدیوں سے قائم تھا،ختم کرنا تھا۔ اس اتحاد کی مضبوط و مستحکم بنیاد اردو زبان تھی۔ ہندی تحریک کے چلانے والوں کو یہ بات بخوبی معلوم تھی کہ جب تک ان دونوں قوموں کے درمیان یہ لسانی اتحاد قائم ہے، ہندی کی ترویج و توسیع نہیں ہوسکتی۔اسی لیے انھوں نے اس اتحاد یعنی اردو مساوی مسلمان اور ہندو (اردو=مسلمان + ہندو) یا اردو مساوی ہندو اور مسلمان (اردو = ہندو + مسلمان) کو توڑنے اور ختم کرنے کی کوشش کی اور ہندی مساوی ہندو (ہندی = ہندو) اور اردو مساوی مسلمان (اردو=مسلمان) کے فرقہ وارانہ تصور کو عام کیا۔ بعض ہندوؤں کا یہ بھی خیال تھا کہ ایسا ہرگز نہیں ہوسکتا کہ کوئی شخص بیک وقت ایک 'اچھا ہندو' بھی ہو اور'اردو کا وکیل' بھی۔ اس سلسلے میں کرسٹوفر کنگ کا یہ بیان بھی ملاحظہ ہو:

"The other side of the divide came with the beginning of the Hindi movement in the 1860s when some Hindus began to assert that one could no longer be a good Hindu and an advocate of Urdu at the same time. This movement made deliberate changes in Khari Boli which eventually resulted in a highly Sanskritized Hindi. The split in the common trunk of Hindi and Urdu, Khari Boli, which began with the growth of one major branch, Persianized Urdu, now continued with the growth of another major branch, Sanskritized Hindi. The process of multi-symbol congruence now commenced in earnest and culminated in slogans such as 'Hindi, Hindu, Hindustan'whose creators saw no room for non-Hindi speakers and non-Hindus in Hindustan. We might go so far as to call this process the 'Sanskritization of Urdu' or at least the 'Sanskritization of Khari Boli. (One Language, Two Scripts, p. 177)

(تقسیم کا دوسرا رُخ 1860 کے دہے میں ہندی کی تحریک کے آغاز کے ساتھ سامنے آیا جب بعض ہندوؤں نے یہ کہنا شروع کیا کہ ایسا ہرگز نہیں ہوسکتا کہ کوئی شخص بیک وقت ایک اچھا ہندو بھی ہو اور اردو کا وکیل بھی۔ اس تحریک نے کھڑی بولی میں جان بوجھ کر تبدیلیاں کیں جن کا نتیجہ سنسکرت آمیز ہندی کی شکل میں ظاہر ہوا۔ ہندی اور اردو کے مشترک تنے کھڑی بولی میں پھوٹ سے ایک بڑی شاخ فارسی آمیز اردو کا ارتقا عمل میں آیا تھا۔ پھوٹ کے جاری رہنے سے اب ایک دوسری بڑی شاخ سنسکرت آمیز ہندی معرض وجود میں آئی۔ مختلف پہچانوں کو ملا کر [سیاسی اشرافیے کا ایک پہچان کو لے کر] ایک ساتھ چلنے کا عمل مستعدی سے شروع ہوا اور 'ہندی، ہندو، ہندستان' جیسے نعروں کی شکل میں اپنی انتہا کو پہنچا۔ ایسے نعرے دینے والوں کے نزدیک ہندی نہ بولنے والوں اور غیر ہندوؤں کے لیے ہندوستان میں کوئی جگہ نہ تھی۔ ہم اس عمل کو 'اردو کو سنسکرتیانے' [سنسکرت آمیز بنائے جانے] کا نام دے دیں گے یا کم از کم 'کھڑی بولی کا سنسکرتیانا' [سنسکرت آمیز بنایا جانا] کہیں گے۔

انیسویں صدی کے دوران شمالی ہندوستان میں اردو کے خلاف جو ہندو احیا پرست تنظیمیں سرگرم تھیں اور اردو کو عدالتوں، دفتروں اور تعلیم گاہوں سے بے دخل کرنے کے لیے جو ہندی تحریکیں اپنی پوری قوت اور توانائی کے ساتھ کام کر رہی تھیں ان کے ذکر سے گیان چند جین کی یہ کتاب یکسر خالی ہے۔ (3) ان تنظیموں اور تحریکوں نے اپنا مقصد پانے کے لیے جو جارحانہ رُخ اختیار کر رکھا تھا اور اردو کے خلاف ان کا جو متعصّبانہ رویہ تھا، نیز ہندی اور ناگری کا پرچار کرنے والوں کی جو فرقہ وارانہ روش تھی، جین صاحب نے اسے اُجاگر کرنے کے بجائے اُلٹا اردو اور مسلمانوں کو ہی موردالزام ٹھہرایا ہے جیسے کہ سارا قصور انھیں کا تھا اور انھیں کی وجہ سے گویا ہندی پنپنے نہیں پا رہی تھی۔

بابو شیو پرساد کے 1868 کے انتہائی فرقہ وارانہ اور اشتعال انگیز میمورنڈم اور اس میمورنڈم میں اردو کے خلاف دیے گئے زہر آلود بیانات پر سرسید احمد خاں نے جب اپنا فطری ردِعمل ظاہر کیا تو جین صاحب نے بگڑ کر کہا کہ ''ہندوؤں نے اُردو کے بجائے ہندی کو اختیار کرنا چاہا تو سید صاحب جامے سے باہر ہو گئے۔'' (دیکھیے 'ایک بھاشا...'، ص 18) یہ ایک الگ موضوعِ بحث ہے کہ ہندوؤں نے کیوں اردو کے بجائے ہندی کو اختیار کرنا چاہا؟ کیا اس وجہ سے کہ وہ ہندو تھے اور کیا تمام ہندوؤں نے اردو کے بجائے ہندی کو اختیار کرنا چاہا؟ یہ بات روزِ روشن کی طرح عیاں ہے کہ ہندوؤں کا ایک بڑا طبقہ اردو میں درک اور پیشہ ورانہ مہارت رکھتا تھا۔ عدالتوں اور دفتروں میں اردو میں کام کرنے میں اسے کوئی دقت، دشواری یا قباحت محسوس نہیں ہوتی تھی۔ ہندوؤں کے تین فرقوں کایستھ، کھتری اور کشمیری برہمنوں کے تو اردو سے نہایت گہرے روابط تھے۔ وہ اسے اپنی زبان سمجھتے تھے۔ اردو جاننے کی وجہ سے انھیں عدالتوں اور سرکاری دفتروں میں ملازمتیں حاصل کرنے میں کوئی دشواری پیش نہیں آتی تھی کیوں کہ سرکاری زبان اردو تھی۔ یہ لوگ نہ صرف اردو لکھتے پڑھتے تھے بلکہ فارسی کی تعلیم حاصل کرنے میں بھی انھیں کوئی عذر نہ تھا۔ اگرچہ ہندوؤں کے دوسرے فرقے بھی اردو اور فارسی کی تعلیم حاصل کرتے تھے، لیکن عوام میں اردو جاننے والوں میں اِنھیں تینوں فرقوں کو نمائندگی حاصل تھی۔ سرکاری ملازمتوں میں بھی انھیں کا غلبہ

تھا۔ اگرچہ ہندوؤں کے اِن تینوں فرقوں (کایستھ، کشمیری برہمن، کھتری) اور مسلمانوں کے درمیان اردو فارسی تہذیبی روایت قدرِ مشترک کا درجہ رکھتی تھی، لیکن اس لسانی وتہذیبی اشتراک سے ان فرقوں کے ہندو ہونے پر کوئی اثر نہیں پڑتا تھا۔ سرسید احمد خاں نے بابو شیو پرساد کے متذکرہ میمورنڈم پر جب اپنا ردِّعمل ظاہر کیا تھا تو ان کے پیشِ نظر ہندوؤں اور مسلمانوں کے درمیان یہی لسانی اشتراک واتحاد تھا جو صدیوں سے چلا ارہا تھا اور انھیں یہ ڈر تھا کہ کہیں یہ اشتراک واتحاد پارہ پارہ نہ ہو جائے اور مبادا زبان کے تنازع کی وجہ سے ان دونوں قوموں کے درمیان تفریق ونفاق نہ پیدا ہو جائے کیوں کہ آقایان مغرب کے سیاسی اغراض اور اہالیان وطن کی احیا پرستانہ سرگرمیوں کی وجہ سے اس اشتراک واتحاد پر کاری ضرب لگ رہی تھی۔ چنانچہ سرسید احمد خاں نے انتہائی احساس فکر مندی کے ساتھ لندن سے نواب محسن الملک کو 29/ اپریل 1870 کے اپنے خط میں لکھا:

"ایک اور خبر ملی ہے جس کا مجھ کو کمال رنج اور فکر ہے کہ بابو شیو پرساد کی تحریک سے عموماً ہندو لوگوں کے دل میں جوش آیا کہ زبان اردو وخط فارسی کو جو مسلمانوں کی نشانی ہے مٹا دیا جائے... یہ ایک ایسی تدبیر ہے کہ ہندو مسلمان میں کسی طرح اتفاق نہیں رہ سکتا۔" (سرراس مسعود (مرتب) 'خطوطِ سرسید احمد'، ص 88۔ بحوالہ ثریا حسین، 'سرسید احمد خاں اور ان کا عہد'، ص 255)۔

سرسید احمد خاں کا یہ ردِّعمل کسی لسانی تعصب کی وجہ سے نہ تھا، بلکہ نیک نیتی اور قومی مفاد پر مبنی تھا، لیکن گیان چند جین اس ردِعمل سے خوش نہ ہوئے۔ آخر کیوں؟ کیا انھیں ہندوستان کی دو بڑی قوموں یعنی ہندوؤں اور مسلمانوں کے درمیان لسانی اشتراک واتحاد اور قومی یگانگت ویکجہتی کی بات اچھی نہیں لگی؟ سرسید نے اردو کو 'مسلمانوں کی نشانی' کہا۔ جین صاحب کو اس پر بھی اعتراض ہے۔ لیکن جین صاحب نے ان ہندوؤں پر کیوں نہ اعتراض کیا جو للوجی لال سے لے کر سنیتی کمار چٹرجی تک اردو کو 'یامنی بھاشا'، 'ملیچھ بھاشا'، 'مسلمانی بھاشا' اور 'مسلمان ہندستھانی' کہتے رہے ہیں۔ اگر جین صاحب کو ہندی کی سماجی، سیاسی اور لسانی تاریخ کا ذرا بھی شعور ہوتا تو انھیں یہ بات بھی ضرور معلوم ہوتی کہ اردو کو مسلمانی بھاشا یا مسلمانوں کی زبان سب سے پہلے ہندوؤں نے ہی کہا۔ پوری ہندی تحریک اسی ایک تصور پر مبنی تھی کہ اردو مسلمانوں کی زبان (اردو = مسلمان) اور ہندی ہندوؤں کی زبان (ہندی = ہندو) ہے۔ اس کے برخلاف اہل اردو کا موقف یہ رہا ہے، بلکہ آج بھی ہے کہ اردو مسلمانوں اور ہندوؤں دونوں کی زبان (اردو = مسلمان + ہندو یا اردو = ہندو + مسلمان) ہے۔ جو بات ہندوؤں یا ہندی تحریک کے سالاروں نے بار بار دہرائی ہے وہی بات اگر سرسید احمد خاں نے کہہ دی تو گیان چند جین کیوں اس قدر برہم ہوئے؟ سرسید ہرگز اردو کو مسلمانوں کی نشانی نہ کہتے اگر بابو شیو پرساد اتنا دل آزار اور اردو دشمن میمورنڈم نہ پیش کرتے۔ قصور تو درحقیقت بابو شیو پرساد کا تھا نہ کہ سرسید احمد خاں کا، کیوں کہ سرسید احمد خاں نے تو یہ کبھی سوچا بھی نہ تھا کہ زبان کے معاملے میں ہندو اس طرح سے الگ ہو جائیں گے۔

ذکر ہو رہا تھا ہندی اور ناگری کی تحریک کا اور اردو مخالف سرگرمیوں کا، کیوں کہ اس دور میں اردو پر

برابر حملے کیے جا رہے تھے۔ کبھی اسے 'غیر ملکی' اور کبھی 'مسلمانی بھاشا' کہہ کر اور اردو = مسلمان کے تصور کو عام کر کے ہندوؤں کو اس سے الگ رکھنے کی مہم جاری تھی۔ تنگ نظر ہندو تو اسے 'ملیچھ بھاشا' کہتے ہی تھے، اسے 'طوائفوں کی زبان' کہنے سے بھی گریز نہیں کیا گیا۔ ہندی کی ادبی تخلیقات میں بھی اردو کی تضحیک و تمسخر اور کردار کشی کا سلسلہ برابر جاری تھا۔ ہندوؤں کی احیا پرست تنظیمیں بھی، جو مذہبی اصلاح اور فلاحی کاموں کے لیے قائم کی گئی تھیں، ہندی اور ناگری پر چار کے کاموں میں دل و جان سے منہمک ہو گئی تھیں۔ دریں اثنا بنارس میں 'ناگری پرچارنی سبھا' کے قیام (1893) سے اردو مخالف سرگرمیوں میں اور اضافہ ہو گیا تھا اور ہندی تحریک اپنے عروج کو پہنچ گئی تھی جس کا لازمی نتیجہ سر اینٹونی میکڈانل (لیفٹننٹ گورنر شمال مغربی صوبہ جات اور اودھ) کے 18/ اپریل 1900 کے اس فیصلے کی شکل میں ظاہر ہوا جس کی وجہ سے شمالی ہندوستان میں ایک نئے لسانی تنازع نے سر اٹھایا اور مسلمانوں میں اضطراب اور غم و غصے کی کیفیت پیدا ہو گئی۔ اسے 'اردو کا عظیم ترین المیہ' قرار دیا گیا، (4) اور اس کے نہ صرف لسانی، بلکہ سماجی، سیاسی اور تہذیبی منظرنامے پر بھی دوررس نتائج مرتب ہوئے۔

حواشی:

1۔ یہ نظم بعنوان 'بابری مسجد' جگن ناتھ آزاد کے شعری مجموعے 'نسیم حجاز' (نئی دہلی: محروم میموریل لٹریری سوسائٹی، 1999) میں شامل ہے۔

2۔ رام ولاس شرما نے اپنی کتاب 'بھارت کی بھاشا سمسیا' (ص 311) میں بھارتیندو ہریش چندر کے دو شعر نقل کیے ہیں جو یہ ہیں:

دل مرا لے گیا دغا کر کے
بے وفا ہو گیا وفا کر کے
دوستو کون میری تربت پر
رو رہا ہے رسا رسا کر کے

3۔ اس کے علی الرغم کرسٹوفر آر کنگ نے اپنی کتاب 'One Language, Two Scripts' میں ہندی تحریک اور ناگری پرچارنی سبھا (بنارس) کی سرگرمیوں کی تمام تفصیلات فراہم کر دی ہیں۔

4۔ حکم چند نیرّ نے اپنے ایک مضمون 'اردو کا عظیم ترین المیہ، 18/ اپریل 1900 کا فیصلہ' میں اس واقعے کا نہایت تفصیل سے ذکر کیا ہے۔ یہ مضمون ان کی کتاب 'اُردو کے مسائل: ہندوستان کی سیاسی اور سماجی تاریخ کی روشنی میں' (1977) میں شامل ہے۔

[بشکریہ 'ایک بھاشا جو مسترد کر دی گئی'، ایجوکیشنل بک ہاؤس، علی گڈھ، 2007]

برصغیر کی اردو سیاست

محمد کاظم

بیسویں صدی میں برصغیر کی تاریخ ہی نہیں بلکہ جدید ہندوستان کی سیاسی تاریخ میں بھی اردو کئی معنوں میں مرکزی اہمیت کی حامل زبان ہے۔ یہ زبان اس سیاسی فلسفے میں بھی، منفی ہی سہی، مگر فیصلہ کن عنصر بن گئی جس کی تشکیل شمالی ہند میں برہمن وادنے کی تھی۔

زبان کے طور پر اردو کی تاریخ کا یہ اہم باب ہے کہ اس زبان کا استعمال برصغیر میں ان تمام سیاسی قوتوں نے کیا جو انیسویں اور بیسویں صدی میں نفرت کی سیاست کرتی رہی تھیں۔ اگر ایک طرف اردو کی مخالفت کی سیاست انیسویں صدی میں ہندو شناخت کے نام پر کی گئی تو دوسری طرف سرسید کا وہ مشہور بیان بھی اردو اور ہندی تنازعے ہی کے ذیل میں وجود میں آیا جس میں انھوں نے بنارس میں 1869 میں کلکٹر شیکسپیئر کو مخاطب کرتے ہوئے کہا کہ اب (سرسید کے خیال میں) ہندو اور مسلمانوں کا ساتھ ساتھ رہنا ناممکن ہے۔ علی گڈھ تحریک کے ایک اسکالر کے بقول:

"اردو کے خلاف اس تحریک (ناگری لپی میں ہندی کو رائج کرنے کی تحریک) نے سرسید کو اس درجہ متاثر اور خوفزدہ کردیا تھا کہ وہ یہ کہنے پر مجبور ہو گئے کہ کسی قومی کام میں ہندوؤں اور مسلمانوں کا اتحاد اب ممکن نہیں بلکہ اگر مسلمان ہندوؤں سے علاحدہ ہو کر اپنا کاروبار کریں تو (اس سے) مسلمانوں کو زیادہ فائدہ ہوگا اور ہندو نقصان میں رہیں گے۔" (مظہر حسین، 'علی گڈھ تحریک: سماجی اور سیاسی مطالعہ'، انجمن ترقی اردو (ہند)، نئی دہلی 1973، ص 267-266)

پاکستانی مورخین سرسید کے اس بیان کو ہی دو قومی نظریے کی فلسفیانہ اساس قرار دیتے ہیں۔ پاکستان کے قیام میں بھی اردو سیاست نے اہم رول ادا کیا اور پاکستان بن جانے کے بعد وہاں علاقائی زبانوں کی ترقی کی

راہیں بھی اردو ہی کی وجہ سے مسدود ہوئیں۔ مشرقی پاکستان میں اردو کے تسلط کے خلاف پاکستان کے قیام کے فوراً بعد ردعمل ہوا جب 1948 میں ڈھاکہ یونیورسٹی کے جلسۂ تقسیم اسناد میں گورنر جنرل محمد علی جناح نے اعلان کیا کہ اردو اور صرف اردو ہی پاکستان کی قومی زبان ہوگی۔ پاکستان میں اردو کراچی کے ان مہاجروں کے سوا کسی کی زبان کبھی نہیں تھی جو شمالی ہند کے شہروں سے ہجرت کر کے گئے تھے۔ پاکستان میں شامل ہونے والے تمام علاقوں کی مضبوط لسانی شناخت تھی، مثلاً پنجاب میں پنجابی اور سرائیکی، مشرقی پاکستان میں بنگلہ، سندھ میں سندھی، صوبہ سرحد اور بلوچستان میں پشتو وغیرہ ان علاقوں کے لسانی تشخص کا مرکز تھیں۔ مشرقی پاکستان پر اردو کے تسلط کی قیمت پاکستان کو 1971 میں ادا کرنی پڑی جب بنگلہ دیش کا قیام عمل میں آیا۔ قیام بنگلہ دیش کی تحریک میں اردو مخالف جذبات نے مغربی پاکستان کے سیاسی تسلط کو ختم کر دیا۔ 1948 سے 1971 تک اردو مخالف تحریک مشرقی پاکستان میں مسلسل چلتی رہی اور بنگلہ لسانی تشخص نے بابائے اردو مولوی عبدالحق اور سید سلیمان ندوی کی اس پین اسلامک (Pan Islamic) منطق کو قبول کرنے سے انکار کر دیا کہ قرآن کا (عربی) رسم الخط ہی اردو کا رسم خط بھی ہے۔ اس تحریک کو حروف القرآن کی تحریک کہا جاتا ہے، جسے طاقتور بنگلہ تشخص نے پوری قوت سے ناکام کیا۔

ہندوستان میں آزادی کے بعد اردو کو فنا کرنے کی تشہیر کانگریس کی سیاست کا محور تھی، خصوصاً شمالی ہند میں اسکولوں کے نظام سے اردو کو خارج کر کے اس کی جگہ سنسکرت اور ہندی کو کانگریس کے ذریعے اس طرح مسلط کیا گیا کہ اردو اور ہندی سیاست کے شعلوں کی تپش بیسویں صدی کے آخر تک ہلکی نہ ہونے پائی اور ایک Centrist سیاسی جماعت کے طور پر کانگریس ہندو اور مسلمان دونوں کے ووٹ کی سیاست نفرت کی بنیاد پر کرتی رہی۔ ایک طرف اگر اسکولوں میں زیر تعلیم اردو مادری زبان والے بچے اس امر پر افسوس کرتے رہے کہ انھیں ایک اختیاری مضمون کے طور پر بھی اردو پڑھنے کے مواقع بھی دستیاب نہیں تو ان کے والدین کو اس بات کا شدید جذباتی صدمہ رہا کہ ان کی نئی نسلیں اپنے تہذیبی ورثے سے ناواقف ہیں اور اس صورت حال کا مسلم سیاست خصوصاً اردو اشراف نے خوب فائدہ اٹھایا۔ اردو مخالفت کے نام پر شمال کی ریاستوں میں ہندی کا تسلط ہندی نیشنلزم کی سیاست کو خوب بھایا اور ہندوؤں خصوصاً برہمنوں کا روایتی برسر اقتدار طبقہ اپنے بچوں کو تو انگریزی پڑھاتا رہا مگر عام ہندو عوام کو اسکولوں کے نصاب میں فرقہ واریت کا زہر ہندی کے ذریعے تقسیم کے بعد سے اب تک مسلسل دیا جا رہا ہے۔

برہمنوں کے طرز پر ہندی کی سیاست دوسرے طبقات نے بھی بڑی کامیابی کے ساتھ کی۔ مشہور جاٹ لیڈر اور یوپی کے وزیر اعلیٰ کے طور پر چودھری چرن سنگھ نے (جو بعد میں وزیر اعظم بھی بنے) کہا تھا کہ آزاد ہندوستان کا یہ سب سے بڑا کارنامہ ہے کہ اتر پردیش کو یک لسانی (ہندی) ریاست بنا دیا گیا۔ لوہیا وادی نام نہاد سوشلسٹ ملائم سنگھ یادو نے بھی ہندی کی سیاست خوب کی اور بالکل اسی طرح نفرت کی سیاست کے طرز پر کی جس طرح ماضی میں آر ایس ایس اور ہندو مہا سبھا کرتی رہی تھیں۔ کہنے کی ضرورت نہیں کہ مذکورہ بالا دونوں رہنماؤں

کے بچے اعلیٰ انگریزی اسکولوں اور غیر ملکی یونیورسٹیوں کے تعلیم یافتہ ہیں۔ ہندی کی حمایت ہندوستان کے سیاسی حالات کے سبب تقسیم کے بعد فسطائیت کی حدوں میں داخل ہوگئی۔ اس فسطائی ہندی سیاست کی کوششوں کے نتیجے میں ہی شمالی ہند کے صوبوں کا نصاب ہندو فرقہ واریت کے بوجھ سے اس درجہ دبا ہوا ہے کہ جب تک ان صوبوں میں ہندی ذریعۂ تعلیم موجود ہے تب تک آر ایس ایس کو اپنی کسی تنظیم کی قطعی کوئی ضرورت ان علاقوں میں نہیں کیوں کہ ہندی کا یہ نصاب آر ایس ایس کا کام بڑی خوبی سے کر رہا ہے۔

یہ بات افسوسناک ہے کہ ہمارے نام نہاد سیکولر تعلیمی اشراف ذہنی طور پر اس درجہ انگریزی زدہ ہیں کہ ہندی ذریعۂ تعلیم کا مکمل طور پر زہر آلود نصاب کبھی ان کی توجہ کا مرکز نہیں بن سکا۔ شمالی ہند کی ریاستوں خصوصاً اتر پردیش، بہار، مدھیہ پردیش، راجستھان اور ہریانہ میں 90 فیصد سے زیادہ بچے اسی زہریلے نصاب کو پڑھ کر آگے بڑھتے ہیں۔ شمالی ہند میں فرقہ واریت کی کھیتی اسی لیے خوب پھل پھول رہی ہے۔ حکومت کی سطح پر اردو کے فروغ کے لیے تمام نمائشی کوششیں اس طرح کی گئیں کہ اردو کا فروغ اردو ادب کا فروغ بن کر رہ گیا اور اردو کے فروغ کے سرکاری ادارے اردو ادب کے فروغ تک محدود کر دیے گئے۔ سرکاری سرپرستی میں اردو کا ایک نیا اشراف پیدا ہوا جس کی اکثریت یونیورسٹیوں کے اساتذہ پر مشتمل ہے۔ اردو تعلیم کے نام پر بھی حکومت نے جو نمائشی اقدام کیے، وہ اردو کی اعلیٰ تعلیم تک ہی محدود رہے۔ پرائمری اور سکنڈری سطح پر اردو تعلیم کی غیر موجودگی میں اعلیٰ درجات میں اردو کی تدریس بے جڑ کا پودا اور اردو کے یہ اساتذہ حکومت کی پالیسی کے نتیجے میں معاشرے میں مذاق کا موضوع بن گئے۔ سرکاری اشراف کا تو کردار ہی منافق اور مفاد پرست کا ہوتا ہے، سو اردو اشراف بھی قابل تضحیک ٹھہرے۔ یونیورسٹیوں میں برسر کار اردو اساتذہ کو اردو معاشرے میں نت نئی دشنام طرازیوں سے نوازا گیا۔ کوئی یونیورسٹیوں کے اردو شعبوں کو 'سفید ہاتھی' کہتا ہے تو کوئی برسرکار اساتذہ کو 'جہلا کی چوتھی نسل'۔

اردو سیاست کے محاذ پر سیکولر خصوصاً بائیں بازو کی سیاست بھی پوری طرح ناکام ہوگئی۔ ترقی پسند سیاست بھی اردو کے باب میں پنہاں لسانی اور سیاسی تحرک کو نہیں سمجھ سکی اور انجمن ترقی پسند مصنفین بھی ادب تک محدود رہی۔ زبان کے طور پر اردو کا فروغ چونکہ رُک گیا، اس لیے آہستہ آہستہ اردو میں تخلیق ہونے والا ادب بھی اپنا معیار کھوتا گیا، چنانچہ آج کا اردو ادب دیگر ہندوستانی زبانوں کے مقابلے قطعی کم مایہ ادب ہے۔ اکیسویں صدی کے ہندوستان میں اردو کا منظر نامہ لسانی اور فکری خلط مبحث کا آئینہ دار ہے۔ اسکولوں کے نصاب سے خارج ہونے کے بعد اردو کی پناہ گاہ دینی مدرسے بنے جو 9/11 کے بعد مسلمانوں کی زندگی کا لازمی حصہ بن گئے ہیں۔ ایک طرف نئی اقتصادی پالیسیاں انگریزی کا ایک نیا سامراج تیار کر رہی ہیں تو دوسری طرف بین الاقوامی سیاست نے ہندوستان میں بھی اردو کو مسلم اساس پرستی کی نئی آماجگاہ بنا دیا ہے۔

ہندوستان میں جو اردو تقسیم کے نتیجے میں مسلمانوں کی زبان بن کر رہ گئی تھی، اب وہ پورے برصغیر میں اسلامیات کی زبان میں اس طرح تبدیل ہوئی ہے کہ غیر مسلموں کے ذہنوں میں اب اس کا عام تصور دہشت

گردوں کی زبان کا ہے۔ آزادی کے بعد ہندوستان میں ایسا کوئی علمی کام ہوا ہی نہیں جو اردو کے کثیر الجہات لسانی پہلوؤں کا احاطہ کر سکتا۔ پاکستان میں بھی یہی صورت حال رہی۔ پاکستان میں اردو سرکاری سرپرستی میں اور زیادہ اسلامی زبان بنا دی گئی اور وہاں بھی فنکشنلل لینگویج کے طور پر انگریزی کا ہی فروغ ہوا۔ سرکاری کام کاج سے لے کر ذریعۂ تعلیم تک پاکستان میں سب جگہ انگریزی ہی کی اجارہ داری ہے۔

ہندوستان کی دانش گاہوں میں اردو سے متعلق کچھ علمی کام لسانیات کے شعبوں میں ہوئے ضرور مگر ان تحریروں میں یا تو اردو کو ہندی کی 'شیلی' ثابت کیا گیا یا پھر نری لفاظی، لسانی اور شاعری اس موضوع پر کام کرنے والے ان لوگوں نے کی جنھیں موضوع کی کوئی سمجھ ہی نہیں تھی۔ انگریزی کے ماہرین لسانیات نے اردو کی لسانی ساخت پر جو بھی کام کیے، انھیں اردو کے ساتھ زنا کے سوا اور کوئی نام نہیں دیا جا سکتا۔ چونکہ ہندوستان اور پاکستان میں، جو کہ اردو کے مراکز تھے، کوئی سنجیدہ علمی کام اردو زبان کے تعلق سے نہیں ہوا، اس لیے مغربی دانش گاہوں میں ہونے والے کام بھی اردو ادب اور مسلم ثقافت تک محدود رہے، یعنی زبان کے فروغ کے وہ تمام علمی اصول جن پر لسانیات کا ترقی پسند دبستان فکر زور دیتا ہے، اردو کے ذیل میں اب کہیں منطبق نہیں ہوتے۔ اردو کے ساتھ جو علمی بددیانتی لسانیات کے شعبوں سے وابستہ استادوں نے کی، اس کی کوئی نظیر علمی تاریخ میں ڈھونڈ کر لانا مشکل ہوگا۔ علمی طور پر بددیانت اور حد درجہ کاہل ان استادوں نے اردو کا رسم خط نہ سیکھنے، مگر اردو پر نام نہاد علمی کام کرنے کا جواز یہ دیا کہ لسانیات کے اصول کے مطابق زبان سیکھے بغیر بھی اس کا مطالعہ ہو سکتا ہے۔ بے ایمانوں کے اس قبیلے میں ہندو اور مسلمان دونوں شامل تھے۔ بے ایمانوں کے ایسے ہی ایک پورے ٹولے نے جس میں لسانیات کے چار استاد (پروفیسر انویتا، پروفیسر آر ایس گپتا، ڈاکٹر عائشہ قدوائی اور ڈاکٹر امتیاز حسنین، اول الذکر تین استاد جواہر لال نہرو یونیورسٹی کے شعبۂ لسانیات میں استاد ہیں اور چوتھے امتیاز حسنین اس شعبے کے سابق طالب علم اور علی گڑھ مسلم یونیورسٹی میں برسرکار) شامل تھے، اردو کے ساتھ زنا کرنے کے لیے حکومت ہند کے ادارے 'قومی کونسل برائے فروغ اردو زبان' سے ایک پروجیکٹ لیا جس کا اولین بجٹ تقریباً 20 لاکھ روپے تھا۔

اس پروجیکٹ کے تحت ان ماہرین لسانیات کو بشمول دیگر علمی امور کے آزادی کے بعد اردو کی لسانی ساخت میں تبدیلیوں کا مطالعہ کرنا تھا۔ اردو ادب کی ہر صنف مثلاً شاعری، افسانہ، انشائیہ اور صحافت کے ہر پہلو کا لسانیاتی تجزیہ بھی پروجیکٹ کے اعلان کردہ مقاصد میں شامل تھا۔ ان ماہرین کی دلیل یہ تھی کہ زبان ہی نہیں بلکہ ادب کے تمام زاویوں کا مطالعہ کرنے کے لیے بھی زبان کا جاننا قطعی ضروری نہیں۔ ایسی جہالت کی بات صرف اردو جیسی مظلوم زبان ہی کے سیاق وسباق میں کی جا سکتی تھی۔ بہرحال ان ماہرین لسانیات کی تمام تر لسانی اور مغربی دانش گاہوں میں سیکھی گئی انگریزی لفاظی کے باوجود چھ سات برسوں میں پروجیکٹ کا وہ حصہ بھی مکمل نہ ہو سکا بول چال کی اردو کے نمونوں کو ٹیپ ریکارڈ کر کے ان کا لسانیاتی تجزیہ کیا جانا تھا۔ اطہر فاروقی نے اس پروجیکٹ پر اپنا مشہور زمانہ مضمون *The Great Urdu Fraud* لکھا جس کے بعد علم کے نام پر مالی بدعنوانیوں کا ایسا پٹارہ

کھلا کہ قومی اردو کونسل کے ڈائرکٹر کو سی بی آئی نے جیل بھیج دیا۔

میں نے صرف اس ایک واقعے کا ذکر یہ بتانے کی غرض سے کیا ہے کہ اردو کے نام پر کیسی کیسی بد دیانتی انگریزی داں علما کے اس طبقے نے کی جو کسی طرح بھی اردو کو ایک سنجیدہ علمی موضوع کے طور پر اختیار کرنے کو تو تیار نہ تھا، مگر اردو رسم خط کی غیر افادیت پر مہینوں بحث کر سکتا تھا۔ اس طبقے کو اردو رسم خط سیکھنے کی کوئی خواہش نہ تھی جس کے لیے محض چند روز درکار ہوتے ہیں۔ تقسیم کے بعد ہندوستان میں زبان کے طور پر اردو کے مسئلے کے اس درجہ انتشار کا شکار ہونے کی وجہ سے اس موضوع کا علمی زاویہ پس پشت چلا گیا۔ اردو کے ساتھ سب سے زیادہ زیادتی خود مسلمانوں نے کی۔

تقسیم کے بعد اردو مسلم سیاست اور مسلم شناخت کا جزو لاینفک تو بنادی گئی مگر تقسیم ہند کے سبب مسلمان چونکہ ایک ایسے خوف میں مبتلا تھے جس نے ان کی مجموعی نفسیات کو منافقت کا علامیہ بنا دیا تھا، اس لیے اردو سے متعلق ان کے رویے کی منافقت بوالعجبی میں تبدیل ہوگئی۔ ہندوستان سے ہجرت نہ کرنے کا فیصلہ کچھ مسلمانوں نے مجبوری میں اور کچھ کانگریس کی وطن پرست اس مسلم لیڈر شپ کے زیر اثر کیا تھا جسے تقسیم کے بعد کانگریس میں کنارے کر دیا گیا۔

آزادی کے بعد مولانا ابوالکلام آزاد ہندوستان میں مسلمانوں کے سب سے قدآور لیڈر تھے مگر تقسیم کے سبب ان کی حالت بھی بے یار و مددگار کی ہوگئی تھی اور مولانا کی اس بے بسی کا سب سے زیادہ نقصان اردو کو ہوا۔ مولانا آزاد بڑے کامیاب وزیر تعلیم تھے اور کانگریس کی بے حد قابل احترام شخصیت۔ تقسیم کے بعد اردو کے باب میں مولانا آزاد کے عجیب و غریب بیانات اس مجموعی صورت حال کی عکاسی کرتے ہیں جو مسلمانوں کے حوالے سے اس ہندو اکثریت نے پیدا کی تھی جسے تقریباً ہزار برسوں کی مسلمانوں اور انگریزوں کی غلامی کے بعد آزادی ملی تھی۔

رجعت پسند ہندو اردو کو مسلمانوں کی اس وراثت سے تعبیر کرتے تھے جس کا فارسی اور عربی کے ذریعے تسلسل ہندوستان کے مسلمانوں کی پین اسلامک شناخت میں نہ صرف فیصلہ کن تھا بلکہ انھیں دنیا کے دوسرے مسلمانوں سے منفرد بھی کرتا تھا۔ ہندوستان کے مسلمانوں کی یہ برتری ہندوؤں کے ایک طبقے کو اپنی تاریخ کے اس مقام پر بالکل گوارا نہ تھی جہاں انھیں ہر طرح کی غلامی سے پاک اپنی مفروضہ ہندو شناخت قائم کرنی تھی۔ شناخت میں چونکہ لسانی عنصر سب سے اہم ہوتا ہے جو تہذیب کے واسطے سے مجموعی شناخت میں فیصلہ کن رول ادا کرتا ہے، اسی لیے ہندوؤں کو آزادی کے بعد جس شناخت کی تلاش تھی، اس میں نظریاتی طور پر اردو کے لیے کوئی جگہ نہیں ہو سکتی تھی۔ کم سے کم ہندوؤں کی شمالی ہند میں موجود لیڈر شپ کا یہی خیال تھا۔ کہنے کی ضرورت نہیں کہ یہ بڑا ہی شدت پسندانہ خیال تھا۔

شمالی ہند کی حد تک ہند اور مسلم تہذیب الگ الگ ثقافتی اکائیاں ہو ہی نہیں سکتی تھیں۔ مگر اس زاویے کا

ایک اہم پہلو یہ ہے کہ پاکستان کی بنیاد اور ہندوستان کی تقسیم مسلم لیگ کے اس نعرے کا ہی نتیجہ تھی جس میں سارا زور اس پر تھا کہ ہندو اور مسلمان تہذیبی طور پر ایک دوسرے سے اس قدر مختلف ہیں کہ وہ ساتھ ساتھ رہ ہی نہیں سکتے۔ دوقومی نظریے کے نفاذ کی اصل قوت شمالی ہند ہی کے مسلمانوں میں مضمر تھی۔ یعنی جب شمالی ہند کے مسلمان مفروضہ طور پر خود کو شمالی ہند کی تہذیب کا حصہ نہیں سمجھتے تھے تو فسطائی سیاسی قوتوں کے لیے عام ہندو کو یہ سمجھانا آسان تھا کہ وہ اپنے لیے جس تہذیبی شناخت کی تشکیل کریں، اس میں اردو کا کوئی رول نہ ہو۔

تقسیم کے بعد خوف کی ہذیانی کیفیت میں مسلم اشراف نے ایک بڑا ہی بے وقوفانہ نعرہ اردو کے ہندو اہل قلم کا لگایا۔ انھیں امید تھی کہ ہندو اکثریت والے ملک میں اردو کے ہندو اہل قلم ہی اردو کی حفاظت کریں گے، اس کے درخشاں مستقبل کے ضامن ہوں گے۔ یہ نعرہ اردو اشراف کی انتہا درجہ فرقہ وارانہ ذہنیت کا غماز تھا۔ زبانوں کا فطری ارتقا جس طرح ہوتا ہے، اسی طرح اردو کا بھی ہوا اور سیاسی عوامل کے زیر اثر ہندو اشراف بھی مسلم اشراف کے شانہ بہ شانہ اسی طرح اردو کے ارتقا میں شریک تھا جس طرح ہندو عوام مسلم عوام کے ساتھ مل کر وہ زبان بولتے تھے جسے بعد میں اردو کہا گیا۔ فارسی کے متبادل کے طور پر مسلمانوں کے اقتدار کے زوال کے ساتھ ہی مسلم شناخت کا جزو لازم بنتی گئی۔ مورخین ایک مستقل بالذات زبان کے طور پر اردو کے فروغ کا زمانہ بہ اتفاق اورنگ زیب کی وفات (1707) قرار دیتے ہیں۔ مسلمہ طور پر اردو کی مسلم شناخت اور اردو رسم خط کو مذہبی حیثیت دینے کا معاملہ انگریزوں کے اقتدار پر قابض رہنے کے لائحۂ عمل کا نتیجہ تھا جسے بعد میں ان تمام قوتوں نے جلا بخشی، جن کے لیے اقتدار کی خاطر پورے برصغیر میں ہندوؤں اور مسلمانوں کو مسلسل تقسیم رکھنا ضروری تھا۔

اردو کے ہندو اہل قلم کی بہت سیدھی سماجیات یہ ہے کہ مسلمانوں سے اقتدار اس جمہوریت میں منتقل ہوتے ہی جہاں ہندو اکثریت تھی، ہندوؤں نے اردو کی اس تعلیم کا حصول ترک کر دیا جو ایک طرف سے مسلم تہذیب کا آئینہ دار تھی، اسلام کے مذہبی لوازم سے بھرپور تھی تو دوسری طرف وہی اردو زبان اب اقتدار کی منتقلی کے ساتھ، اقتدار سے قربت رکھنے والے ہندوؤں کے کسی مفاد کے حصول میں مزید معاون نہ ہو سکتی تھی۔

اقتدار سے محرومی کے ساتھ وہ مسلم اشراف خود ہی دست نگر ہو گئے جو اردو تہذیب کے آئینہ دار کہلاتے تھے۔ تقسیم کے نتیجے میں مسلم تعلیم یافتہ طبقے کے پاکستان ہجرت کر جانے کے بعد یہاں رہ جانے والے صرف وہی مسلم اشراف نئے اقتدار کا حصہ بن پائے جو انگریزوں کی موجودگی میں ہی انگریزی پڑھ کر نئے نظام میں شامل ہو گئے تھے۔ ہندوستان میں رہ جانے والے یہ مسلم اشراف تعداد کے اعتبار سے مٹھی بھر تھے اور ان کی اکثریت اقتدار کے نئے سرچشمے کانگریس کے وفادار خاندانوں سے تعلق رکھتی تھی۔ انگریزی سے واقف مسلم اشراف کے اس طبقے نے بھی بالکل اسی طرح اپنی نئی نسلوں کو اردو نہیں پڑھائی، جس طرح نئے نظام میں ہندو اشراف اردو سے کنارہ کش ہو گیا تھا۔

قصہ مختصر یہ کہ تقسیم کے بعد اردو ایک سیاسی بیان Political Statement بن کر رہ گئی اور ہر

مسلمان کسی نہ کسی طرح اردو کی سیاست میں شامل رہا۔ یہ شمولیت خواہ علامتی یا استعاراتی سطح پر ہو یا پھر تہذیبی علامیے کے ذریعے، مگر عملاً اردو سے متعلق ہندوستانی مسلمان کے کسی غیر سیاسی بیان کی تلاش جوئے شیر لانے سے کم نہیں۔ اسی طرح ان تمام مسلمانوں کے لیے جو اپنے لیے مسلمانوں میں لیڈرشپ کا رول تلاش کرتے ہیں، ہمیشہ ہی سب سے Soft Option ثابت ہوتی ہے۔ اردو کے ساتھ سیاست کی اس درجہ کارفرمائی نے اردو میں مسلمانوں کے ذریعے Social Act کی زبان ہونے کی وجہ سے اردو میں وہ علمی تحریریں بھی مفقود ہوگئیں جو زبان کے ان زاویوں کا احاطہ کرتیں جن کا تعلق زندگی کے عملی شعبوں سے ہے۔

مکمل طور پر سیاسی زبان بن جانے کے بعد جب اردو ادب تک محدود ہوئی اور زبان کا دخل زندگی کے تمام عملی شعبوں میں ختم ہوا تو پھر زبان کے فروغ کے امکانات کا معدوم ہو جانا خود ادب کے لیے بھی خطرے کی بات تو تھا مگر تقسیم کے بعد کے ان حالات کا منطقی اور لازمی نتیجہ بھی تھا جن میں اردو کی سیاست کی جا رہی تھی۔ تقسیم کے بعد ہندوستان کے مسلمانوں نے اردو تعلیم کے فنا ہونے اور اسکولوں کے نظام میں اس کی عدم فراہمی پر شور تو بہت مچایا مگر نہ تو اردو تعلیم کا نظم رضا کارانہ طور پر قائم کرنے کی کوشش کی اور نہ ہی اردو تعلیم کی عدم فراہمی کے محرکات کا علمی طور پر جائزہ لیا۔ نتیجتاً اردو تعلیم کا نظام برباد ہی نہیں ہوا، بلکہ اس بربادی کے محرکات سے اردو معاشرہ پوری طرح بے خبر بھی رہا۔ اردو کے احیا کی عملی کوششوں اور زبان کے زوال کا عمرانیاتی جائزہ نہ لیے کے پس پردہ سب سے بڑا سبب تو اردو اشراف کا خوف کی نفسیات کے تابع وہ ذہنی رویہ تھا جس کے تحت وہ حکومت کو ناراض نہیں کرنا چاہتا تھا۔

چونکہ اسے معلوم تھا کہ اردو تعلیم کے نظم کو حکومت نے فنا کیا ہے، اس لیے وہ اس موضوع پر ایسا کچھ بھی نہیں لکھنا چاہتا تھا جو حکومت کے لیے واقعتاً رسوائی یا کم سے کم پریشانی ہی کا سبب بنے۔ اس لیے اردو تعلیم اور غزل کی تعلیم ہم معنی بن کر رہ گئے اور اردو تعلیم سے متعلق اپنی تحریروں میں اردو اشراف نے جی بھر کر شاعری کی۔ نتیجہ یہ ہوا کہ معاشرے میں اردو زبان کے مکمل طور پر حاشیے پر چلے جانے کے بعد اردو ادب بھی اپنی وسیع تر معنویت کھو بیٹھا۔

[بشکریہ سہ ماہی 'ادب ساز'، جلد 1، شمارہ 2، اکتوبر تا دسمبر 2006، دہلی]

اردو کا سوال: باسی بھات میں خدا کا ساجھا

نامور سنگھ

ترجمہ: رغبت شمیم ملک

نظرِ ثانی: اطہر فاروقی

نامور سنگھ ہندی کے صف اول کے نقاد اور جواہر لال نہرو یونیورسٹی کے ہندستانی زبانوں کے مرکز کے ان اولیں آبادکاروں میں تھے جنھوں نے پروفیسر محمد حسن کے ساتھ مل کر اردو اور ہندی کی تدریس کے لیے کسی یونیورسٹی میں پہلی بار ایسا شعبہ بنایا جہاں اردو والوں کے لیے ہندی ادب اور ہندی ادب کے طالبِ علموں کے لیے اردو ادب کا مطالعہ لازمی تھا مگر عملاً ہوا یہ کہ ہندی کے طلبا نے کبھی اردو رسمِ خط نہیں سیکھا، اور اردو کے پرچے میں وہ جوابات ناگری میں لکھتے تھے۔ اردو ادب کے متعلمین البتہ ہندی ادب کا مطالعہ کرتے رہے۔

نامور سنگھ کے اس مضمون کی 1987 میں اشاعت اس راز کو افشا کرتی ہے کہ نامور سنگھ کے اندر اردو کے خلاف کتنا زہر بھرا ہوا تھا۔ یہ ذہن مشترکہ لسانی اور تہذیبی بنیادوں کے باوجود جدید ہندی کو ایک علاحدہ زبان یعنی ہندوؤں کی زبان کے طور پر تشکیل دینے اور اردو کو مسلمانوں کی زبان ثابت کرنے پر آج بھی تلا ہوا ہے۔ اردو کے خلاف ہندستان کی کسی ایسے ترقی پسند کا جو باقاعدہ کمیونسٹ پارٹی کا ممبر بھی تھا، تقسیم ہند کے بعد یہ پہلا تحریری اعترافِ جرم ہے جس کا قلم زہر اُگل رہا ہے۔ نامور سنگھ کھلے طور پر ذات پات میں اس قدر یقین کرتے تھے کہ ہندی ادب کے طالبِ علموں میں بھی ان کی پہلی ترجیح کوئی ٹھاکر طالبِ علم اور اس میں بھی اپنے گوتر کے طالبِ علم کے لیے ہوتی تھی۔ ان کے یونیورسٹی سے ریٹائرمنٹ کا زمانہ کانگریس کے سیاسی پارٹی کے طور پر کمزور ہونے کا زمانہ بھی ہے جس کے بعد وہ

آہستہ آہستہ بی جے پی کے ادبی پروگراموں میں بھی نظر آنے لگے اور زندگی کے آخری برسوں میں وہ آر ایس ایس کے پروگراموں میں کھلے طور پر شرکت کرتے تھے۔

مارچ 1987 میں اس مضمون کی اشاعت کئی اعتبار سے اہم ہے۔ اول تو ماہ نامہ 'ہنس' جو خود کو ترقی پسند خیالات کا ترجمان کہتا تھا، میں اس مضمون کی اشاعت ہی اس بات کا ثبوت ہے کہ ہندی کا ترقی پسند ادیب ان دائروں کے اندر ہی رہ کر ترقی پسند ہوتا ہے جہاں وہ جدید ہندی کی نظریاتی بنیادوں یعنی اردو دشمنی کا مخالف نہ ہو۔ دوسرے اس مضمون میں کئی سفید جھوٹ بولے گئے ہیں۔ مارچ 1987 تک کسی بھی ایسے صوبے؛ جس کا اس مضمون میں ذکر ہے، میں اردو کو مکمل طور پر دوسری سرکاری زبان نہیں بنایا گیا تھا۔ بلکہ مذکورہ صوبوں کے کچھ اضلاع میں ہی اس وقت تک اردو کو دوسری سرکاری زبان کا درجہ حاصل تھا۔ بہار میں مکمل طور پر دوسری سرکاری زبان 1989 میں بنایا گیا۔ نامور سنگھ کے پیٹ میں اصل درد اتر پردیش کو لے کر ہی تھا۔ ان کی دوررس نظروں نے دیکھ لیا تھا کہ اتر پردیش میں اردو کو دوسری سرکاری زبان کا جلد ہی درجہ دے دیا جائے گا، اس لیے انھوں نے پیش بندی کرکے اردو کو اتر پردیش میں دوسری سرکاری زبان کا درجہ ملنے مخالف کرکے قانونی عمل کو سیاسی طاقت کے ذریعے روکنے کی کوشش کی جو ناکام رہی، اور اتر پردیش کی صوبائی [قانون ساز] اسمبلی کے 1989 کے آخری اجلاس کے آخری چند روز میں اردو کو دوسری سرکاری زبان کا درجہ دیا گیا تھا۔ کچھ روز بعد اسمبلی تحلیل ہوگئی اور عام انتخابات میں کانگریس کو ایسی شکست ہوئی کہ اس کے بعد وہ ایک سیاسی پارٹی کے طور پر پھر کبھی اس صوبے میں اپنی حکومت تشکیل نہیں دے سکی۔ دوسری سرکاری زبان کا معاملہ عدالت میں زیرِ غور تو رہا مگر اس کے نفاذ کے خلاف نہ تو اتر پردیش ہائی کورٹ کی لکھنؤ بنچ، جہاں یہ مقدمہ زیرِ سماعت تھا اور نہ ہی سپریم کورٹ نے جہاں بالآخر یہ فیصلہ ہوا، حکمِ امتناعی نہیں دیا یعنی اس قانون کا نفاذ ممکن تھا جو کسی حکومت نے اس لیے نہیں کیا کہ اردو والوں نے اس کا کبھی مطالبہ کیا ہی نہیں۔ دلچسپ بات یہ ہے کہ 1987 سے 2014 تک اردو کو دوسری سرکاری زبان کا درجہ ملنے کے خلاف ہونے والی اس عدالتی لڑائی میں اردو کے کسی ادارے یا کسی شخص نے پیروی کرنے کے لیے پارٹی بننے کی کوشش نہیں کی۔ اس کے باوجود اردو کی آخرش فتح ہوئی اور سپریم کورٹ کی پانچ رکنی آئینی بنچ نے 2014 کے اپنے فیصلے میں اردو کے لیے اس آئینی درجے کو درست قرار دیا۔

دوسری سرکاری زبان کے اس درجے سے حالاں کہ اردو کو عملاً تو کچھ نہیں ملا مگر اسے آئینی استناد (Legitemacy) ضرور مل گیا جسے نامور سنگھ جیسے لوگ برداشت کر ہی نہیں سکتے تھے۔ وہ اردو کو داشتہ کے طور پر تمام سہولتیں دینے کے خلاف نہیں تھے مگر اسے استعاراتی بیوی کے حقوق دینے کے سخت مخالف تھے۔ مشہورِ زمانہ مگر اردو کے باب میں سب سے فضول دستاویز گجرال کمیٹی رپورٹ میں بھی اردو کے لیے کسی بھی صوبے میں دوسری سرکاری زبان کے درجے کی سفارش نہیں کی گئی تھی۔

نامور سنگھ کے اس مضمون کی نظریاتی بنیاد وطن پرستی کا ایسا تصور ہے جس میں مرکزی حیثیت ہندی ہی ہونی چاہیے۔ ہندی قومی زبان کے طور پر ہندو راشٹر کی تو بات ہی چھوڑ ہی دیجیے، عمومی لسانی پالیسی کے طور پر بھی یہ نظریہ مغربی بنگال اور جنوبی ہند کے صوبوں کے لیے قابلِ قبول نہیں ہے، اس لیے نامور سنگھ جیسے لوگوں کی بے بسی اور پھڑپھڑاہٹ اس تحریر میں صاف دیکھی جاسکتی ہے۔

— اطہر فاروقی

اردو جہاد کا ابھی یک فارمولائی لائحۂ عمل ہے: اتر پردیش میں اردو کو 'دوسرے سرکاری زبان' کا درجہ دلانا۔ بہار میں یہ درجہ 1981 میں ہی مل گیا۔ آندھرا پردیش نے بھی یہ درجہ دے دیا لیکن اتر پردیش کی بات ہی کچھ اور ہے۔ یہ اردو کی جائے پیدائش ہے۔ جائے پیدائش ہی نہیں گڑھ بھی اور گڑھ کی جیت ہی اصل جیت ہوتی ہے۔ خود کانگریس نے اپنے انتخابی منشور میں اردو کو 'دوسری سرکاری زبان' کی حیثیت سے قبول کیا ہے اور وعدہ کیا ہے کہ بہار ریاستی زبان قانون میں [ترمیم کرکے] اردو کو جو مقام دیا گیا ہے وہی اتر پردیش میں بھی دیا جائے گا۔ اتر پردیش کی حکومت نے اس ضمن میں قانون بھی بنا رکھا ہے۔ غرض کہ:

دل کا اک کام جو برسوں سے پڑا رکھا ہے
تم ذرا ہاتھ لگا دو تو ہوا رکھا ہے

دہلی اور لکھنؤ کی سیاسی ہوا کا جو رُخ ہے، اسے دیکھتے ہوئے اس بات کا پورا امکان ہے کہ آج کل میں اردو کو اتر پردیش میں 'دوسری سرکاری زبان' کا درجہ مل جائے گا لیکن مسئلے کا یہ حل نہیں ہے کیوں کہ اردو کا سوال صرف زبان کا سوال نہیں ہے۔ سوال مسلمانوں کی شناخت کا ہے اور مسلمانوں کی سیاسی شناخت کا سوال بنیادی طور پر سیاسی ہے جس کی جڑیں تاریخ میں پیوست ہیں۔ غیر اردو داں لوگ زبان کی اس تاریخ کو آج بھلے ہی فراموش کر بیٹھے ہوں لیکن اردو جہاد میں اس کی یاد تر و تازہ ہے، اس لیے، اس یاد کو کریدنا ضروری ہے، چاہے یہ کام ناپسندیدہ ہی کیوں نہ ہو۔

1937 میں انگریزوں نے فارسی کو ہٹا کر عدالت اور دفتر میں جدید ہندستانی زبانوں کو جگہ دی، تو بہار، اتر پردیش وغیرہ ہندی لسانی ریاستوں میں وہ مقام اردو کو ملا۔ طویل جدوجہد کے بعد 1881 میں بہار میں اور مغرب اتر پردیش میں ہندی کو بھی اردو کے برابر جگہ دے دی گئی۔ یہ صورت حال 1947 تک رہی۔ ہندی لسانی ریاستیں دفتری کام کاج اور تعلیم کے معاملے میں ذولسانی رہیں۔ اس ذیل میں اردو اور ہندی دونوں کو ہی ان ریاستوں میں برابری کا درجہ حاصل تھا، علاوہ ازیں ایک ریاست ایسی بھی تھی جو تنہا اردو کی بڑی ریاست تھی اور وہ تھی پنجاب۔ ان ریاستوں میں اردو زبان اور فارسی رسمِ خط کو انگریزی حکومت میں یہ درجہ اس لیے نہیں ملا تھا کہ اردو جاننے والوں کی تعداد سب سے زیادہ تھی۔ اردو کو یہ درجہ اس لیے بھی نہیں ملا تھا کہ وہ سب سے ترقی یافتہ اور

متمول زبان تھی۔

اردو کی شناخت کا بحران سمجھ میں آتا ہے لیکن شناخت کا حصول خاص رجحان سے الگاؤ نہیں، لگاؤ میں ہے۔ اگر سماج سے کٹ کر کوئی فرد اپنی شناخت حاصل نہیں کر سکتا، تو پھر کوئی زبان یا ادب بھی الگاؤ کے سبب نقصان میں ہی رہے گا۔ دوسری ریاستی زبان کا درجہ جس اقلیتی ثقافت کے تحفظ کے لیے حاصل کیا جا رہا ہے وہ اقلیتی فرقہ کو اور بھی اقلیتی بنانے کا عمل ہے۔ آج جو مذہب، زبان کے لیے کارآمد معلوم ہو رہا ہے وہ آگے چل کر کتنا نقصان دہ ثابت ہو سکتا ہے، اس کا اندازہ اردو جہادیوں کو پوری طرح نہیں ہے۔

فارسی نے اگرچہ چھ سو برسوں تک شمالی ہندستان کی زبانوں کو دبانے کی کوشش کی تو یہی کام اردو نے انگریزوں کے ساتھ مل کر سو برسوں تک کیا۔ یہی وہ وراثت ہے جس کے زور پر جدوجہد آزادی کے دوران اردو نے ہندی کے ساتھ پورے ہندستان کے لیے قومی زبان کا دعویٰ پیش کیا تھا۔ 1945 میں ایک طرف سجاد ظہیر جیسے ترقی پسند ادیب کہتے تھے کہ ہندستان کی قومی زبان ہندی اور اردو دونوں رسم خط میں ہوں، تو دوسری طرف مہاتما گاندھی اردو اور ہندی دونوں رسم الخطوں میں لکھی جانے والی 'ہندوستانی' کو بطور قومی زبان تسلیم کرنے کی اپیل کر رہے تھے۔

حیران کن بات تو یہ ہے کہ جن دنوں اردو انگریزی حکومت میں اتنا اونچا درجہ رکھتی تھی، ان دنوں بھی 'انجمن حمایتِ اردو' جیسے ادارے قائم کیے گئے تھے۔ انیسویں صدی کے آخری دنوں میں جب ہندی والے اپنے حق کے لیے حکومت کے پاس عرضیاں دے رہے تھے تو اردو کو خطرہ محسوس ہونے لگا تھا اور سرسید احمد نے علی گڑھ میں Urdu Defence Association قائم کی تھی جب 1900 میں اتر پردیش (صوبۂ متحدہ) کے گورنر میکڈنل نے ہندی کو اردو کے برابر درجہ دینے کا اعلان کیا تو سرسید احمد خاں کے جانشیں نواب محسن الملک نے اس مخالفت کی قیادت کی۔ اردو کو اس وقت کون سا خطرہ تھا جس کے تحفظ کے لیے یہ مہم چلائی جا رہی تھی۔ اس تحریک کی رہنمائی 'علی گڑھ' کر رہا تھا جو خصوصاً ہندستان کے مسلم نوّابوں، تعلقے داروں، زمیں داروں اور سرکاری افسروں کی منظم کوشش کا نتیجہ تھا۔ یہ ایک من گڑھت کہانی ہے کہ شمالی ہند کے مسلمان پچھڑے ہوئے تھے۔ پول آر براس نے اپنی کتاب *Language, Religion and Politics in North India* (1974) میں حقائق اور اعداد و شمار کے ساتھ کہا ہے کہ اتر پردیش میں کم از کم 1859 سے 1931 کے دوران مسلمان ہندوؤں سے کسی بھی طرح پس ماندہ نہیں تھے۔ یہی نہیں بلکہ شہری زندگی، خواندگی، انگریزی تعلیم، سرکاری ملازمت وغیرہ میں بھی وہ کہیں زیادہ بہتر حالت میں تھے۔ دراصل یہ مسلم جاگیردار طبقہ ممکنہ طور پر اپنی سہولیات اور حقوق کے تحفظ کے لیے فکرمند تھا۔ مسلم علاحدگی پسندی ان حقوق کے تحفظ کی فطری مظہر تھی۔ فارسی سے زیادہ اردو کی حفاظت علاحدگی پسندی کا ایک حصہ تھا۔ یہ محض اتفاق نہیں ہے کہ جس علی گڑھ تحریک نے 1906 میں مسلم لیگ کو جنم دیا، وہی اردو کی حمایت میں بھی پیش پیش تھی۔ آگے چل کر مسلم لیگ نے اسلام اور پاکستان کے ساتھ ساتھ اردو کو بھی اپنے نعرے کا حصہ بنا لیا۔ اس تناظر میں بابائے اردو ڈاکٹر عبدالحق کا وہ خطبہ خاص اہمیت رکھتا ہے جو انھوں نے 1961 کی 15

فروری کو غالب کے 92 ویں یومِ پیدائش پر کراچی میں دیا تھا۔ اس خطبے میں انھوں نے پاکستان میں اردو کو نظرانداز کرنے پر افسوس ظاہر کرتے ہوئے کہا تھا کہ ''پاکستان کو نہ جناح نے بنایا، نہ اقبال نے، پاکستان بنایا اردو نے۔ مسلمانوں اور ہندوؤں کی مخاصمت کی اصل وجہ اردو تھی۔ دوقومی نظریہ اور اس طرح کے تمام تنازعات اردو سے پیدا ہوئے تھے۔''

اس تناظر میں یہ نکتہ بھی قابلِ ذکر ہے کہ گاندھی جی نے جب 'ہندستانی' تحریک کے ذریعے ہندی اور اردو کو قریب لانے کی کوشش کی اور اس قومی عمل میں مولوی عبدالحق کی مدد مانگی تو انھوں نے صاف انکار کردیا کیوں کہ ان کی نظر میں اردو اور ہندی کا قریب آنا ممکن ہی نہیں تھا۔ مسلم جاگیرداروں اور مولویوں نے اردو کو الگ اس لیے نہیں کیا تھا کہ آگے چل کر اُسے ہندی کے ساتھ ملا دیا جائے۔ بول چال کی ایک ہی کھڑی بولی سے پیدا ہوکر بھی ادب میں اردو اور ہندی دو الگ زبانیں کیسے بن گئیں یا بنا دی گئیں، اس کا مفصل اور حقیقت پر مبنی ذکر امرت رائے کی کتاب *A House Divided : The Origin and Development of Hindi/Hindavi* (Oxford, 1984) میں ملتا ہے۔ یہاں ان باتوں کو دہرانے کی ضرورت نہیں ہے۔ کہنے کا مطلب صرف یہ ہے کہ 1947 سے قبل اردو کا مطالبہ مسلم علاحدگی پسندی کی سیاست کا حصہ تھا۔ یہ مطالبہ کتنا غیر دانش مندانہ تھا، اس کا اندازہ صرف اس بات سے لگایا جاسکتا ہے کہ اردو صرف شمالی ہندوستان کی ہندی لسانی ریاستوں میں ہی نہیں بلکہ پورے ہندوستان کی ریاستی زبان ہونے کا دعویٰ کرتی تھی اور اس دعوے کے چلتے اردو کے حمایتی اتنے اندھے ہوگئے تھے کہ وہ ہندوستان کی دیگر زبانوں کے وجود سے بھی بے خبر تھے۔ یہاں تک کہ اردو اور ہندی کا مسئلہ پورے ہندستان کا لسانی مسئلہ بن گیا اور ہندوستان جیسی ایک کثیر اللسان لسانی اور ملک کی زبان کے مسئلے کی پیچیدگی پر غور کرنے کی طرف ذہن نہیں گیا۔

1947 میں پاکستان بن جانے کے بعد بھی اگر سیاسی مسئلہ پوری طرح حل نہیں ہوا تو لسانی مسئلہ ہی کیسے حل ہوتا! تقسیم کا المیہ یہ ہے کہ ہندوستان کے جو حصے پاکستان کو ملے، ان میں کسی بھی صوبے کی زبان اردو نہیں تھی؛ نہ پنجاب کی، نہ سندھ کی، نہ بلوچستان کی، نہ سرحدی علاقے کی اور نہ مشرقی بنگال کی۔ الگاؤ کی مانگ کرنے والے زیادہ تر مسلمانوں کو ہندستان میں ہی رہ جانا پڑا۔ یقیناً اس عمل میں وہ کچھ اور اقلیتی ہوگئے۔ آزاد ہندستان میں مسلم شناخت کا بحران اور بڑھ گیا لیکن تبدیل شدہ حالت میں سیاسی سطح پر مسلم شناخت کے مسائل کو اٹھانے کی گنجائش نہیں تھی۔ مذہبی غیر جانبداری یا سیکولرزم کی آئینی قرارداد کو دیکھتے ہوئے 'اسلام خطرے میں' کا نعرہ لگانا بھی خطرناک تھا۔ ایک زبان کا راستہ ہی سیکولرزم کو بچائے رکھنے کا راستہ بن جاتا ہے جس کے سہارے ثقافتی یک جہتی کی آواز اٹھائی جاسکتی تھی۔ ابتدا پارلیمنٹ ہاؤس کے تشکیلی عہد سے ہی ہوگئی یعنی تقسیم کے ٹھیک بعد ہی 1950 سے تسلیم شدہ آئینِ ہند (Constitution of India) میں بالآخر ہندستان کی چودہ زبانوں میں اردو کو بھی جگہ ملی لیکن سوال تو اردو کے لیے ایک علاقائی بنیاد کا تھا اور اس بنیاد کے لیے جدوجہد کا موقع بھی جلد ہی آیا۔

1951 میں جب اتر پردیش کی سرکاری زبان کا قانون پاس ہوا تو ہندی کو سرکاری کام کاج کی زبان بنانے کے ساتھ ہی اس میں یہ تجویز بھی پیش کی گئی کہ ''اردو زبان بولنے والوں کو تمام سہولیات دی جائیں گی''، لیکن پرانے اردو جہادیوں کو اس سے اطمینان حاصل نہیں ہوا۔ انجمن ترقی اردو (ہند) نے فوراً ایک علاقائی زبان کمیٹی بنا دی جس کے صدر ڈاکٹر ذاکر حسین ہوئے۔ ذاکر صاحب ان دنوں علی گڑھ مسلم یونیورسٹی کے وائس چانسلر تھے۔ دیگر ممبران میں پنڈت ہردے ناتھ کنزرو جیسے کچھ اہم اردو دوست ہندو بھی رکھے گئے تاکہ اردو کی تحریک کو براہِ راست مسلم فرقہ وارایت سے نہ جوڑا جائے۔ مطالبہ یہ تھا کہ اردو کو بھی اتر پردیش کی علاقائی زبان کا درجہ دیا جائے۔ ثبوت کے لیے اردو کثیر لسانی علاقوں سے دستخط کرائے گئے۔

یہ کہنے کی ضرورت نہیں کہ علاقائی زبان کا مطالبہ بالکل غیر فرقہ وارانہ تو ہے ہی، ساتھ ہی غیر آئینی بھی ہے لیکن اسی دوران ریاست جموں اور کشمیر میں اردو کو ریاست کی سرکاری زبان کا درجہ دینے کا اعلان کر دیا گیا۔ اگر علاقائیت کے نظریہ کو تسلیم کر لیں تو کشمیر کی ریاستی زبان کشمیری ہونی چاہیے تھی۔ ویسے کشمیری زبان پارلیمان کی چودہ اہم زبانوں میں سے ایک زبان کے طور پر منظور شدہ بھی ہے تاہم اگر اردو کو جموں اور کشمیر کی ریاستی زبان بنایا گیا تو اس کی بنیاد مسلم اکثریت کے علاوہ اور کیا ہو سکتی ہے؟ ایک طرح سے دیکھیں تو اس میں کوئی خاص قباحت بھی نہیں۔ اگر صرف سات فیصد اردو بولنے والوں کے باوجود پاکستان کی زبان اردو صرف اس لیے ہو سکتی ہے کہ وہاں کے زیادہ تر شہری مسلمان اردو داں ہیں تو کشمیر کی ریاستی زبان اردو کیوں نہیں ہو سکتی؟ ریاستی زبان ہونے کے لیے ایک جگہ علاقائی بنیاد تو دوسری جگہ مذہب! اب اس پر کسی کو تضاد نظر آئے تو آئے! سوال وجود کے تحفظ کا ہے! وجود بحران میں ہو تو منطقی اور غیر منطقی نہیں دیکھا جاتا۔ ویسے بھی زبان کے مسائل صرف دلائل سے طے ہوتے بھی نہیں ہیں۔

مسلم فرقے کے وجود کے لیے بحران یہ تھا کہ آزادی کے حصول کے ساتھ پرانے زمیندارانہ نظام کو ختم کر دیا گیا جس کا گہرا اثر بہار، اتر پردیش کے مسلمان زمینداروں اور تعلقہ داروں پر پڑا۔ ریاستیں تحلیل ہوئیں تو راجاؤں کے ساتھ نواب بھی اجڑے۔ اردو زبان اور ادب کے سرپرستوں پر حکومت نے نظر رکھنی شروع کر دی اور غیر سرکاری ملازمتوں اور روزگاروں کے دیگر شعبوں میں تعلیم یافتہ مسلمانوں کو بھی یقیناً مشکلات کا سامنا کرنا پڑا۔ کسی منظم سیاسی پارٹی کے فقدان میں سیاسی نمائندگی بھی کم ہو گئی۔ 1900 میں اتر پردیش میں ہندی کے برابر آ جانے پر اردو کے لیے معاشی اور ثقافتی خطرے کا اندیشہ پیدا ہو گیا تھا۔ اب تو ہندی، کئی ریاستوں کے ساتھ ساتھ مرکز کی بھی سرکاری زبان ہو گئی تھی۔ اردو بولنے والوں کے معاشی اور ثقافتی بحران کا اندازہ لگانا مشکل نہیں، اندیشے تصوراتی نہیں حقیقی ہیں۔

اس دوران ہندی کا غلبہ جتنا بڑھا، اس سے زیادہ ہندو فرقہ واریت میں اضافہ ہوا۔ 1964 میں تقسیم کے بعد پہلی بار مشرقی ہندستان میں بھیانک ہندو مسلم فسادات ہوئے۔ سال بھر بعد ہند پاک جنگ ہوئی۔ اس کے

برصغیر میں اردو کی سیاست

بعد تو تھوڑے تھوڑے وقفے سے ہندو۔مسلم فسادات کا سلسلہ ہی چل پڑا۔ جواہر لال نہرو کے بعد کانگریس پارٹی تو کمزور ہوئی ہی، بائیں بازو کی پارٹیاں اور طاقتیں بھی پھوٹ کا شکار ہوگئیں۔ مسلم فرقہ اب صرف لسانی اور ثقافتی مطالبات سے مطمئن نہ ہوسکتا تھا، اس لیے، سیدھے فرقہ واریت کی بنیاد پر مسلم تنظیموں کے دوبارہ زندہ ہونے کا عمل شروع ہوا۔ ساتھ ہی مسلمانوں کی کچھ نئی سیاسی تنظیمیں بھی بنیں۔ نئے نئے مسلم لیڈر سامنے آئے۔ اس سلسلے میں اردو کے مطالبات میں امتیازی تبدیلی آئی۔ پہلے جہاں علاقائی زبان کا مطالبہ کیا جارہا تھا، اب اس کی جگہ پر 'دوسری ریاستی زبان' کا مطالبہ سامنے آیا۔

1967 کے عام انتخابات وہ پہلا موقع تھا جب خصوصاً اتر پردیش اور بہار میں اردو کو 'دوسری ریاستی زبان' کا درجہ دلانے کا مطالبہ شروع ہوا۔ اور یہ مطالبہ سیاسی معاملہ بن گیا۔ متعدد سیاسی پارٹیوں نے، خصوصاً دونوں کمیونسٹ پارٹیوں نے اس مطالبے کو اپنے انتخابات منشور میں شامل کیا۔ انتخاب کے نتیجے میں بہار، اتر پردیش، مدھیہ پردیش وغیرہ متعدد ہندی لسانی ریاستوں میں کانگریس کا گڑھ ٹوٹ گیا اور غیر کانگریس پارٹیوں کی مخلوط سرکاریں بنیں۔ اردو کو 'دوسری سرکاری زبان' بنانے کا مسئلہ سب سے پہلے بہار میں اٹھا اور 1968 میں رانچی میں بھیانک فرقہ وارانہ فساد ہوا اور مخلوط سرکار ختم ہوگئی، اور 'دوسری سرکاری زبان' کا مسئلہ دھرا رہ گیا۔ اس کے کچھ عرصے بعد بہار اور اتر پردیش میں کانگریس دوبارہ اقتدار میں آئی لیکن 'اردو کو دوسری سرکاری زبان' بنانے کے سلسلے میں عرصہ تک کوئی پہل نہ کی گئی۔ چودہ سال بعد بہار کے ایک کانگریسی وزیر اعلیٰ ہی نے بالآخر اردو کو 'دوسری ریاستی زبان' کا درجہ دے دیا۔

1967 کا سال اس نقطۂ نظر سے بھی قابل ذکر ہے کہ اس سال پارلیامنٹ نے 'ترمیم شدہ سرکاری زبان (Official Languages) کا قانون' پاس کیا اور سرکار کی طرف سے غیر ہندی ریاستوں کو یقین دلایا گیا کہ اُن کی خواہش کے خلاف ہندی ان پر 'تھوپی' نہیں جائے گی۔ واضح طور پر یہ زمانہ ہندوستان کے مختلف علاقوں میں لسانی شناخت کے بکھراؤ کا زمانہ ہے۔ اردو والوں کی طرف سے 'دوسری سرکاری زبان' کا سوال عین ایسے وقت پر اٹھایا گیا جب کل ہند سطح پر ہندی کی بنیاد ڈانوا ڈول ہو رہی تھی۔ کہاں تو مسئلہ انگریزی کے غلبے کو ہٹانے کا تھا اور کہاں بحث ہو رہی ہے ہندی کے 'تھوپے' جانے کی۔ تھوپی ہوئی انگریزی پر کوئی اعتراض نہیں لیکن تھوپی جانے والی ہندی پر اتنا ہنگامہ کیوں! اُلٹے ہندی کو جو تھوڑی بہت سہولت ملی ہے، اسی میں حصہ مانگنے کے لیے اردو سر پر سوار: باسی بھات میں خدا کا ساجھا؟

اس دوران اردو کے حق کی مانگ کرنے والوں کی دلیل میں ایک اہم تبدیلی آئی۔ پہلے اردو کی سیکولر بنیاد اور اس کے قومی خدوخال پر زور رہتا تھا۔ کہا جاتا تھا کہ اس کے بولنے والوں میں ہندو اور مسلمان دونوں ہیں۔ اردو شاعروں اور ادیبوں کے نام گنتے وقت ہندو ادیبوں کا ذکر بطور خاص کیا جاتا تھا اور گنگا جمنی تہذیب کے نام پر اردو کا حق مانگا جاتا تھا۔ اب سیدھے سیدھے مسلم اقلیتوں کی زبان کی حیثیت سے اردو کے حق کی مانگ کی جارہی ہے۔

ایک وقت زبان کو مذہب سے الگ کر کے دیکھنے کی بات کی جاتی تھی، اب زبان مذہب کے ساتھ اس طرح گڈ مڈ ہوگئی ہے کہ زبان خود مذہب بن گئی ہے۔ 1935 میں ترقی پسند مصنفین کی انجمن کا جو منشور لندن میں تیار کیا گیا تھا، اُس میں ہندوستان کے لیے ایک مشترکہ زبان کے طور پر 'ہندوستانی' کا ذکر تھا اور ایک مشترکہ رسم خط کے طور پر 'انڈورومن' کا۔ یہ دوسری بات ہے کہ 1936 کی لکھنؤ کانفرنس میں جو منشور منظور ہوا، اس میں سے یہ جملہ نکال دیا گیا لیکن اس بات سے یہ پتہ چلتا ہے کہ ایک وقت ایسا بھی تھا جب اردو کے ترقی پسند ادیب اردو رسم خط ترک کرنے کے لیے تیار تھے اور اس رسم خط کو دین ایمان نہیں سمجھتے تھے۔ یہ ضرور ہے کہ وہ اردو کے ساتھ ناگری رسم خط کو بھی چھوڑنے کے حق میں تھے۔ شاید ناگری رسم خط سے گریز کی وجہ سے ہی اردو رسم خط کو بھی چھوڑنا گوارہ تھا۔ کیسا المیہ ہے کہ 'انڈورومن' کہہ کر ایک غیر ملکی رسم خط کو تو اردو والے اپنا لینا چاہتے ہیں لیکن ایک ہندستانی رسم خط ان کے گلے کے نیچے نہیں اترتا۔ یہ وہ نفسیات ہے جو انگریزی کو تو گلے لگا سکتی ہے لیکن ہندی کو برداشت کرنے کے لیے تیار نہیں۔

بہر حال اتر پردیش نہ سہی، بہار میں تو اردو 'دوسری ریاستی زبان' بن گئی ہے۔ دیکھنا چاہیے کہ اس اعزاز سے مسلم اقلیت کو کتنی سہولتیں حاصل ہوئیں۔ اور بالآخر مسلم شناخت کو کتنی طاقت ملی؟ اردو کے کچھ تعلیم یافتہ لوگوں کو چھوٹی موٹی ملازمت ملنے کے سوا عام مسلمان کو کیا ملا؟ ہوسکتا ہے، اردو کے تعلیم یافتہ مسلم اقلیتی طبقے کے لیے یہ بہت ہو، لیکن اس سے صاف ظاہر ہوتا ہے کہ اردو جہاد بنیادی طور پر ایسی تہذیبی اقلیت کی تحریک ہے جو اپنی تہذیب و ثقافت کے نام پر موجودہ حکومت میں کچھ سہولتیں حاصل کرنا چاہتی ہے۔ ریاستی زبان ہندی کے لیے شور مچانے والے 'ہائے ہندی ہائے ہندی' کرنے والے چند لوگوں سے یہ لوگ کسی طرح مختلف نہیں ہے۔ مرکزی ریاستی زبان (Official Language of the Union) ہو کر بھی ہندی جس طرح عوام سے کٹتی ہوئی اپنی تخلیقیت کھو رہی ہے، اس سے اردو تہذیبی گروہ کے سائے میں طویل عرصے تک رہنے والی ذہنیت کو سبق لینا چاہیے۔ اردو تو پہلے سے ہی اپنی عوامی قوت کافی حد تک کھو چکی ہے، اس نئی ہوڑ میں تو اس کے وجود پر ہی بن آئے گی۔

غور سے دیکھیں تو 'دوسری ریاستی زبان' کا درجہ ایک فریب ہے۔ دل کے بہلانے کو ایک اچھا خیال! حقیقت جہاد چھیڑنے والے لیڈر بھی جانتے ہیں اور حکومت کے طرف دار وہ لیڈر بھی جنھوں نے فیاضی سے یہ مطالبہ تسلیم کرلیا۔ ایسی انوکھی جدوجہد جس میں دونوں طرف دار اپنے آپ کو فاتح سمجھ رہے ہیں، اصلی فتح کا پتہ تو تب چلے گا جب انتخاب ہوگا۔

عوامی تفریح کا یہ کھیل بالآخر کتنا خطرناک ہے، اس کا پتہ تب چلے گا جب ایک ایک کر کے ہندوستان کی دوسری ریاستوں میں بھی 'دوسری سرکاری زبان' کے دعویدار کھڑے ہوں گے۔ ہندستان کا لسانی نقشہ ہی کچھ ایسا ہے کہ ہندستان کے کم و بیش سبھی صوبے ذولسانی اور کثیر اللسانی ہیں، اس لیے، اگر ایک جگہ 'دوسری سرکاری زبان' کا نظریہ تسلیم کر بھی لیا گیا تو پھر اس کا سلسلہ کہاں جا کر ختم ہوگا، اندازہ لگایا جاسکتا ہے۔

اردو کی شناخت کا بحران سمجھ میں آتا ہے لیکن شناخت کا حصول اصل دھارے سے کٹ جانے میں نہیں بلکہ اس میں شامل رہنے سے ہے۔ سماج سے کٹ کر اگر کوئی فرد اپنی شناخت حاصل نہیں کرسکتا، تو پھر کوئی زبان یا ادب بھی 'الگاؤ' سے خسارے میں ہی رہے گا۔ 'دوسری سرکاری زبان' کا درجہ جس اقلیتی ثقافت کے تحفظ کے لیے حاصل کیا جارہا ہے، وہ اقلیتی فرقہ کو اور بھی اقلیتی بنانے کا عمل ہے۔ آج جو مذہب زبان کے لیے کارآمد معلوم ہورہا ہے، وہ آگے چل کر کتنا نقصان دہ ثابت ہوسکتا ہے، اس کا اندازہ ابھی اردو جہادیوں کو پوری طرح نہیں ہے۔ جس زبان کا ادب فرقہ واریت کے خلاف جدوجہد کی شاندار دستاویز ہو، وہ اردو خود فرقہ وارانہ عناصر کے ہاتھوں میں کھیل بن جائے، اس سے بڑا المیہ اور کیا ہوگا؟

اردو کے وجود کا سوال تاریخ کو یاد کرنے اور کرانے سے حل نہیں ہوگا۔ تاریخ صرف اتنی ہی مدد کرسکتی ہے کہ وہ اپنے آپ کو دہرانے سے روک لے۔ مسئلے کا حل مستقبل سے روبرو ہونے میں ہی ہے۔ صرف اپنے مستقبل کا نہیں بلکہ ان کے مستقبل کا جو 1947 سے قبل کی تاریخ سے ناآشنا ہیں یا جو فارسی زدہ زبان کی تربیت میں پلے اور فارسی رسم خط سے وابستہ رہے، انھیں یہ حق نہیں کہ وہ نئی نسل کو بھی اسی ثقافت سے باندھے رکھیں۔ مستقبل نہ جانے کتنے غیر متوقع متبادلات سے پُر ہے۔ مستقبل کے چیلنجز سماج کی جن طاقتوں کو یکجا ہونے کے لیے للکار رہے ہیں، ان سے وابستہ ہوکر آگے بڑھنے میں اگر زبان یا رسم خط بھی دیوار بنتی ہے تو انھیں توڑنے کا حوصلہ ہونا چاہیے۔ یہ بات اردو کے لیے اتنی ہی سچ ہے جتنی ہندی کے لیے۔ 'خود کا تحفظ' لڑائی میں نہیں، اس حوصلہ مندمہم میں ہے جس کا مقصد مستقبل کی فتح ہے۔ اس عظیم مقصد کے سامنے 'دوسری سرکاری زبان' کا درجہ محض ایک جھنجھنا ہے۔

[بشکریہ ماہ نامہ 'ہنس'، نئی دہلی، مارچ 1987]

کچھ اردو رسم الخط کے بارے میں

شمس الرحمٰن فاروقی

یہ ہماری زبان کی بدنصیبی ہی کہی جائے گی کہ اس کا رسم الخط بدلنے کی تجویزیں بار بار اٹھتی ہیں، گویا رسم الخط نہ ہوا، ایسا داغ بدنامی ہوا کہ اس سے جلد از جلد چھٹکارا پانا بہت ضروری ہو۔ کبھی اس کے لیے رومن رسم خط تجویز ہوتا ہے، کبھی دیوناگری اور افسوس کی بات یہ ہے کہ رسم خط میں تبدیلی کی بات کہنے والے اکثر خود اہل اردو ہی ہوتے ہیں۔

جب سے انگریز بہادر کی نگاہ کرم اس بات پر پڑی، اس کے دوست نما دشمنوں کی تعداد بڑھتی ہی گئی ہے۔ انگریزوں نے پہلے تو اس کا نام 'ہندی' سے بدل کر 'ہندوستانی' رکھنا چاہا۔ جب وہ نہ چلا تو ان کی خوش قسمتی سے لفظ 'اردو' ان کے ہاتھ آ گیا۔ اصل حقیقت تو یہ ہے کہ اٹھارویں صدی کے اواخر تک 'زبان اردوے معلّیٰ' کا خطاب فارسی کے لیے عام تھا اور لفظ 'اردو' کے معنی تھے 'شاہجہاں آباد کا شہر' یا 'قلعہ معلّیٰ شاہجہاں آباد'۔ جب دہلی (یعنی اردو بمعنی 'دہلی شہر') میں ہندی (یعنی آج کے معنی میں اردو زبان) عام ہوئی تو اس کو (یعنی 'ہندی' کو) 'زبان اردوے معلّیٰ' کہا جانے لگا۔ پھر مختصر ہوتے ہوتے یہ فقرہ 'زبان اردو'، یا 'اردو کی زبان' اور پھر صرف 'اردو' رہ گیا۔

انگریزوں کو بھی یہ بات موافق آتی تھی، کیوں کہ وہ چاہتے تھے کہ ہندوؤں کی کوئی الگ زبان ہو اور وہ 'ہندی' کہلائے۔ لہٰذا انھوں نے 'ہندی' کا نام ہماری زبان سے چھین کر ایک نئی زبان کو دے دیا، اور ہماری زبان کا نام صرف 'اردو' رہ گیا۔ یعنی انگریزوں کی مہربانی سے ہماری زبان سارے ہندوستان کی زبان کے بجائے 'اردو' یعنی 'لشکر بازار' یا 'شاہی کیمپ اور دربار' کی زبان ٹھہری۔

انگریزوں نے دوسرا ستم یہ کیا کہ انھوں نے لفظ 'اردو' کے معنی 'لشکر بازار، شاہی کیمپ اور دربار' نہیں، بلکہ 'فوج، لشکر' بیان کیے۔ آہستہ آہستہ یہ بات اتنی مقبول ہوئی کہ سب اردو والے بھی یہی سمجھنے لگے کہ ہماری زبان

دراصل ایک فوجی اور لشکری زبان ہے۔ ابھی حال ہی میں 'ہماری زبان' میں ایک نظم چھپی ہے جس میں یہ بات کم و بیش فخریہ کہی گئی ہے کہ اردو 'لشکری' زبان ہے۔

احسن مارہروی نے 1910 میں ایک طویل نظم 'اردو لشکر' کے نام سے لکھی اور طبع کرائی تھی۔ میں نے اس کا ایک نسخہ نظامی بک ایجنسی بدایوں کے یہاں سے بڑے اشتیاق سے منگوایا کہ دیکھیں، آج سے کوئی سو برس پہلے احسن مارہروی نے اردو زبان کے نام کے بارے میں شاید کوئی دلچسپ بات کہی ہو، یا شاید یہ بتانا چاہا ہو کہ اردو دراصل 'لشکری' زبان نہیں ہے۔ مجھے یہ دیکھ کر مایوسی ہوئی کہ اس نظم میں وہی عام بات دہرائی گئی ہے کہ اس زبان کی پیدائش اور ترقی مسلمانوں کے زمانے میں اور ان کی فوج وغیرہ میں ہوئی۔ لفظ 'اردو' کے غلط لیکن مقبول معنی 'لشکر' کی مناسبت سے احسن مرحوم نے اپنی نظم کا نام 'اردو لشکر' رکھ دیا، اور ولی دکنی سے لے کر اپنے زمانے تک کے بڑے ادیبوں کو 'اردو لشکر کے سردار' قرار دیا۔

ابتدا اس کی ہوئی ہے اس زمانے میں یہاں
جب مسلمانوں کا تھا ہندوستاں میں خوب راج
گو عدالت کی زباں اردو نہ تھی پھر بھی بہت
فوج میں بازار میں چلتا تھا اس سے کام کاج

اس پر طرہ یہ کہ اردو کو انگریزوں کا احسان مند ٹھہرایا گیا ہے۔ احسن مارہروی کہتے ہیں:

ہے گورنمنٹ اپنی عادل ہم کو ہے اس سے امید
وہ ہمارے حال پر فرمائے گی بے شک کرم
کی حمایت جس قدر اردو زباں کی آج تک
وہ نہیں کچھ کم جو آسانی سے ہو جائے رقم
عدل پر اس سلطنت کے ناز کرنا چاہیے
ایسے عادل ایسے مصنف تھے نہ کسریٰ اور جم

ایسی صورت میں اگر گلکرسٹ (Dr. John Gilchrist) کو اردو کا محسن اعظم قرار دیا گیا تو کچھ تعجب کی بات نہیں۔ آپ نے کبھی غور کیا کہ اگر ہماری زبان کا اصل نام، یعنی 'ہندی' برقرار رکھا جاتا تو یہ افسانہ گھڑنا اور رائج کرنا ممکن نہ تھا کہ یہ لشکری زبان ہے۔ بھلا کون تھا جو تسلیم کرتا کہ جس زبان کا نام 'ہندی' ہو، اسے لشکریوں اور فوجیوں نے رائج کیا تھا؟ میر امن نے جب 'باغ و بہار' میں 'اردو' (یعنی دہلی) کی زبان کی 'تاریخ' اپنے لفظوں میں بیان کی تو انھوں نے سب سے بڑی ناانصافی اس زبان کے ساتھ یہ کی کہ انھوں نے یہ کہیں کہا ہی نہیں کہ یہ زبان (جسے وہ 'اردو' کی زبان کہہ رہے ہیں) دراصل 'ہندی' کے نام سے جانی جاتی ہے۔ انھوں نے یہ تو کہا کہ اس زبان کو 'اردو' (یعنی دہلی) کے سارے لوگ بولتے ہیں، کیا ہندو کیا مسلمان، کیا عورتیں کیا مرد، کیا بچے کیا بوڑھے،

لیکن انھوں نے یہ بتانے سے گریز کیا کہ اس زبان کا نام 'ہندی' ہے۔ جب میر کہتے ہیں۔

کیا جانے لوگ کہتے ہیں کس کو سرورِ قلب
آیا نہیں یہ لفظ تو ہندی زبان کے بیچ

ان کی مراد جے شنکر پرشاد اور رام چندر شکل کی ہندی سے نہ تھی، اور نہ ٹی وی اور آکاش وانی کی ہندی سے تھی۔ لفظ 'ہندی' سے میر وہی زبان مراد لے رہے تھے جس میں وہ شعر کہتے تھے اور جسے ہم آج 'اردو' کہتے ہیں۔

جب ہماری زبان کا نام 'ہندی' سے 'اردو' بنا دیا گیا تو انگریزوں اور انگریزوں کے حمایتی 'قوم پرست' ہندوؤں کی توجہ رسم خط پر زیادہ زور وشور سے ہوئی۔ سب جانتے ہیں کہ اپنی خوبصورتی، کم جگہ میں زیادہ الفاظ کھپا دینے کی صلاحیت، فنکارانہ تنوع کے امکانات اور فارسی، عربی، سنسکرت سے اس کے ربط کے سبب سے اردو کا رسم الخط ہندوستانی تہذیب کی شانوں میں ایک شان ہے اور اردو کے مخصوص حالات کو مدنظر رکھیں تو اسے اردو زبان کی جان کہا جاسکتا ہے۔ یعنی موجودہ حالات میں اردو کا رسم الخط بدلنے کی تجویز درحقیقت اردو کو موت کے گھاٹ اتارنے کی تجویز ہے۔ رنج کی بات یہ ہے کہ اردو کے مخالفین اور دوست نما دشمن، مدت دراز سے اس کے رسم الخط کو اپنی دشمنی کا ہدف بنائے ہوئے ہیں۔

اردو کا رسم الخط بدل کر اسے رومن میں لکھنے کی تجویز سب سے پہلے حضرت گلکرسٹ (Gilchrist) نے رکھی تھی۔ افسوس ہے کہ ہم میں سے اکثر اب بھی گلکرسٹ کو اردو زبان کے محسنین میں شمار کرتے ہیں، جب کہ حقیقت برعکس ہے۔ اپنی کتاب *The Oriental Fabulist* مطبوعہ 1803 میں گلکرسٹ نے بخیال خود یہ 'ثابت' کیا تھا کہ اردو ہی نہیں، بلکہ اور بھی کئی ہندوستانی زبانوں کو رومن رسم خط میں 'آسانی اور صحت کے ساتھ' لکھا جاسکتا ہے۔ اس معاملے پر تھوڑی سی بحث مرحوم عتیق صدیقی نے اپنی کتاب *Origins of Modern Hindustani Literature* مطبوعہ علی گڑھ 1963 میں پیش کی ہے۔ لیکن گلکرسٹ کی تجویز میں جو سامراجی تکبر اور حاکمانہ تنگ نظری پنہاں ہے، اس کی طرف عتیق صدیقی نے اعتنا نہیں کیا۔ اس تجویز پر اعتراض کے بجائے صدیقی مرحوم نے اسے 'ہندوستان کو متحد کرنے کی قابل تعریف کوشش' کا نام دیا ہے۔

گلکرسٹ کی بات پر اس وقت شاید زیادہ توجہ نہ دی گئی ہو لیکن جب انگریزوں کے زیر اثر اردو اور 'ہندی' کی تفریق قائم ہونے لگی اور 'ہندی' زبان کو ہندوؤں کے 'قومی تشخص' کی پہچان بنایا جانے لگا، تو ملک کے ایک طبقے نے، جو انجانے میں انگریزی سامراج کا شکار بن چکا تھا، اردو کی مخالفت کو بھی 'ہندی' کے قیام کے لیے ضروری جانا۔ اردو کی مخالفت جن بنیادوں پر کی جانے لگی، ان میں ایک یہ بھی تھی کہ اردو کا رسم خط 'ناقص ہے' یا / اور غیر ملکی ہے۔ چنانچہ راجندر لال مترا نے 1864 میں ایک مضمون بزبان انگریزی لکھا اور اپنے تئیں ثابت کیا کہ ناگری رسم الخط کو اردو رسم الخط پر فوقیت ہے۔ اس زمانے میں اردو رسم خط کو رومن کر دینے کی بات اتنے زور شور

سے اٹھائی جارہی تھی کہ گارساں دتاسی نے خدشہ ظاہر کیا کہ کہیں سیاسی مصلحت اور دباؤ کے تحت انگریز لوگ اردو کا رسم خط رومن کرہی نہ ڈالیں۔ دتاسی نے لکھا کہ ایسا ہوا تو بہت برا ہوگا۔ اس معاملے کی تفصیل کے لیے فرمان فتح پوری کی کتاب 'اردو املا اور رسم الخط' مطبوعہ اسلام آباد ملاحظہ ہو۔

راجندر لال مترا نے اپنے زمانے کے 'ہندو قوم پرست' حلقوں پر گہرا اثر ڈالا تھا۔ بھارتیندو ہریش چندر سے بھی ان کے مراسم تھے۔ کچھ عجب نہیں کہ اگر بھارتیندو کو اردو سے ناگری رسم خط والی 'ہندی' کی طرف راغب کرنے میں 'ہندو قوم پرست' حلقوں کا ہاتھ تھا، تو انھیں اردو سے متنفر کرنے اور اس کے رسم الخط میں کیڑے نکالنے کی طرف راجندر لال مترا نے مہمیز کیا ہو، ورنہ کوئی وجہ نہیں کہ وہی بھارتیندو ہریش چندر جنھوں نے 1871 میں لکھا تھا کہ میری اور میرے گھرانے کی عورتوں کی زبان اردو ہے، دس سال بعد ایجوکیشن کمیشن کے سامنے یہ کہتے ہوئے پائے جائیں کہ اردو رسم الخط ایک طرح سے مسلمانوں کی سازش ہے، کہ اس میں 'لکھیے کچھ اور پڑھیے کچھ' کی آسانی ہے۔ اس طرح عام سادہ لوح رعایا کو دھوکا دینے کے لیے یہ رسم خط نہایت موزوں ہے۔

ان معاملات کی تفصیل کے لیے وسودھا ڈالمیا کی کتاب ملاحظہ ہو جو 1997 میں دہلی آکسفورڈ یونیورسٹی پریس سے شائع ہوئی ہے۔ *The Nationalization of Hindu Tradition: Bharatendu Hirishchandra and Nineteenth Century Banaras* اس کے علاوہ ساگری سین گپتا کی پی ایچ ڈی تھیسس بھی دیکھی جاسکتی ہے۔ اس کے اجزا *Annual of Urdu Studies* No.91 میں شائع ہوئے ہیں۔

لطف کی بات یہ ہے کہ اردو پر 'لکھیں کچھ، پڑھیں کچھ' کا الزام دھرنے والے یہ بھول جاتے ہیں کہ خود دیوناگری اس عیب سے خالی نہیں۔ (اگر یہ عیب ہے) انگریزی وغیرہ کا تو پوچھنا کیا ہے، کہ جہاں معمولی آوازوں، مثلاً پ، ش، ف، وغیرہ کو بیان کرنے کے آٹھ آٹھ نو نو طریقے ہوسکتے ہیں۔ دیوناگری کا حال یہ ہے کہ یہاں کھ (Kha) اور رَ وَ (ra va) میں کوئی فرق نہیں۔ 'روانا' لکھیے اور 'کھانا' پڑھیے۔ دَھ (dha) اور گھ (gha) میں اتنا کم فرق ہے کہ ذرا سی لرزش قلم سے گھر کی جگہ 'دھر'، 'دھان' کی جگہ 'گھان' ہوجاتا ہے۔ تھ (tha) اور یَ (ya) میں بھی اسی قدر کم فرق ہے کہ 'تھان' کو 'یان' پڑھ لینے کا پورا پورا امکان ہے۔ نون غنہ لکھنے کے لیے طرح طرح کے پاپڑ بیلے جاتے ہیں۔ اس ایک ہی آواز کو تین چار طرح لکھا جاتا ہے۔ 'چندر بندو' کچھ ہے، 'ڑاں' اور طرح سے ہے، صرف 'بندی' اور طرح کی ہے، اور کہیں آدھا ma (مَ) لگا دیتے ہیں۔ اس رنگ کے الجھاوے اور بھی ہیں، لیکن مثال کے لیے اتنے کافی ہوں گے۔ پھر اس دعوے کے کیا معنی کہ دیوناگری میں غلط پڑھنے کی گنجائش نہیں؟

کھڑی بولی کے متعدد الفاظ دیوناگری میں لکھے ہی نہیں جاسکتے، مثلاً مندرجہ ذیل الفاظ کی لکھائی سے دیوناگری قاصر ہے: کوا، لئے، گاؤں، ڈیوڑھا، بہن، کواڑ، کوئی، بوزن فَعَل (وتد مجموع) یا بروزن فَعْ (سبب ثقیل) وغیرہ۔

اسی طرح یہ بھی ہے کہ انگنت الفاظ ایسے ہیں جن میں وسطی یا آخری حرف ساکن ہے لیکن دیوناگری انھیں متحرک لکھنے پر مجبور ہے۔ چنانچہ، چلنا chalana فاصلہ fasala چکنا Chikana، گھاس ghasa، جنتا janata وغیرہ لکھنا اور چلنا، راستہ، چکنا، گھاس، جنتا وغیرہ میں متحرک لکھے ہوئے حرف (ل، س/ص، ک، س، ن) کو ساکن پڑھنا پڑتا ہے جو ناگری رسم تحریر کی روح کے خلاف ہے۔

مندرجہ بالا مثالوں سے یہ بھی ثابت ہوتا ہے کہ کھڑی بولی (یعنی اردو) اور ناگری رسم خط میں کوئی مناسبت نہیں۔ کھڑی بولی جو بعد میں اردو ہندی یعنی اردو کہلائی، وہ ناگری میں لکھی جانے کا تقاضا ہی نہیں کرتی۔ دیوناگری رسم الخط اور کھڑی بولی میں باہم مناسبت ہوتی تو یہ مشکلات بھی نہ ہوتیں اور یہ عدم مناسبت نہ ہوتی۔

عام اردو والوں نے رسم خط کی تبدیلی یا املا میں 'اصلاح' کی تجاویز کو کبھی لائق توجہ نہ جانا۔ یہ ان کی سلامتی طبع کی دلیل ہے۔ لیکن اردو کے بعض 'خیر خواہ' حضرات کو خواہ مخواہ ہی کرید لگی رہتی ہے کہ اس بے چاری غریب کی جورو کو اپنی بھاوج بنا کر چھیڑتے رہیں۔ آزادی کے فوراً بعد ترقی پسند حلقوں سے آواز اٹھائی گئی کہ اس زبان کو زندہ رہنا ہے تو اسے اپنا رسم الخط بدل کر دیوناگری کر لینا چاہیے۔ جب اس بات پر کسی نے کان نہ دھرے تو آزادی کے دو دہائی بعد پھر بعض لوگوں نے، جن میں کچھ بہت بڑے ترقی پسند نام بھی انفرادی طور پر شامل تھے، یہی نعرہ بلند کیا۔ اس بار احتشام صاحب جیسے جید مفکر اور صائب الرائے ترقی پسند ادیب نے بھی اس آواز کو سختی سے دبا دینے کا مشورہ دیا لیکن اردو کی بے چارگی اس کے 'دوستوں' کو ایسی دلکش لگتی ہے کہ وہ اسے بار بار رسوا کرنے پر آمادہ رہتے ہیں۔ ان کی دیکھا دیکھی سیاسی لوگوں کو شوق چراتا ہے کہ اردو کی 'اصلاح' فرمانے والوں میں اپنا بھی نام لکھوا لیں۔

چنانچہ آج ایک طرف تو ہمارے کچھ بہت بڑے ادیب کسی نہ کسی عنوان سے اردو کے رسم الخط میں تبدیلی لانے کی بات کرتے ہیں، تو دوسری طرف مولانا ملائم سنگھ بھی اردو والوں سے کہتے ہیں کہ رسم الخط بدل ڈالو، فائدے میں رہو گے۔ (یہی بات مرار جی دیسائی بھی کہتے تھے) فائدہ کیا ہوگا، اس کا حساب تو آسان ہے، کہ بہت ہی کم فائدہ ہوگا۔ لیکن نقصان کتنا ہوگا، اس کا حساب ناممکن ہے، کیوں کہ رسم الخط کی تبدیلی کسی بھی زبان کے لیے خسران عظیم کا باعث ہوتی ہے۔ اردو جیسی بتیس دانتوں میں دبی ہوئی ایک زبان بچاری کا تو پوچھنا ہی کچھ نہیں کہ رسم خط کھو کر وہ کس قدر مذلت میں گر جائے گی۔

اہل اردو براہ کرم اپنے تاریخی سرمایے پر نظر ڈالیں، انگریزوں کی سیاست کو خیال میں لائیں۔ اردو کے رسم خط میں تبدیلی کی ہر سفارش کے ڈانڈے انگریزوں کی ان سازشوں سے ملتے ہیں جو انھوں نے اردو/ہندی کا جھگڑا پیدا کر کے اس ملک کے ہندو مسلمان میں تفرقہ ڈالنے کی غرض سے رچی تھیں۔

گلکرسٹ نے اپنی کتاب The Oriental Linguist مطبوعہ 1802 (اول ایڈیشن 1798) میں لکھا ہے کہ میں جس زبان (یعنی اردو) کو 'ہندوستانی' کا نام دینا چاہتا ہوں، اس کا اصل نام تو 'ہندی' یا 'ہندوی'

ہے، لیکن اس سے ہمارا خیال ہندوؤں کی طرف منتقل ہوتا ہے۔ 'ہندی/ ہندوی' وہ زبان ہے جو ہندوستان میں مسلمانوں کے 'حملوں' کے پہلے بولی جاتی تھی۔ (بہت خوب، اسی تحقیق کے بل بوتے پر ہم اہل اردو مسٹر گلکرسٹ کو السنۂ ہند کا ماہر گردانتے ہیں! بہر حال آگے سنیے) گلکرسٹ نے مزید فرمایا کہ یہ بات تو ہے کہ اس (یعنی جس زبان کا نام میں 'ہندوستانی' رکھنا چاہتا ہوں) زبان کے بولنے والے اسے 'ہندی/ ہندوی' ہی کہتے ہیں، لیکن اس سے کیا ہوتا ہے؟ ہندوستانی بیوقوف لوگ ہیں، انھیں ان باریکیوں کی طرف متوجہ بھی کیا جائے تو وہ خاک نہ سمجھیں گے۔ یہ نام ('ہندی') تو ہندوؤں کی زبان کا ہونا چاہیے۔ رفتہ رفتہ 'ہندی' کا وہ روپ بھی نمودار ہوگا جس میں سنسکرت اور دیگر 'ہندوستانی' عناصر کی کثرت ہوگی۔ مسلمان 'ہندوستانی' کو، اور ہندو لوگ 'ہندی' کو اختیار کرلیں گے۔ یہ دو طرز اس ملک میں مقبول ہوجائیں گے۔

مندرجہ بالا بیانات کی لغویت کی طرف آپ کو متوجہ کرنے کی ضرورت نہیں۔ افسوس اس بات کا ہے کہ ان باتوں کی تردید کرنے کے بجائے خود ہم نے بھی اپنی ہی زبان کی برائیاں شروع کردیں۔ لیکن ایک بات یہاں ضرور ذہن نشین کرلینی چاہیے۔ گلکرسٹ کی باتوں سے صاف ظاہر ہے کہ اردو والوں نے کبھی نہیں چاہا تھا کہ وہ فارسی عربی سے بھری ہوئی زبان لکھیں۔ بلکہ 'ہندی' والوں کو سمجھایا گیا کہ تم سنسکرت بھری زبان لکھو۔ اس سلسلے میں ڈاکٹر تارا چند کی کتاب *The Problem of Hindustani* (مطبوعہ الہ آباد 1944) کا مطالعہ سود مند ہوگا۔ انگریزوں کی خوشامد کے باوجود احسن مارہروی کو قومی یکجہتی کا اس قدر پاس ہے کہ انھوں نے اپنی طویل نظم 'اردو لشکر' (جس کا ذکر اوپر ہوا) میں فارسی عربی لفظوں کو مع عطف واضافت لکھنے سے گریز کیا ہے اور انشا تو بہت پہلے 'رانی کیتکی کی کہانی' لکھ کر ثابت کرچکے تھے کہ فارسی عربی الفاظ کو برتے بغیر بھی اردو لکھی جاسکتی ہے۔ (اور لطف یہ ہے کہ آج ہندی والے اس کتاب کو اپنی نثر کے شاہکاروں میں گنتے ہیں!) انگریزوں کی سیاست کس کس طرح اردو زبان اور اس کے بولنے والوں پر کارگر ہوئی، اس کو سمجھنے کے لیے آلوک رائے کی کتاب *Hindi Natioanalism* مطبوعہ Longmans سنہ 2001 ملاحظہ ہو۔ آلوک رائے صاحب فرزند ہیں امرت رائے کے، لیکن انھوں نے اس کتاب میں امرت رائے کی بدنام زمانہ کتاب *A House Divided* کے بیانات کی قلعی کھول دی ہے۔

ادھر کچھ دنوں سے ولایت میں رہنے والے بعض اہل اردو کی طرف سے آواز اٹھی ہے کہ اردو کا رسم خط رومن کردیا جائے۔ وجہ یہ بیان کی گئی ہے کہ انگلستان میں رہنے والے اہل اردو کے بچے اردو بول تو سکتے ہیں لیکن لکھ نہیں سکتے۔ لہٰذا اگر اردو کا رسم الخط رومن کردیا جائے تو وہ بخوبی اردو پڑھ اور لکھ بھی سکیں گے۔ ممکن ہے یہ تجویز کسی ایک فرد واحد کو، یا کسی گروہ کو اچھی معلوم ہوتی ہو، لیکن اس کے پس پشت دراصل سہل انگاری اور کاہلی ہے، کہ ہم اپنے بچوں کو اردو پڑھانے کی زحمت کاہے مول لیں، کیوں نہ اردو کو انگریزی کردیں، ہرے لگے گی نہ پھٹکری اور رنگ (ان کے خیال میں) چوکھا آئے گا۔

میں جاننا چاہتا ہوں کہ اگر یورپ اور امریکہ کے سیکڑوں مقامات میں پھیلے ہوئے لیکن مٹھی بھر یہودی اپنی زبان Yiddish کو اتنا فروغ دے سکتے ہیں کہ اس میں بڑے بڑے ادیب پیدا ہوں اور ہر یہودی، وہ چاہے جہاں بھی رہتا ہو، 'یدش' پڑھ اور لکھ لیتا ہو، تو اردو والے جو صرف انگلستان میں لاکھوں کی تعداد میں ہیں، ایسا کیوں نہیں کر سکتے؟

جب بنارس اور الہ آباد کے بنگالی یہاں چار سو برس سے رہتے رہنے کے باوجود اردو کے مذکر مونث، واحد جمع میں اب بھی غلطی کرتے ہیں، کیوں کہ بنگالی میں مذکر مونث نہیں ہے، اور اردو کے واحد جمع کے قاعدے بنگالی میں نہیں چلتے، تو اردو کے لوگ چند ہی برسوں میں اپنی زبان سے اتنے دور کیوں ہو جاتے ہیں کہ انھیں اسے لکھنا یا پڑھنا دشوار ہو جاتا ہے؟ پھر الہ آباد میں تو متعدد ایسے بنگالیوں سے بھی میری ملاقات ہے جو اردو اور بنگالی میں مکمل طور پر ذولسان ہیں۔ ممکن ہے وہ اردو پڑھ نہ سکتے ہوں، لیکن ان کا شین قاف اتنا ہی درست ہے جتنا کسی اردو والے کا ہو سکتا ہے اور آپس میں وہ اس دھڑلے سے بنگالی میں بات چیت کرتے ہیں کہ ہم لوگ منھ دیکھتے رہ جاتے ہیں۔ جو قومیں اپنی زبان اور تہذیب پر افتخار رکھتی ہیں ان کے یہی طور ہوتے ہیں۔ نہ معلوم ہم لوگ اپنی زبان کے بارے میں اس قدر مدافعانہ اور اعتذاری رویہ کیوں اپنائے بیٹھے ہیں؟

خیر، اب ان باتوں سے قطع نظر مجھے یہ عرض کرنا ہے کہ اردو کا رسم الخط رومن کر دینے میں کئی طرح کے نقصانات عظیم ہیں۔ ان میں سے چند حسب ذیل ہیں:

(1) اردو کا رسم الخط بدلنا اردو زبان اور ادب دونوں کے لیے نقصان دہ ہے۔ بدلا ہوا رسم خط خواہ رومن ہو یا ناگری، اس سے اردو زبان اور ادب دونوں کو ایسا دھکا پہنچے گا کہ ممکن ہے کہ وہ جاں بر ہی نہ ہو سکیں۔ وہ گراں قدر ادبی سرمایہ جو گزشتہ پانچ چھ سو برس سے اردو کے اپنے رسم خط میں لکھا گیا ہے، تقریباً سارے کا سارا ضائع ہو جائے گا۔ ہم اپنے کلاسیکی متون، اور کلاسیکی ہی کیوں، گزشتہ پانچ دہائی کے بڑے متون کے بھی اچھے ایڈیشنوں کے معاملے میں بہت مفلس ہیں۔ جو تہذیب اور معاشرہ اپنے بڑے ادیبوں کے اہم ترین متون کو بھی بازار میں دستیاب نہیں رکھتا، اس سے توقع کرنا فضول اور خام خیالی ہے کہ وہ اپنے سارے گزشتہ سرمایے کو نئے رسم الخط میں منتقل کر کے اسے عام اور متداول کرے گا۔

رسم الخط بدلا گیا تو دس برس بھی نہ گزریں گے کہ زبان اور ادب دونوں پر خاک اڑنے لگے گی اور اردو کے دشمن دل و جان سے یہی چاہتے ہیں۔ اس وقت تو یہ عالم ہے کہ نہ میر کا کوئی معتبر کلیات بازار میں ملتا ہے، نہ میرا نیس کا، نہ نصرتی یا باقر آگاہ کا۔ پریم چند، نذیر احمد، منٹو، راشد الخیری، حسن نظامی، بیدی، امجد حیدرآبادی وغیرہ کا تو پوچھنا ہی کیا ہے۔ لیکن ان کے پرانے ایڈیشن موجود ہیں اور پڑھنے والے انھیں پڑھ بھی سکتے ہیں۔ جب اردو کا رسم خط رومن یا ناگری ہو جائے گا تو آہستہ آہستہ ان کے پڑھنے والے عنقا ہو جائیں گے۔ کچھ دن بعد اردو کا پرانا سرمایہ اردو میں پڑھنے والا کوئی نہ ہوگا، حتیٰ کہ یہ پرانے، گلے سڑے ایڈیشن بھی کچھ لائبریریوں اور کچھ کباڑیوں

کے علاوہ کہیں اور نہ ملیں گے اور رومن یا ناگری میں یہ متون دستیاب ہوں گے نہیں۔ پھر نتیجہ ظاہر ہے۔

(2) فرض کیا کوئی صورت ایسی نکل آتی ہے کہ اردو کا سارا ادب نہ سہی، سارا اعلیٰ ادب پہلے رومن یا ناگری میں منتقل کرلیا جائے، پھر رسم الخط بدلا جائے۔ اول تو یہ ممکن نہیں۔ اس کام کے لیے روپیہ ہی اتنا درکار ہوگا کہ ایک پوری حکومت کا خرچ اس سے چل جائے گا۔ لیکن مان لیا یہ ممکن ہوا بھی تو ہم جس رسم خط کو اختیار کریں گے، اس کے اپنے مسائل ہمارے سامنے آئیں گے اور ان کا اب تک کوئی حل نہیں بہم ہوسکا ہے۔ دوسری مشکل یہ ہوگی کہ جب اردو رسم خط ہی میں ایسے ایڈیشن نہیں ملتے جن کو پوری طرح صحیح نہیں تو کم وبیش لائق اعتماد کہا جا سکے، تو اردو سے ناگری یا رومن میں منتقل کرنے کے لیے کس ایڈیشن کو معتبر مانا جائے گا؟ اور بہت سی اہم کتابیں یا اہم شعرا کے کلیات تو ابھی طباعت پذیر بھی نہیں ہوئے۔ ان کے کس نسخے کو بنیادی متن قرار دیا جائے اور کیوں؟

(3) رسم الخط بدلنے سے پہلے سب سے بڑا سوال یہ طے ہونا چاہیے کہ نئے رسم الخط میں اردو الفاظ کا محض تلفظ ظاہر کیا جائے گا، یا املا بھی ظاہر کیا جائے گا؟ اگر صرف تلفظ ظاہر کیا جائے گا تو نئے رسم الخط میں اردو کے بہت سے حروف تہجی باقی نہ رہیں گے۔ مثلاً س، ص، سب کو ایک ہی علامت کے ذریعہ ظاہر کیا جائے گا۔ اسی طرح ع اور الف میں ایک قائم رکھا جائے گا، ایک ترک ہوگا۔

(4) جن لوگوں نے یہ تجویز پیش کی ہے کہ اردو کا رسم الخط رومن کر دیا جائے، ان سے درخواست ہے کہ اس تجویز میں مضمر خرابیوں اور اس پر عمل درآمد ہونے کے خاص نقصانات کو دھیان میں لائیں۔ ان میں سے بعض حسب ذیل ہیں:

(5) اردو کو رومن رسم الخط میں لکھنے کے لیے کوئی ایسا نظام ابھی تک نہیں ہے جسے سب قبول کرتے ہوں۔ بہت سے لوگ من مانی کرتے ہیں، بہت سے لوگ Library of Congress کے نظام پر عمل کرتے ہیں۔ بہت سے لوگ Library of Congress کے نظام میں تھوڑی بہت تبدیلیاں کر کے اسے برتتے ہیں۔ بہت سے لوگ کم وبیش وہ نظام استعمال کرتے ہیں جو عربی سے رومن کرنے کے لیے متداول ہے۔ بہت سے لوگ کوئی اور نظام بکار لاتے ہیں۔ مثال کے طور پر، خ لکھنے کے لیے حسب ذیل مختلف طریقے مستعمل ہیں:

چھوٹا ایکس (small x)

چھوٹا کے اور چھوٹا ایچ (kh)

چھوٹا کے اور چھوٹا ایچ لیکن دونوں حرفوں کے نیچے لکیر (kh)

بڑا کے (K)

لہٰذا سوال یہ ہے کہ جب مختلف لوگ ایک ہی حرف کو رومن رسم خط میں مختلف طرح ادا کریں گے، کوئی کچھ لکھے گا، کوئی کچھ تو بچے کی تعلیم کس طرح ہوگی؟ یا پھر یہ ہوگا کہ کم وبیش ہر گھر میں رومن اردو اپنی ہی طرز کی ہوگی۔ کسی کا کسی سے میل نہ ہوگا اور اس کا امکان زیادہ ہے کہ ہر با اثر طبقہ اپنے طور پر اپنے قاعدے اختیار

کرے گا۔ جس زبان کے بولنے والے ابھی تک اس بات پر متفق نہ ہو سکے کہ 'دعویٰ' لکھیں یا 'دعوا'، 'گذر' لکھیں یا 'گزر'، 'توتا' لکھیں یا 'طوطا'، 'وطیرہ' لکھیں یا 'وتیرہ'، 'رحمٰن' لکھیں یا 'رحمان'، 'تمغا' لکھیں یا 'تمغہ'، 'معمہ' لکھیں یا 'معما'، 'مہینہ' لکھیں یا 'مہینا'، 'پیسہ' لکھیں یا 'پیسا'، 'تماشہ' لکھیں یا 'تماشا'، 'گئے' لکھیں یا 'گیے' وغیرہ صدہا مثالیں ہیں)، اس کے بارے میں یہ توقع کرنا خام خیالی ہے کہ سب لوگ کان دبا کر ایک ہی قاعدے پر اتفاق کر لیں گے اور جھگڑا نہ کریں گے۔

یہاں تو ابھی یہ عالم ہے کہ یہی فیصلہ کرنے میں سر پھٹول ہو رہی ہے کہ 'کھ'، 'بھ' وغیرہ مخلوط آوازوں کو اردو حروف تہجی مانا جائے کہ نہیں؟ اور اگر مانا جائے تو انھیں کہاں جگہ دی جائے؟ 'ب' کے فوراً بعد 'بھ' آئے یا بڑی 'ے' کے بعد؟ لغت میں پہلے 'بیٹا' کا اندراج ہو یا 'بھاری' کا؟ ابھی تو اسی پر تکرار ہے کہ لغت لکھتے وقت الف مد (آ) والے لفظ پہلے آئیں گے کہ خالی الف والے؟ بظاہر تو یہ بات ایسی ہے کہ اس میں کسی بحث یا اختلاف کی ضرورت ہی نہیں، لیکن اگر آپ اردو کے 'مستند' لغات ملاحظہ کریں تو آپ کو معلوم ہوگا کہ اس باب میں 'نوراللغات' کا عمل کچھ ہے، 'آصفیہ' کا کچھ اور ہے، فیلن کا کچھ دوسرا ہی ہے، اور ترقی اردو بورڈ پاکستان، کے عظیم الشان 'اردو لغت، تاریخی اصول پر' کے خیالات دیگر ہیں۔ ایسی صورت میں یہ امید کرنا کہ سب لوگ تبدیل خط (Tranliteration) کے ایک ہی اصول پر اتفاق کر لیں گے، یا جلد اتفاق کر لیں گے، محض امید پرستی ہے۔

(6) اردو میں بہت سی آوازیں ایسی ہیں جنھیں رومن رسم الخط ادا نہیں کر سکتا۔ مثال کے طور پر، حسب ذیل الفاظ کو رومن میں صحیح لکھنا غیر ممکن ہے۔

بہن، قاعدہ، کہنا، کوا، کواں، دودھاری (بمعنی دو دھاروں والی، مثلاً دودھاری تلوار)، دعا وغیرہ۔ ان الفاظ میں زیر زبر پیش کی جو آوازیں ہیں وہ رومن یا ناگری میں نہیں ادا ہو سکتیں۔

(7) اگر صرف لفظ کو ادا کرنا ہے (اور بظاہر مقصد یہی معلوم ہوتا ہے) تو اردو کے ہزاروں الفاظ کا تلفظ بگاڑ کر رومن میں لکھنا ہوگا۔ مثلاً مندرجہ ذیل الفاظ کو دیکھیں:

پردہ، اگر اسے *parda* لکھیں تو لفظ غلط ہو جاتا ہے۔ اگر *pardah* لکھیں تو اور بھی غلط ہو جاتا ہے۔ اگر اسے *pard* لکھیں تو کوئی لفظ ہی نہیں بنتا۔ (ملحوظ رہے کہ بعض اوقات اسے انگریزی لفظ قرار دیتے ہیں تو اسے *purdah* لکھتے ہیں۔)

گناہ، اسے اگر *gunah* لکھیں تو h کی آواز انگریزی میں غائب ہو جائے گی، صرف 'گنا' سنائی دے گا۔ انگریزی میں کوئی طریقہ ایسا نہیں کہ آخر میں آنے والی ہائے ہوز کی آواز کو ملحوظ رکھ سکیں۔ مجبوراً اسے *gunaha* لکھنا پڑے گا جو تلفظ کے قطعاً منافی ہے۔

کارواں، اگر اس کے نون غنہ کے لیے کوئی ایک علامت سب لوگ مقرر کر بھی لیں تو رومن میں اس لفظ کو یا تو *karvan* لکھیں گے، یا *karavan* لکھیں گے۔ اردو کے لحاظ سے دونوں تلفظ غلط ہیں۔ اردو میں

'کارواں' کی رائے مہملہ ساکن ہے، لیکن اس پر ہلکا سا زبر بھی ہے۔ رومن میں وسطی سکون ظاہر کرنے کا کوئی طریقہ نہیں ہے اور جس طرح سکون/حرکت 'کارواں'، 'فیصلہ' جیسے بے شمار لفظوں میں ہے، اس کے لیے رومن میں کچھ بھی انتظام نہیں۔

میر (یائے معروف)، دور (واؤ معروف) جیسے کتنے ہی الفاظ ہیں جو بہ اعتبار تلفظ رومن میں ادا نہیں ہو سکتے۔ انگریزی میں miir کا تلفظ me'ar اور duur کا تلفظ du'ar ہے، کیوں کہ انگریزی تلفظ کے اعتبار سے آخری R نہیں بولا جاتا۔ اگر اسے بولنا ہے تو اس کے پہلے یا بعد حرکت دینی ہوگی، جو اردو تلفظ کے منافی ہے۔ اردو جاننے والے تمام انگریز اور امریکن اپنی زبان کی مجبوری کے باعث 'میر' کو mere بروزن fear بولتے ہیں۔ ایک مدت ہوئی جب میں (زیادہ تر طالب علمی کے دنوں میں) انگریزی میں فلمیں دیکھ لیا کرتا تھا۔ اب فلم کا نام یاد نہیں رہا، لیکن اس میں ایک ہندوستانی کردار 'کبیر' نامی تھا۔ مجھے اس کا تلفظ kabi'ar سن کر تھوڑی سی حیرت ہوئی۔

بعد میں مغربی ممالک میں ہر جگہ میں نے یہی صورت پائی۔ 'کشمیر' کے پرانے ہجے اسی وجہ سے Cashmere تھے اور ایک خاص طرح کا اونی کپڑا آج بھی Cashmere کہلاتا ہے۔ اسی طرح، ایک خاص طرح کے ریشمی کپڑے کو Madras کہتے ہیں اور چونکہ اس ہجے میں دونوں A کی قیمت غیر معلوم ہے، لہٰذا اس لفظ کو انگریزی قاعدے کے مطابق آج بھی 'میڈرس' ('میڈ' بروزن sad اور 'رس' بروزن fuss) کہتے ہیں۔

(8) عربی فارسی، خاص کر عربی کے انگنت الفاظ ہیں، اردو میں جن کے تلفظ کے بارے میں اختلاف ہے۔ بہت سے ایسے ہیں جن کے بارے میں اختلاف نہیں لیکن اردو میں ان کا تلفظ عربی/ فارسی سے مختلف ہے۔ خیر، جہاں اختلاف نہیں، وہاں تو ممکن ہے کہ رومن میں بھی اردو کے تلفظ کو اپنا لیا جائے (حالانکہ بہت سے لوگ نہ مانیں گے) لیکن جہاں اختلاف ہے وہاں کیا کیا جائے، مثلاً:

ravayat لکھیں کہ murawat؟ muruu'at لکھیں کہ hisab؟ hesab یا hasab؟ mihdi لکھیں کہ mahdi یا mehdi؟ (یہ خیال رہے کہ انگریزی میں Mihdi/Mahdi/Mehdi جو بھی لکھیں، حرف h پڑھنے میں نہ آئے گا اور بچے کو یہ سیکھنے میں بہت مشکل ہوگی کہ یہاں حرف h صاف صاف بولا جائے گا۔) taqii'ah لکھیں یا taqaiyah یا taqayyiah؟ sayyid لکھیں یا sayyad یا saiyad یا syed لکھیں؟ janaza لکھیں یا janazah؟ zimam لکھا جائے کہ zamam؟ qabool لکھنا بہتر ہے کہ qubool؟ اسی طرح، sha'oor درست مانا جائے یا shu'oor یا furogh؟ اچھا ہے کہ farogh؟

(9) ایک مشکل ان لفظوں میں ہوگی اور ایسے لفظ بہت ہیں اور رائج بھی ہیں، جن کو شعر میں تو اصل تلفظ کے اعتبار سے نظم کیا جاتا ہے لیکن بول چال میں ان کا تلفظ کچھ اور ہے۔ مثلاً، شمع، شکل، ذبح، شہد، ہرج، طرح، اطمینان، حرکت، کلمہ، صدقہ، وغیرہ۔

(10) بہت سے ایسے لفظ ہیں جو موقعے یا رواج کے اعتبار سے کئی طرح بولے جاتے ہیں۔ ان کا کیا

ہوگا؟ مثلاً یہ الفاظ رومن میں کس طرح لکھے جائیں گے؟

کہ: اس کے تین تلفظ ہیں۔(i) کاف کے بعد ہلکی یائے معروف، (ii) کاف کے بعد ہلکی یائے مجہول، (iii) کاف کے بعد لمبی یائے مجہول۔ اور اگر ضرورت ہو تو کبھی کبھی کاف کے بعد طویل یائے معروف بھی بولی جاتی ہے۔

لیلیٰ، اور اس قسم کے تمام الفاظ جن کا تلفظ کبھی کبھی یائے معروف سے کرتے ہیں (بروزن 'پھیلی') اور کبھی خاص کر اضافت کی حالت میں الف مقصورہ کے ساتھ (بروزن 'پھیلا')۔

چیونٹی: اس کے تین تلفظ ہیں۔ (i) چیں اوٹی بروزن فاعلن، (ii) چوں ٹی بروزن فع لن، (iii) چیوں ٹی، یائے مخلوط کے ساتھ، بروزن فع لن۔

حد، خط، کف، حج اور اس طرح کے دوسرے عربی لفظ جن کے آخری حرف پر تشدید ہے، لیکن وہ صرف اضافت کی حالت میں کبھی کبھی بولی جاتی ہے۔

مچھر، چپراس وغیرہ بہت سے لفظ ہیں جنھیں دلی والے اور بہت سے مشرقی ہندوستان والے، رائے ہندی سے بولتے ہیں (مچھڑ، چپڑاس) اور باقی لوگ سادہ رائے مہملہ سے۔

(11) اب بعض باتیں اور دیکھ لیجیے۔ اگر املا نہیں ظاہر کرنا ہے تو بہت جگہ تلفظ بھی غلط ہو جائے گا۔ مثلاً مندرجہ ذیل پر غور کریں: ضعف، سعید، معذور، معقول۔

ضد کی اور بات ہے، لیکن ان لفظوں میں عین کا تلفظ سراسر الف یا ہمزہ کا نہیں۔ حسب ذیل سے مقابلہ کریں:

زور، لئیق، ماجور، ماقول۔

صاف ظاہر ہے کہ ضعف/ زور، سعید/لئیق، معذور/ ماجور اور معقول/ ماقول کے تلفظ ایک نہیں ہیں۔ اول الذکر لفظوں میں تھوڑی سی آواز عین کی سنائی دیتی ہے۔ رومن اسے کس طرح ادا کریں گے؟

جن لفظوں میں واؤ معدولہ مع الف ہے (خوان، خواب) ان کا تلفظ ان لفظوں سے مختلف ہے جن میں واؤ معدولہ بے الف ہے (خوش، خود) ایسے الفاظ میں املا ظاہر کریں تو تلفظ ہاتھ سے جاتا ہے اور تلفظ ظاہر کریں تو املا کا خون ہوتا ہے۔

رومن میں ہمزہ کا متبادل کچھ نہیں۔ رومن رسم خط میں ہمزہ اور ع اور الف سب ایک ہو جائیں گے۔ مثلاً عکس/*aks*، تاسف/*tassuf*، عالم/*alam*

رومن میں پڑھنے والا ان الفاظ میں فتحہ کی آواز کا کچھ امتیاز نہ کر سکے گا۔ آہستہ آہستہ ان کا تلفظ بدل جائے گا اور پھر شاعری کو موزوں پڑھنا تقریباً ناممکن ہو جائے گا۔

استدلال ابھی اور بھی ہیں۔ لیکن جو ماننا چاہے اس کے لیے اتنے بہت ہیں اور جو نہ ماننا چاہے اس کے

لیے پوری کتاب بھی کافی نہ ہوگی۔ بہر حال، رسم الخط کی تبدیلی کے مؤیدین سے میری درخواست ہے کہ وہ مسعود حسن رضوی ادیب کی چھوٹی سی کتاب 'اردو زبان اور اس کا رسم الخط' پڑھ لیں اور اگر توفیق ہو تو اسی موضوع پر محمد حسن عسکری اور احتشام حسین کے مضامین بھی دیکھ جائیں۔ شان الحق حقی نے حال میں اچھی بات کہی ہے:

"رسم الخط اپنی زبان کے لیے اور زبان اپنے بولنے والوں کے لیے ہوتی ہے۔ چند غیر ملکیوں کی سہولت کے لیے اپنی زبان کی کایا پلٹ کرنا مضحکہ خیز حرکت ہوگی۔ دنیا کو اردو کی طرف متوجہ کرنا ہو تو ہمیں اس کے اندر بہتر سے بہتر ادیب پیدا کرنے کی ضرورت ہے نہ کہ اس کی دم میں کھٹکھٹا باندھنے کی۔"

اس پر میں صرف اتنا اضافہ کروں گا کہ اردو کا رسم خط اگر رومن کر دیا جائے تو جتنی سہولتیں حاصل ہوں گی، ان سے کہیں بڑھ کر مشکلیں پیدا ہوں گی۔ اور یہ بات بھی دھیان میں رکھنے کی ہے کہ اگر ایک بار رسم خط کی تبدیلی پر ہم راضی ہو گئے تو یہ تقاضا بار بار اٹھے گا۔ آج لوگ دیوناگری یا رومن کے لیے کہہ رہے ہیں، کل کو کسی اور رسم الخط کے لیے مانگ ہوگی کہ اردو لکھنے کے لیے اسے بھی استعمال کیا جائے۔ خود ہندوستان میں لوگ کہیں گے کہ دیوناگری قبول ہے تو بنگالی کیوں نہیں؟ بنگالی قبول ہے تو تمل کیوں نہیں؟ پھر یہ سلسلہ ختم نہیں ہونے والا۔

جیسا کہ میں نے اوپر کہا، اپنے رسم الخط یا املا میں تبدیلی کا تقاضا کرنے کی بیماری صرف اردو والوں میں ہے۔ اگر کسی اور زبان والے سے کہیے کہ "میاں تمھارا رسم خط یا املا ناقص ہے، اسے بدل ڈالو" تو وہ مرنے مارنے پر آمادہ ہو جائے گا۔ اور ایسا نہیں ہے کہ مغرب میں تیسری دنیا سے آئے ہوئے صرف اردو کے ہی لوگ بستے ہوں۔ ہندوستان اور افریقہ اور ایشیا کی اکثر زبانیں بولنے والوں کی کثیر تعداد مغرب میں مقیم ہے۔ ان میں سے تو کسی کی بھی زبان سے نہیں سنا گیا کہ ہمارے بچوں کو اصل رسم خط میں دقتیں پیش ہوتی ہیں، کیوں نہ اپنی زبان مثلاً مراٹھی، بنگالی، ملیالم، سنگھل، سواحلی، ہوکسا) کا رسم خط بدل کر رومن کر دیا جائے۔

کچھ دن ہوئے ایک صاحب کی تجویز نظر سے گزری کہ اردو میں حرف ملا کر لکھے جاتے ہیں۔ اس سے کمپیوٹر کو بڑی مشکل ہوتی ہے۔ دنیا کی اکثر زبانوں کی طرح اردو کے حرف بھی الگ الگ لکھے جائیں تو کمپیوٹر کے میدان میں آسانی ہو جائے گی۔

اول تو یہ بات میری سمجھ میں نہیں آئی کہ الگ الگ حرف لکھنے سے کمپیوٹر کو کون سی آسانی ہو جائے گی؟ کمپیوٹر غریب اردو کا نقاد تو ہے نہیں کہ عقل سے عاری ہو۔ وہ تو ایک بہت ہی نازک اور حساس مشین ہے، جو سکھائیے گا سیکھ لے گا۔ ایسا نہیں ہے کہ کمپیوٹر جب اردو فارسی عربی لکھتا ہے تو اسے معلوم رہتا ہے کہ انگریزی یا فرانسیسی نہیں ہے اور اس میں مجھے بڑی مشکل ہونا چاہیے۔ کمپیوٹر تو حکم کا بندہ ہے۔ اس میں اقداری فیصلے کی صلاحیت نہیں۔ لیکن بنیادی سوال یہ کہ اردو میں حرفوں کو الگ الگ کیوں نہیں لکھا جاتا، جب کہ مثلاً رومن اور ناگری میں ایسا ممکن ہے؟

اس سوال کا جواب یہ ہے کہ جن زبانوں میں حرف الگ الگ لکھے جاتے ہیں، ان میں اعراب

بالحرف یا اعراب صریح، یا موقعے موقعے سے دونوں کا التزام ہوتا ہے۔ مؤخرالذکر کو سنسکرت/ ہندی میں 'ماترا' کہتے ہیں۔ اعراب بالحرف کے لیے وہاں شاید کوئی اصطلاح نہیں ہے۔ ان دونوں اصطلاحوں کے عمل کو یوں واضح کر سکتے ہیں۔ فرض کیجیے آپ نے اردو میں لکھا:

ہم اب آپ سے کہا گیا کہ اچھا اس کے حرف الگ الگ کر کے رومن رسم خط میں لکھیے، جس طرح انگریزی لکھی جاتی ہے۔ تو آپ نے لکھا، HM

اب ناطقہ سربگریباں کہ اسے کیا پڑھیے۔ ظاہر ہے کہ انگریزی میں کوئی لفظ اس قماش کا ہے ہی نہیں جس میں صرف یہ دو حرف ہوں۔ لامحالہ آپ کہیں گے، ''لفظ 'ہم' کے اعراب کیا ہیں؟ یہ معلوم ہو تبھی تو انگریزی میں لکھوں گا۔'' آپ کی بات وزنی ہے، لہٰذا آپ کو بتایا گیا کہ یہاں 'ہم' میں اول مفتوح ہے۔ ''بہت خوب، ابھی لیجیے۔'' آپ نے جھٹ کہا اور لکھا: HAM

اس بات سے قطع نظر کہ لفظ Ham کے انگریزی میں کئی معنی ہیں اور بھی معنی اردو لفظ 'ہم' کے معنی سے مطابقت نہیں رکھتے، آپ یہ ملاحظہ کریں کہ پڑھنے/ سیکھنے والے کو کتنی مشکل ہوگی (اور آپ کے کمپیوٹر غریب کو شاید کتنی 'مشکل' ہوگی) جب یہ لفظ 'ہم' رومن رسم خط میں، اردو رومن طرز کے مطابق، حرف الگ الگ کر کے لکھا جائے گا؟ اگر آپ اعراب بالحرف نہ دیں گے تو کوئی پڑھ ہی نہ سکے گا کہ لکھا کیا ہے؟ اردو میں تو رسم بن چکی ہے، پڑھنے والے کو معلوم ہے کہ شروع شروع کی اکا دکا منازل کے بعد اعراب صریح (زیر، زبر، پیش) میرا ساتھ چھوڑ دیں گے۔ لہٰذا مجھے خود ہی معلوم کرنا ہے کہ مثلاً حسب ذیل شعر میں الفاظ پر اعراب کیا ہیں۔

کئی گذرے سنہ ترا کم تھا سن جو لیے تھے سن ترے گھونگرو
گیا سینہ چھن گئے ہوش چھن جو بجے تھے چھن ترے گھونگرو

چنانچہ جب میرا سابقہ اردو زبان اور رسم خط میں لفظ 'ہم' سے پڑا تو میں نے یہ پکار نہ لگائی کہ ارے بھائی اس پر اعراب کیا ہیں؟ میں نے خود کو سکھا لیا ہے کہ یہاں اول حرف پر تین میں سے ایک حرکت ہوگی اور مجھے قیاس اور تجربے سے کام لے کر معلوم کر لینا ہے کہ اس وقت کون سی حرکت ہے۔ اگر مجھے صرف HM دکھایا جائے گا تو میں مرتے مرتے مر جاؤں گا لیکن مجھے اعراب نہ ملے گا۔ اچھا اگر یہ طے کر لیں کہ میاں جس طرح اردو میں اٹکل سے پڑھتے ہو، اسی طرح رومن میں اٹکل سے پڑھ لو۔ جان لو اس زبان میں اعراب بالحرف نہیں ہیں۔ اس پر التمس یہ ہے کہ کیا معنی، اردو زبان میں اعراب بالحرف نہیں؟ تو پھر اسی لفظ 'نہیں' میں ہائے ہوز کے بعد کیا ہے؟ حرف دوم یہاں مکسور ہے اور حرف سوم پر کوئی حرکت نہیں، وہ لمبی اِ کی آواز ظاہر کر رہا ہے، کہنے کو چھوٹی 'ی' ہے۔

یہ اعراب صریح ہے، یعنی کسی حرف کو علامت میں بدل کر اس سے اعراب کا کام لیا جا رہا ہے۔ یہی چھوٹی 'ی' جب لفظ 'ایدھر' میں آئے گی تو اور طرح لکھی جائے گی، جب لفظ 'پیلی' میں لکھی جائے گی تو اور طرح لکھی جائے گی۔ اب ذرا 'بانگ درا' کا پہلا مصرع حرفوں کو الگ الگ کر کے رومن طرز میں صرف اردو کے اعراب کے

103
برصغیر میں اردو کی سیاست

مطابق لکھیے:

اے ہ م ال ہ اے ف ص ی ل ک ش و ر ہ ن د و س ت ا ں

میں نے لفظوں کے درمیان فاصلے رکھے ہیں، لیکن کوئی بندہ خدا اس مصرعے کو پہلے سے اردو میں پڑھے بغیر پڑھ ہی دے تو دیکھوں، صحیح اور موزوں پڑھنا تو دور رہا۔ کہیں پر اعراب غائب ہیں، کہیں اعراب صریح ہے، لیکن پھر بھی مبہم (مثلاً پتہ نہیں چلتا کہ 'ہندوستاں' میں واؤ معروف ہے کہ مجہول؟)

معلوم ہوا اردو میں کہیں کہیں اعراب صریح ہے، زیادہ تر فقدان اعراب ہے، اور جہاں اعراب ہیں وہاں اکثر مبہم ہیں۔ ایسی زبان کو آپ انگریزی کی طرح الگ الگ حرفوں اور التزام اعراب کے ساتھ کس طرح لکھیں گے؟

ایک بات اور بھی ہے۔ ایسا نہیں ہے کہ انگریزی میں اعراب بالحرف بالکل نہیں ہے۔ اور نہ ایسا ہے کہ اعراب بالحرف کی امداد سے تلفظ قطعی اور واضح ہو جاتا ہے۔ انگریزی میں جہاں جہاں (مثلاً) حسب ذیل حرف آخر لفظ میں ساتھ آتے ہیں، وہاں اعراب و بالحرف ہے:

BLE (aBLE); DLE (bundle); GLE (bunGLE); KLE (tacKLE)

مگر مشکل یہ ہے کہ ان تینوں میں حرف اور اس کے ماقبل کے درمیان حرکت یکساں نہیں ہے۔

Table میں b اور L کے بیچ میں ہلکا سا ضمہ ہے۔

Bundle میں d اور L کے بیچ میں ہلکا سا کسرہ ہے۔

Bungle میں b اور L کے بیچ میں کچھ نہیں ہے، فتحہ مان سکتے ہیں لیکن وہ اس قدر ہلکا ہے کہ ہونا نہ ہونا مساوی سمجھیے۔

Tackle میں k اور L کے بیچ میں بہت ہلکا سا ضمہ ہے، ذرا کسرہ کی طرف مائل۔

لہٰذا وہاں بھی تلفظ کی مشکلیں اعراب کے ہونے یا نہ ہونے کی بنا پر ہیں، خواہ حرف کتنی ہی دور دور کیوں نہ لکھے جائیں۔ انگریزی کی نقل کرنے سے یہاں اردو کو کچھ نہ ملے گا۔

خلیل دھن تیجوی کی یہ بات باوزن ہے، ''اگر غیر اردو داں طبقہ بھی اردو لکھنا پڑھنا سیکھ لیتا ہے تو اردو کی آبیاری کرنے والوں کے بچوں کو (یہ کام) کیوں نہیں سکھایا جا سکتا؟'' ہم اردو والوں کی یہ ادا خوب ہے کہ جس درخت سے پھل حاصل کرنا مشکل نظر آئے، اس درخت کی جڑ ہی کاٹ دینے پر تل جائیں گے، خود تھوڑی سی محنت نہ برداشت کریں گے۔ اسی طرح، رام پرکاش کپور نے بھی سچی بات کہی ہے۔ یہ اور بات ہے کہ ہم لوگوں کو خود بینی سے فرصت ہی نہیں کہ ان الفاظ کے آئینے میں اپنی صورت دیکھیں:

''اردو کی لڑائی خود ان لوگوں سے ہے جو اردو بولتے ہیں، اردو کے مشاعرے پڑھتے ہیں، اردو کی مجالس میں شریک ہوتے ہیں، اردو کے نام کی روٹی کھاتے ہیں، اردو کے کارواں کو چلاتے ہیں اور کبھی کبھی اردو کو

سرکاری زبان بنا دینے کی مانگ کر کے عوام کو گمراہ بھی کرتے ہیں۔ اردو میں فلمیں لکھ کر ہندی کے نام سے بیچتے ہیں۔ اردو کے گانوں پر ہندی سرٹیفکیٹ برداشت کرتے ہیں۔ ان تمام بڑے بڑے اردو داں حضرات کے بچے اردو نہیں پڑھتے، نہیں بولتے، نہیں لکھتے، نہیں جانتے۔ نہ ہی خود یہ لوگ چاہتے ہیں کہ ان کے بچے اردو جیسی زبان سیکھیں۔''

گزشتہ چالیس برس سے میں اردو کے بڑے بڑے ادیبوں اور پروفیسروں کی خدمت میں حاضری دیتا رہا ہوں اور میں نے حتی المقدور اس بات پر ٹوکا بھی ہے کہ آپ کے بچے، پوتے پوتیاں، نواسے نواسیاں اردو نہیں پڑھتے۔ یہ اچھی بات نہیں اور کچھ نہیں تو یہ خیال فرمائیے کہ آپ کی تحریروں سے آپ کے اخلاف محروم رہیں گے، یہ منصفی سے عاری ہے کہ نہیں؟ لیکن مجھے افسوس ہے کہ اِکا دُکا کے سوا کسی کے کان پر جوں نہ رینگی۔ اور یہی لوگ ہیں جن کی صدائے ماتم سب سے زیادہ بلند سنائی دیتی ہے کہ ہائے اردو مرگئی یا مر رہی ہے۔ اور ایسا کیوں نہ ہو، انھوں نے اپنے گھر سے اردو کو بدر کر دیا ہے، اس لیے وہ یہی کہنے میں عافیت سمجھتے ہیں کہ اردو کا خاتمہ ہو گیا، یا ہونے والا ہے۔

حقیقت، ظاہر ہے کہ اس کے بالکل برعکس ہے۔ لیکن اردو کی بقا کے لیے سب سے زیادہ تعاون اور قربانیاں غریب غربا کی طرف سے یا پھر ان علاقوں سے آئی ہیں جنھیں ہم 'یوپی والے' اردو کے علاقے نہیں سمجھتے اور وہاں کے اردو بولنے والوں کو 'اہل زبان' نہیں تصور کرتے۔ اردو کے لیے سعی اور جہد سب سے زیادہ بہار میں کی گئی اور کی جا رہی ہے۔ پھر مہاراشٹر میں، جہاں اردو مخالف حکومتوں کے باوجود اردو ذریعۂ تعلیم کی درسگاہیں خوب برگ و بار لا رہی ہیں اور اردو میڈیم سے تعلیم پائے ہوئے بچے مسلسل ہائی اسکول کے امتحان میں سارے صوبے میں پہلی پوزیشن لاتے ہیں۔ یوپی والے سمجھتے ہیں کہ ہم نے اردو پڑھنا چھوڑ دیا تو سب نے چھوڑ دیا۔ وہ بہار اور مہاراشٹر کیا، مدھیہ پردیش، کرناٹک، آندھرا، ہماچل پردیش جا کے دیکھیں تو انھیں معلوم ہو۔ یوپی والے اپنے گلے میں 'اہل زبان' کا تمغا لٹکائے رہیں اور سمجھتے رہیں کہ اردو کا قتل ہو چکا۔ دنیا ان پر ہنس رہی ہے، ابھی اور ہنسے گی۔

رام پرکاش کپور نے اپنی تحریر مطبوعہ 'شاعر' ممبئی میں ہاشم علی اختر صاحب (سابق وائس چانسلر، عثمانیہ یونیورسٹی، اور پھر علی گڑھ یونیورسٹی) کا حوالہ دیا ہے کہ ان کے دوستوں، رشتہ داروں میں ''چالیس کی عمر سے کم والا ایک بھی فرد اردو رسم الخط نہیں جانتا۔'' لہٰذا ہاشم علی صاحب چاہتے ہیں کہ اردو کا رسم الخط بدل دیا جائے۔ یہ تو ایسا ہی ہوا کہ اگر کسی معاشرے میں چالیس سے کم عمر والے افراد جاہل ہوں تو ہاشم علی صاحب کی منطق کے مطابق اس معاشرے میں خواندگی (Literacy) کو منسوخ قرار دیا جائے اور اس کو 'زبانی' (Oral) معاشرے کی سطح پر قائم کیا جائے۔ اور اگر کسی معاشرے میں چالیس سے کم عمر والے افراد کو کوئی بیماری ہے تو اس بیماری کا علاج کرنے کے بجائے اسے نارمل حالت صحت قرار دیا جائے اور سب لوگوں کے لیے اس بیماری میں مبتلا ہونا ضروری قرار دیا جائے۔

میں کئی گزشتہ تحریروں میں رومن اور ناگری رسم الخطوں کی کئی اور کمزوریاں تفصیل سے بیان کر چکا ہوں، لہٰذا یہاں ان باتوں کا اعادہ نہیں کرنا۔ یہاں آخری بات یہ کہنا چاہتا ہوں کہ حکومت سے مراعات کی بھیک مانگنے کے بجائے ہم اردو والوں کو خود اپنی زبان کے فروغ اور استحکام کی کوشش کرنا چاہیے۔ میں تو کہتا ہوں کہ حکومتوں نے جتنا کیا ہے اور جو کر رہی ہیں، اس سے زیادہ کی امید آپ کو کیوں ہو؟ خود ہمارا ابھی کچھ فرض ہے کہ نہیں؟

مومیائی کی گدائی سے تو بہتر ہے شکست
مورِ بے پر حاجتے پیش سلیمانے مبر

[بشکریہ 'شب خون'، شمارہ 299-293، الہ آباد]

معاصر ہندستان میں اردو دانشور: ایں چہ بوالعجبیت

اطہر فاروقی

قومیں جب پہلی مرتبہ تہذیبی زوال کے مظاہر سے روبہ رو ہوتی ہیں تو اکثر ان کی سمجھ ہی میں نہیں آتا کہ وہ اس صورت حال کا کس طور سامنا کریں۔ آزادی کے بعد یہی ہندستانی مسلمانوں کے ساتھ ہوا جو یہاں صدیوں حکمراں اور پھر انگریزوں کے ساتھ بھی شریک اقتدار رہے مگر تقسیم ہندستان کے سبب وہ اپنے ہی ملک میں ایک حواس باختہ قوم بن کر رہ گئے۔ اس مضمون میں ہندستانی مسلمانوں کے حوالے سے میرے معروضات کا سیاق و سباق آزادی کے بعد اردو کی وہ صورت حال ہے جسے مسلم سیاست اور خصوصاً شمالی ہند کے مسلم اشراف نے اتنا بگاڑا کہ اب اس کی کوئی کل سیدھی ہونے کی امید نظر نہیں آتی۔ تقسیم ہند کے نتیجے میں ہندی مسلمانوں کے تہذیبی زوال میں ایک اہم زاویہ اردو کا بھی تھا جسے آزادی کے بعد ہندوؤں کی اکثریت نے غلامی کی وراثت سے تعبیر کیا اور سیاسی طور پر زوال آمادہ مسلمان اس سیاق وسباق میں کسی حسن تدبیر کا مظاہرہ نہ کر پائے اور ہندو اکثریت کی اردو مخالف آندھی نے اردو کے تناور درخت کو جڑ سے اکھاڑ پھینکا۔ اردو تمام ہندی مسلمانوں کی زبان کبھی نہیں تھی مگر اورنگ زیب کے زوال (1707) کے بعد سے ہندی-اردو تنازعے کی ابتدا تک، یہ شمالی ہند کی ایسی زبان ضرور تھی جو ہندو اور مسلم دونوں ہی مذہبی فرقوں کی سیاست میں فیصلہ کن رول ادا کرتی رہی۔

تقسیم ہند کے نتیجے میں تعلیم یافتہ مسلمانوں کے پاکستان ہجرت کر جانے کے بعد جب شمالی ہند کے نظامِ تعلیم سے اردو کو فسطائی طریقے سے باہر کر دیا گیا تو چند سرکاری مسلمانوں کے سوا ہندی مسلمانوں میں وہ دانشور طبقہ موجود ہی نہ رہا جو آزمائش کی گھڑی میں اگر ایک طرف اس جبر کے خلاف صف آرا ہوتا تو دوسری طرف جمہوری طریقے سے اردو کے حقوق کی بازیافت کرتا۔ ہندستان میں رہ جانے والے مسلمانوں کی نام نہاد سیکولر

سیاسی قیادت نے بھی اردو کے لیے ایسے کسی حق کا مطالبہ نہ کیا جو ایک زبان کے طور پر اردو کے تحفظ میں معاون ہوسکتا۔ تقسیم ہند کے بعد خصوصاً شمالی ہند کے مسلمان جس نفسیاتی خوف اور قیام پاکستان کے لیے ذمے دار طبقے کے طور پر جس شدید اخلاقی دباؤ میں جیتے رہے، اس کے نتائج کا تجزیہ سہل نہیں۔ ان حالات میں ارباب اقتدار نے بھی نہایت ناکارہ مسلمانوں کو اردو اداروں میں ان عہدوں پر مامور کیا جو مسلمانوں کو بے وقوف بنانے کے لیے حکومت وقتاً فوقتاً قائم کرتی رہی تھی۔ اس سے اردو کے حالات نہ صرف یہ کہ مزید خراب ہوئے بلکہ انھوں نے مضحکہ خیز صورت بھی اختیار کرلی۔ سرکاری ضرورتوں کے مطابق جب کبھی زبان کے طور پر اردو کے فروغ کی بات ہوتی یا اردو تعلیم کے متعلقات زیرِ غور آتے تو صورتِ حال دیدنی ہوتی۔ یہ منظر نامہ آج بھی ایسا ہی ہے۔

اردو سے متعلق جلسوں اور سیمیناروں میں مسند صدارت پر کوئی ایسا سرکاری مسلمان جلوہ افروز ہوتا ہے جو ملازمت کے زمانے میں خود کو شیڈ وِلڈ کاسٹ سے بھی بدتر تصور کرتا تھا اور صرف آقا کی ضرورت کے مطابق ہی اسے یاد آتا تھا کہ وہ مسلمان ہے مگر ریٹائر ہونے کے بعد وہ کچھ شیروانیاں سلوا کر خود کو دانشوروں کی صف میں شامل کرلیتا ہے۔ تقسیم سے قبل اپنی تعلیم ختم کرلینے والے انگریزوں کے زمانے کے ان جوکروں میں بعض کو انگریزوں کے زمانے کی فارسی بھی آتی ہے۔ اردو چونکہ مسلم حسیت کا اہم زاویہ بن گئی، یوں اردو کا نام آتے ہی اکثر سرکاری مسلمانوں کی چاندی ہوجاتی ہے۔ اور پھر یہ سرکاری مسلمان اردو کے نام پر ایسی گل افشانئ گفتار شروع کرتے ہیں کہ باید و شاید۔ کوئی زبان کی ہمہ گیری کے نام پر ان تمام ہندوؤں کے نام گنواتا ہے جنھیں اس نے خود اپنی زبان سے یہ کہتے سنا کہ وہ اردو کے عاشق ہیں۔ اردو کے ہندو جوکروں کی قصیدہ خوانی کرتے ہوئے جو بات اس سرکاری مسلمان کو یاد نہیں آتی وہ یہ ہے کہ ان ہندوؤں نے تقسیم سے قبل اردو اس مجبوری کے تحت پڑھی کیوں کہ اس کی تعلیم خصوصاً شمالی ہند اور غیر منقسم پنجاب میں لازمی تھی۔ تقسیم کے بعد جب ہندی مسلمان ہر طرح کے اقتدار سے محروم ہوگئے تو ان ہندوؤں کی نئی نسلوں نے تو اردو کو خیر باد کہہ دیا مگر ان کی پرانی یعنی اردو داں نسل نے اپنے ہندو نام اور اردو دانی کا پورا فائدہ اٹھایا۔ ان سماجیاتی حقائق سے بے خبر اردو کی ترویج و ترقی کے نام پر منعقد ہونے والے جلسوں میں سرکاری مسلمان جو مزے کی باتیں کیا کرتے ہیں، ان میں بالعموم ایسی باتیں ہوتی ہیں جن کا کسی علمی بحث سے کوئی تعلق نہیں ہوسکتا۔ مثلاً ان اردو دانشوروں میں کسی کو اردو کی ترویج و ترقی کے نام پر کسی غیر مسلم مغنیہ کی مترنم آواز میں اردو کا جاگتا جادو اس زبان کے درخشندہ مستقبل کا آئینہ معلوم ہوتا ہے۔ اس دانشور کی بات مکمل ہونے سے پہلے ہی کسی دوسرے مسلم دانشور کو اپنے کسی ایسے کتّے کی یاد آجاتی ہے جو اس کے بچپن میں زندہ تھا— وہ کہتا ہے کہ صاحب ہمارے کتّے کی دیکھ بھال کرنے والا ملازم بھی جو زبان بولتا تھا وہ اردو ہی تھی۔ اور کمال کی بات تو یہ ہے کہ اس زبان کو ہمارا کتّا بھی سمجھتا تھا۔ پھر ان ہی فدویان حکومت میں سے کسی کو اچانک کوئی اور معمولی اور قطعی غیر متعلق واقعہ اردو کے تعلق سے یاد آجاتا ہے اور وہ اسے کسی ایسے تاریخی واقعے سے تعبیر کرتا ہے جسے تاریخ میں شامل نہ کر کے گویا بڑی بد دیانتی کی گئی ہے۔ فروغ اردو کی اس بحث میں اچانک کسی سرکاری مسلمان کا ذہن چھلانگ لگا کر مسلم

یونیورسٹی کی تعلیمی پستی پر پہنچ جاتا ہے اور اسی دم کسی دوسرے مسلمان کو اپنے آبائی قصبے کے کباب روٹی بیچنے والے یا کسی چائے خانے کے اردو بولنے والے لوگ یاد آجاتے ہیں۔ اس کی بات ختم ہونے سے پہلے ہی کسی اور سرکاری مسلمان کو کسی یونیورسٹی میں اپنے کسی واقف کار کو اردو پروفیسر نہ بنانا فروغ اردو کی بحث کے ذیل میں سب سے اہم نکتہ معلوم ہوتا ہے۔ ایسی ہی بے ربط باتیں کرکے اردو کی ہر محفل اپنے اختتام کو پہنچتی ہے۔ یہ قطعی ممکن ہے کہ یہ محفل پرائمری سطح کی اردو تعلیم کے مسائل پر ہو، جسے تعلیم سے متعلق کسی رضا کار ادارے نے حکومت کے مالی تعاون سے منعقد کیا ہو۔ یہ بھی ممکن ہے کہ یہ 'این سی ای آر ٹی' یا کسی صوبے میں اردو کی نصاب سازی کے لیے ذمے دار کسی کمیٹی کا کوئی سنجیدہ سیشن ہو مگر حشر دونوں کا محفل لطیفہ جیسا ہی ہوتا ہے۔ آزادی کے بعد ہم تعلیم کے ماہر، آئین کے واقف کار، حکومت کے فیصلوں اور پالیسیوں پر نظر رکھنے والے اردو میں پیدا ہی نہیں کر سکے اور متذکرۂ بالا جوکروں کو اردو والوں نے دل سے تو دانشور تسلیم نہیں کیا مگر ان کے حماقت آمیز رویوں کی کبھی کھل کر مخالفت بھی نہیں کی۔ تہذیبی پستی کا ثبوت اس سے بڑھ کر دوسرا نہیں ہو سکتا کہ جس کو کہیں جگہ نہ ملی وہ اردو میں چلا آیا۔ روٹی اردو کی کھائی اور اقتصادی طور پر پسماندہ اردو آبادی کی سماجی پیچیدگی کو نظر انداز کرکے اردو والوں پر لعنت ملامت کرتا رہا۔ شمال کی تو بات چھوڑ دیجیے، جنوب تک میں جہاں مسلم اداروں نے تعلیم کے میدان میں خاصا مثبت کام رضا کارانہ طور پر کیا ہے، اردو کے تعلق سے صرف اور صرف فروعی بحثیں اس عظیم زبان کا مقدر ہیں جو ہندستان کی ایک بڑی لسانی اقلیت کی زبان ہے۔ ٹیکس دہندہ کے طور پر اپنی زبان کے لیے وہ تمام حقوق حاصل کرنے کی اردو لسانی اقلیت اتنی ہی مجاز ہے جتنی دوسری لسانی اقلیتیں۔ مگر اس سوال کو صحیح تناظر میں کبھی اٹھایا ہی نہیں گیا۔

اردو کے فروغ کی ہر بحث میں ہم اس زاویے کو فراموش کر دیتے ہیں کہ جب تک اردو تعلیم کے متعلقات قومی تعلیمی نظام ہی کے تناظر میں زیر بحث نہ آئیں گے اور اس امر پر مسلسل زور نہ دیا جائے گا کہ پرائمری اور ثانوی سطح پر اسکولوں میں اردو تعلیم کا انتظام معقول ہو، زبان کے طور پر اردو کا فروغ کسی طرح ممکن نہیں۔ اردو کے فروغ کا اسم عظم اردو رسم خط ہے جو اردو کی باقاعدہ تعلیم کے بغیر مسابقت کے اس دور میں کوئی نہیں سیکھے گا۔ پھر جب ایک طالب علم کو سہ لسانی فارمولے میں تین زبانیں پڑھنی ہی ہیں تو اس میں اگر ایک زبان اردو بھی ہو — جو بچے کا آئینی حق ہے — تو اس سے سرکاری مسلمانوں کی 'ہندو دوستی' کو آخر کیا نقصان پہنچے گا؟ مگر یہ ایسے مسائل ہیں جن پر سرکاری مسلمانوں نے خود شاید ہی کبھی سوچا ہو؟ ویسے ان ہندو دوست سرکاری مسلمانوں نے حکومت اور ہندو مذہب کو مسلمانوں کے حوالے سے دنیا بھر میں جتنا رسوا کیا، اس کا حساب کسی کے پاس نہیں۔ ہندستان میں حکومتیں ہندو نوازی اور مسلم کشی کے باب میں کتنی ہی بدنام کیوں نہ ہوں، مگر غور سے دیکھیں تو معلوم ہوتا ہے کہ مسلمانوں کی حد تک حکومت کو تمام غلط مشورے سرکاری مسلمانوں نے ہی دیے۔

حالات بدل گئے ہیں، ہندستانی معاشرہ تعلیم اور قومی ترقی کی ایک نئی راہ پر گامزن ہے۔ زبانوں کا مجموعی کردار تبدیل ہو رہا ہے اور بول چال کی زبان کی سطح پر اردو بھی اس سے مستثنیٰ نہیں ہے مگر ضرورت اس بات کی

ہے کہ اردو کی ثقافت اور اردو کی تعلیم کو علاحدہ رکھا جائے؛ اسکولوں کے نظام میں اردو کی تعلیم کے فروغ کے لیے تمام ممکن کوششیں کی جائیں۔ تعلیم، ثقافت اور زبان کے عمومی فروغ کے لیے اردو والے اردو آبادی کے تناسب سے بجٹ میں رقم کے اختصاص کا مطالبہ پوری قوت سے کریں۔

اشعر نجمی کی مرتب کردہ دیگر کتابیں

ہندوستانی سیاست میں مسلمانوں کی حصہ داری

ہندوستان میں مسلمانوں کی معاشی صورت حال

انڈین مسلم پرسنل لاء اور یونیفارم سول کوڈ

آل انڈیا وقف بورڈ اور قومی میراث کا قضیہ

ہندوستان میں مسلم عورتوں کے چیلنجز

اشعر نجمی کی مرتب کردہ دیگر کتابیں

ہندوستانی مسلمان اور اسلام

ہندوستانی مسلمانوں کے نئے عذاب

ہندوستانی مسلمانوں کا مزاج

ہندوستانی مسلمانوں کی آبادی

نیا ہندوستان نیا قانون شہریت

ہندوستانی مسلمانوں کی تعلیمی صورت حال